宁夏高校人文社科重点研究基地固原历史文化研究中心成果

六盘山文库

固原古城

薛正昌 著

中国社会科学出版社

图书在版编目（CIP）数据

固原古城／薛正昌著．—北京：中国社会科学出版社，2022.5
（六盘山文库）
ISBN 978-7-5203-9984-5

Ⅰ.①固⋯　Ⅱ.①薛⋯　Ⅲ.①固原—地方史　Ⅳ.①K294.33

中国版本图书馆 CIP 数据核字（2022）第 050335 号

出 版 人	赵剑英
责任编辑	刘　芳
责任校对	李　莉
责任印制	李寡寡

出　　版	中国社会科学出版社
社　　址	北京鼓楼西大街甲 158 号
邮　　编	100720
网　　址	http://www.csspw.cn
发 行 部	010-84083685
门 市 部	010-84029450
经　　销	新华书店及其他书店

印　　刷	北京明恒达印务有限公司
装　　订	廊坊市广阳区广增装订厂
版　　次	2022 年 5 月第 1 版
印　　次	2022 年 5 月第 1 次印刷

开　　本	710×1000　1/16
印　　张	21
插　　页	2
字　　数	313 千字
定　　价	118.00 元

凡购买中国社会科学出版社图书，如有质量问题请与本社营销中心联系调换
电话：010-84083683
版权所有　侵权必究

《六盘山文库》编委会

主　任　罗　丰
副主任　刘衍青　薛正昌　安正发
委　员　（以姓氏笔画为序）
　　　　马建军　王兴文　王得盛　方建春
　　　　冯　巢　刘旭东　佘贵孝　武淑莲
　　　　虎维尧　赵晓红　郝福生　黑志燕

总　　序

　　固原历史悠久，文化积淀丰厚。早在三万年前的旧石器时代，这片土地就留下了古人类活动的足迹；新石器时代，六盘山东西的清水河、葫芦河、泾河流域都有人类繁衍生息。彭阳商周墓葬群的出土，印证了《诗经·小雅·六月》《出车》里描写的西周重大历史事件在固原的发生；固原战国秦长城遗迹，叙说着固原的军事建制与特殊的军事地理位置。战国时期，固原进入秦国版图，乌氏县、朝那县的设立，见证了固原融入大一统的国家行政序列；汉代高平县的设立、安定郡的设置，奠定了固原之后的行政建制。萧关道上的汉唐诗歌、丝绸之路在固原的中西文化遗存，再现了这个特殊地域上的文化积淀，为固原经济社会文化发展提供了诸多有价值的参考与借鉴。

　　宁夏师范学院建校至今，已走过了40多年的风雨岁月。学院老一代的学者，一直十分关注固原历史地理文化，他们筚路蓝缕，在传承学术精神的同时，创新地方历史文化研究，留下了诸多研究成果，为固原历史文化研究奠定了坚实的基础。地方高校服务于地方经济社会文化发展，是其职责所在。为推进固原历史地理文化研究，2011年底，宁夏师范学院申报设立专门的地方历史文化研究机构，经自治区编办批准，宁夏师范学院固原历史文化研究中心正式挂牌成立，成为实体研究机构之一，并配备了专职研究人员。宁夏师范学院的固原历史地理文化研究从此走上了更为专业和深入的道路。2014年，为进一步夯实科研基础，凝练学术队伍，宁夏师范学院进行了校内资源整合，重组并成立了六个研究（工程）中心，固原历史文化研究中心成为宁夏师范学院提出的打好三张牌（特色牌、地方牌、教改牌）

中的科研"地方牌"的代表。2016年，固原历史文化研究人文社科重点研究基地获得自治区高校科技创新平台立项建设。

为了加强区级人文社科重点研究基地建设，挖掘固原历史文化资源，产出一批较有影响的科研成果，固原历史文化研究中心设立了"固原历史文化专项课题"，由校内外学者参与申报，专家评审，最终以丛书的形式推出。宁夏师范学院所在地固原位于六盘山地区，学校被誉为"六盘山下人才基地，宁南山区教师摇篮"，因此，丛书以《六盘山文库》冠名。研究成果内容涉及固原历史地理、丝绸之路、地方戏曲研究、人物、民俗文化等，是固原历史地理文化研究的阶段性成果。《六盘山文库》的面世，将对传承固原历史文脉、宣传固原历史地理文化、加快推进文化建设产生影响。同时，对于深化和研究固原历史地理文化，把历史地理文化资源优势转化为推进高质量发展优势；对于挖掘区域历史地理文化，增进人们对固原历史地理文化的了解，满足人民文化需求和增强人民精神力量，尤其是提升固原文化的影响力，将会产生积极的作用。

以文化强国为目标，不断推进传统文化创造性转化、创新性发展，是时代赋予我们的新使命。正是在这个意义上，《六盘山文库》承载着文化建设的使命，肩负着文化创新的重任。为地方社会经济发展和文化建设尽一份绵薄之力，是我们的初心所在。

《六盘山文库》编委会
2020年12月

目　录

绪　论 ……………………………………………………（1）

第一章　大原历史与早期城池 ……………………………（8）
　　第一节　城址选取与地理环境 ……………………………（9）
　　第二节　"大原"历史回声 ………………………………（14）
　　第三节　义渠戎国 …………………………………………（20）
　　第四节　乌氏倮与丝绸之路 ………………………………（24）

第二章　高平城与两个地方政权 …………………………（38）
　　第一节　高平城 ……………………………………………（38）
　　第二节　高平城两度建都 …………………………………（57）

第三章　北周筑原州城 ……………………………………（64）
　　第一节　原州与关陇集团 …………………………………（64）
　　第二节　北周筑原州城 ……………………………………（74）

第四章　隋唐原州城兴衰 …………………………………（78）
　　第一节　隋唐原州城 ………………………………………（78）
　　第二节　安史之乱与原州城 ………………………………（82）
　　第三节　粟特人与原州城 …………………………………（91）

第五章　宋金元时期筑城 …………………………………（103）
　　第一节　曹玮修筑镇戎军城 ………………………………（103）
　　第二节　金代修筑镇戎州城 ………………………………（109）

第三节　元代镇戎州城 …………………………………（115）

第六章　明代砖石包砌城墙 …………………………………（119）
　　第一节　景泰二年筑城 …………………………………（120）
　　第二节　固原得名与军政建制 …………………………（123）
　　第三节　成化弘治年筑固原城 …………………………（127）
　　第四节　固原城市格局与商业 …………………………（146）
　　第五节　军政机构设置 …………………………………（153）
　　第六节　固原州城内外建筑 ……………………………（169）

第七章　清代固原城 …………………………………………（207）
　　第一节　清代修筑固原城 ………………………………（207）
　　第二节　清代固原州城建制 ……………………………（214）
　　第三节　军政机构与重要建筑 …………………………（220）
　　第四节　外国人笔下的固原城 …………………………（245）

第八章　民国时期固原城 ……………………………………（254）
　　第一节　大地震损毁固原城 ……………………………（254）
　　第二节　大震后城墙修缮 ………………………………（261）
　　第三节　学校教育与城市建设 …………………………（263）
　　第四节　城市格局与工商业 ……………………………（268）

第九章　固原城承载的历史文化 ……………………………（279）
　　第一节　湫渊祭祀与固原城 ……………………………（279）
　　第二节　风俗文化与固原城 ……………………………（291）
　　第三节　古城价值与文化传承 …………………………（311）

附录　固原赋 …………………………………………………（321）

参考文献 ………………………………………………………（323）

后　记 …………………………………………………………（328）

绪　　论

　　城市的产生与发展，是人类文明进步的象征，也是一个地域历史文化漫长发展的见证。城市是精神文化的载体，也是物质文化的实体。地理环境与空间，是支撑城市产生并延续发展的物质基石；"人—地"关系的考察，是城市发展和延续的核心内容；地理环境是创造文化的自然基础，地形、地貌、通道、河流水系，是地理环境构成的内在要素；周边地理环境，控扼和提升城市的各种能力。人、自然、社会是一个有机的整体，对于军事性质的城池，这些条件是必须具备的。考察和追踪城市发展的轨迹，或者先市后城，或者先城后市，缘起的背景虽不仅完全一样，但它都是一个权力中心所在。先城后市者多属军事性城池，而且多出现在北方。固原城两千多年的发展史，印证了它所具有的多元功能。

　　固原城的地理位置，处在关中四关（东函谷、南武关、西散关、北萧关）的北境，陇山（六盘山）纵贯其西南，发源于六盘山的清水河，是黄河的一级支流，绕固原城东而北流，在宁夏中宁县境汇入黄河。固原城的神奇和卓绝，在于一方面连接着文化底蕴浓厚的关中大地，另一方面连接着穿越宁夏平原的黄河。自然地理意义上的山水格局，为固原人文地理环境提供了生成与发展的空间。一方水土养一方人，它体现着一种直观的理解力和文化的整体感。从生态文明的意义上，水不仅是人类生存、社会发展必不可少的自然物质，也是人类文明与生态环境和谐发展的重要载体。考察我国古今城市的缘起，大到都城，小到县城，都是沿着水系而生。中国的城市是这样，世界的城市也是这样，中亚两河流域、印度河流域，法国的卢瓦尔河谷、塞纳河流域的城市。每一座城市，原本有其生命力和成长的法则。固原城，即缘山水而来。

一

六盘山东西，古称陇东陇右，是中华文明重要的发祥地之一。六盘山以东的庆阳，是周祖文化的发祥地；六盘山南端的陕西宝鸡市，是神农炎帝文化的发祥地，也是周文化形成和发展的地方；六盘山以西的天水，是伏羲文化发祥地。固原，正处在这三大文化板块融会并向北延伸的边缘。周祖文化，根在陇东庆阳，庆阳城的"周祖牌楼"和"周祖陵"，再现的是周文化发迹的历史。宝鸡以南的天台山，处于母系氏族社会时期神农炎帝部族创立的姜羌文化地域，是中华文明的重要组成部分。炎帝部落正当游猎野牧的时代，对周边的文化影响是深远的，人类对野羊的驯化饲养始于炎帝时代。甲骨文"羌"字的造型，应该与游猎野牧的时代有关。它像一个人头上顶着一副羊角，敞开双腿奔跑。从文化背景看，承载着炎帝部落姜、羌部族羊图腾崇拜的远古历史。这种早期的狩猎文化深深地影响着固原地域文化的形成，彭阳县出土的战国时期的羊牌饰造型，直接突出羊的胡须、耳朵和角，尤其是近乎覆盖全身的粗大羊角，可能就是这种文化影响的传承。天水的伏羲文化，同样是中国早期历史文化生成的源头之一，影响极其深远。义渠戎（古羌）时期，筑城立国，同样演绎的是姜羌文化。被评为2017年全国十大考古新发现的彭阳县姚河塬商周遗址，是影响固原历史文化生成与发展的大型墓葬遗址区，也是重大而鲜活的商周文化遗存的范例。因此，早期地域意义上的神农炎帝文化、伏羲文化、周祖文化、姜羌文化等，深深地影响着早期固原历史文化，包括城池的修筑。

二

中华文明形成的历史过程中，"城墙"的出现是一个伟大的创举，城墙是氏族社会与文明社会相区别的一个重要标志。"筑城以卫君，造郭以守民"，大至国都，小至府、州、县城城郭的修筑，它们既是历史进程中重要的文明标志、历史进程中的物质载体，也是城市出现最为突出的文明标志之一。城墙是城市的骨骼或者框架，它环绕着城市，又把城市分成若干个单元。城市和城墙是分不开的，"城墙"是显示"城市"的具体形象，它反映的是中国聚落的基本特征。在遥远的田野上，在起伏的山峦上，人们通过它就能辨识出被城墙包裹着的城市。

城市研究有纵向和横向两个维度。城市是空间性的，考察它的空间是揭示某一时代城市空间的横断面。城市也有其时间性，考察城市的时间就是纵向追溯城市的发展，包括城市的产生、兴衰及其发展变化过程。固原古城的研究，试图在尽力追溯和考察它纵向发展过程的同时，揭示其横向发展变化的历史，研究它在时间长河里的变与不变，包括其变化的背景和原因。固原古城是一座有活力的历史文化古城，有其特殊的自然条件和地理位置。研究固原古城，要追溯它的历史背景，不能用现在的眼光审视历史上的固原古城，而是要将其放在中国历史进程中，尤其是西北历史的大时空中去考察和研究。人与城市相互依存，人是过客，城市却沿袭了两千多年并持续传承和发展，它留下了厚重的文化和太多的故事。

汉语中的城市，是有着特殊指向的。城，指的是用城墙划定的一个范围，其中有政府衙门、庙宇、文化建筑、居住区和商业区等。市，指的就是商业区和街市。城的内涵原本是政治的和军事的，市的内涵原本是居住的和商业的。固原古城的发展史主要是前者，明代以后商业的影响力才逐渐显示出来。按照城市的类型看，固原古城属于府、州一级；按照城市的性质划分，固原古城属于防卫性军事城池。实际上，固原古城是政治与军事叠加的城市，自汉代起就以"郡"的建制层级为基础，特殊时期超越了府、州的建制层级，如汉代安定郡、北魏时期的原州、唐代原州，明代陕西三边总督驻节固原、陕西巡抚适时移驻固原，虽然多偏重于军事建制，但它的实际管辖范围却覆盖了整个西北地区，超越了府、州、县建制的格局。

· 3 ·

三

城市的源起，中外学者有多种理解。

一是治水说。国外代表人物是美国的卡尔·魏特夫。在他看来，"治水社会"是城市产生的根源。"对于治水经济的分析是理解长期被忽视的世界历史问题的一把钥匙。"① 治水会对社会结构产生巨大影响，因为治水需要众人参与，人口的聚集促成了王权的形成，进而导致城市的出现。

二是人口压力说。国外代表人物是丹麦经济学家伊斯特·博塞若普和美国的刘易斯·芒福德。他们从经济学的视角出发，认为不断增加的人口密度使原始社会的采集和狩猎者开始变化。人口的增多，人类社会对于食物的需求也在增多，采集和狩猎所获已经不能满足大量人口的生存需要。因此，采集者开始逐渐向农耕靠近，狩猎者逐渐向部落的保护人过渡，由此便催生出王权。② 猎人是王权的萌芽，王权是城市产生的最重要因素。同时，与这个过程相伴随的一系列活动，如贸易、防卫、宗教等活动亦随之兴起。

三是防卫需求说。马克斯·韦伯在他晚年城市社会学的研究著作中说："西方的城市一开始就是防御团体，也就是一个自由武装、自行训练的，并且在经济上有自主能力的人所结合成的团体。"③

此外，还有贸易需求说、文化需求说等。国外研究者的说法虽然显得笼统，只是揭示了城市源起的某些方面，但还是有其道理的。

人类社会三次大分工，是人类历史进程的重要事件。第一次，是农业与游牧业之间的分离；第二次，是手工业与农业之间的分离；第三次，是原始社会的瓦解、奴隶社会形成时期，社会上出现了从事商

---

① ［美］卡尔·A.魏特夫：《东方专制主义：对王权力量的比较研究》，徐式谷译，中国社会科学出版社1989年版。
② ［美］刘易斯·芒福德：《城市发展史：起源、演变和前景》，宋俊岭、倪文彦译，建筑工业出版社2005年版。
③ 王小章：《中古城市与近代公民权的起源：韦伯城市社会学的遗产》，《社会学研究》2007年第3期。

业交换的商人群体。人类社会的三次大分工，象征着生产力的逐步提高，非农业人口的出现，并带有一定的集聚要求，代表着农业足以提供剩余粮食以供养更多的非农业人口，城市在这样的背景下逐步形成，社会的大分工和国家的出现，推动了中国城市普遍兴起和发展。①这可能是目前国内学者对城市的源起最通俗、最简洁、最为完整的一种表述。张光直先生指出，"中国型的初期城市与近东型的初期城市，都是在阶级社会、文明、文字、国家等一连串的有关的现象初现时出现的"，但"中国初期的城市，不是经济起飞的产物，而是政治邻域中的工具"。②这里从考古学的意义对城市的起源做出了界定，亦是十分清晰的，有助于我们理解城市起源必须具备的相关要素。作为人类文明的结晶，"在不同的地域、不同时期，城市都有着不同的内涵"③。这样理解，可能更准确一些。

城市是什么？乐府古诗《木兰辞》里有描述："东市买骏马，西市买鞍鞯，南市买辔头，北市买长鞭。"古人云："建久安之势，成长治之业"，"天下熙熙，皆为利来，天下攘攘，皆为利往"。这里描绘的正是城市安全与利益问题，这是城市最为核心的命题。因"城"而"市"，说明城市的形成是在安全需求主导下形成的。故筑城在先，贸易等文化功能在后。这种类型的城市多见于战略要地和边疆城市，它是贸易与交通的枢纽。中国的城市一般都体现了军事意义，城市辅以军事功能，一般不具备较强的生产能力。固原城早期的修筑，就是这样一个历史背景下的产物。

四

城市文化研究，其价值在于城市的地域性，如山河地貌、气候植被、民风民俗等，支撑着地域文化传承和发展。城市文化是看得见、摸得着的建筑文化遗存景观，城市文明则不然，它是城市文化的一种

---

① 何一民：《中国城市史》，武汉大学出版社2013年版，第10—11页。
② 张光直：《关于中国初期"城市"的概念》，《文物》1985年第2期。
③ 成一农：《欧亚大陆上的城市》，商务印书馆2015年版，第1页。

"表述"和城市文化的外化,如习俗文化的背后,体现的却是一种文明。城市文明靠文化展示出来,具有较强的地域性。

城市,是一个历史概念,也是一个文化概念。何为城市,众说纷纭,诸如城市是一种文明进程,城市是一种生活方式,城市是文明场所等。城市就是在一定范围内聚集人口、财富、资源、建筑、服务、信息等人类文明要素的载体,是人类社会与特定地理环境紧密结合的一种实体。① 这是对城市最新的相对完整的表述,它的起源、发展、嬗变等都承载着地域上历史文化纵横发展变迁。从梳理与研究来看,城市研究是一门跨学科研究门类,诸如固原城军事防御、人口迁徙、宗教文化的变迁、中西文化传播等,以城市发展的"纵线"为主,尽量挖掘城市横向的多元内容,如历代城市布局、城市建筑、城市空间、人文精神等,尽可能多地展示城市文化的多元性与丰富性。

地球上的人类大都经历过"筑城以卫君,造郭以守民"的历史阶段。从这个时空背景看世界城堡,19 世纪以前形成的城市普遍营造了城墙,城墙成为城市最突出的标志之一。城墙、城门楼和城墙上的雉堞,形成了一道显著而美丽的城市天际线。② 固原建城史,典籍有确凿记载者可追溯至两千多年前。在这个历史过程中,伴随着中国城市文化的发展,其形制也经历了漫长的发展变化过程,承载着丰厚的历史文化内涵,许多重大历史事件和重要历史人物都与这座城市密切关联。本书主要选取了固原城源起、修筑、拓展筑修、砖石包砌等,包括重大修缮的几个里程碑式的时代节点,如高平建县筑城、北周拓展筑城、宋金筑城、明代筑城并砖石包砌、清代大规模修缮等。唐代,由于特殊的历史原因,虽未能修筑固原州城,但与固原城修筑相关的话题和故事却十分丰富。此外,祭祀与民俗文化变迁,也与固原城密切关联。实际上,通过城池修筑及其背景文化的展示,固原城纵向的历史走向衔接起来了,其筑城史的轮廓大致是清晰的。

---

① 陈恒:《城市史:一门学理与现实兼具的科学》,《光明日报》2017 年 12 月 11 日。
② [瑞典]喜仁龙:《北京的城墙与城门》,邓可译,北京联合出版公司 2017 年版,"序"。

城市文化遗产记录着城市各个时期的生活和精神要素，保存着城市的生命信息。历史上的固原属于边地，军事意义上的地理环境、山川空间和通道格局，为城池的修筑提供了特殊的背景。某种意义上说，固原城的修筑延续两千余年，在体现其军事防御作用的同时，它承载和折射的是更为广阔的地域上的政治、经济和文化发展。正是从这些意义上，固原城的筑城史，就是固原两千多年历史走向的一个缩影。

第一章　大原历史与早期城池

　　城市，是政治、经济和文化的中心，也是人口聚集的地方。城市水源与城市供水，早期城池修筑尤其得到重视。中国古代城址的选择，是将军事地理与人文地理统筹起来考察的，体现的是城的形制与自然地形地貌的有机结合。《管子·乘马》载："凡立国都，非于大山之下，必于广川之上，高毋近旱而水用足，下毋近水而沟防省。因天时，就地利，故城郭不必中规矩，道路不必中准绳。"这是古代城址选取所遵循的基本原则和要求。如东周时期的洛阳王城，修筑于平原丘陵交错、河流纵横、土地肥沃的泗水与沂水之间，城西南是辽阔的沃野，城东防山余脉蜿蜒向西，因平原与河流水系而筑城。汉唐都城长安，八水相拥相绕，山川与河流相间。山是城池屏障，可以固塞；水浇灌着川原沃壤，用于发展农业。河流走向，又与道路交通密切关联。商代甲骨文中，有若干"作城"的卜筮，其中就有某地筑城选址是否合适的问卜，说明当时人们已认识到地理环境对于城址选择的重要性。商城的选址多在靠水、近山的地方，军事意义上的筑城工程，商代已达到了相当高的水平。① 水源丰富，是中国古代城市选址的基本条件之一。

　　"中国的都城离不开河流，已成为一条基本规律，而根本原因就是为了解决城市供水和水路交通问题……府州级城市绝大多数也位于河流岸上。"② 都城选址是这样，府、州、县城址的选取同样遵循着这

---

① 高锐：《中国上古军事史》，军事科学出版社1995年版，第44页。
② 马正林：《中国城市的选址与河流》，《陕西师范大学学报》1999年第4期。

些基本原则和要求。如果进一步探讨,"人们会惊奇地发现,中国的大城市,大多数建在河的右岸(人面向水流的方向,左手为河左,右手为河右)"①。清水河与固原城的修筑,正是遵循了这样一些原则和要求。西汉时期的高平城(固原城),是文献记载的最早修筑的固原城,其城址的选取就充分利用了山(六盘山)水(清水河)相依的自然地理环境所形成的山川形胜,城池修筑在清水河西岸(右岸)的台地上。

第一节 城址选取与地理环境

一 气候与生态

气候环境的好坏,直接影响着人类的生产活动。从竺可桢《中国近五千年气候变迁的初步研究》来看,远古时期,历经夏、商、周,直到西汉,除西周时大约有一两个世纪的寒冷期外,两三千年中,黄河流域气温一直较温暖。著名的考古学家胡厚宣早在1945年就指出:在三千年前,黄河流域同今日长江流域一样温暖潮湿。②大量的考古和孢粉资料表明,在新石器时代,黄河流域不仅气候湿润,而且广泛生长着阔叶林和大片竹林。从西安半坡村遗址发掘的动物遗迹得知,当时的西安地区有十分丰富的亚热带植物种类和动物种类。动物野兽有獐(又名河麂)和竹鼠等,说明黄河中游气候温暖湿润,因为水獐和竹鼠等都是亚热带动物。就固原来看,《山海经》中记载,六盘山"其木多棕",棕也是亚热带的植物,说明当时固原的气候湿润,植被茂盛,森林密布。

我国气象学界的研究结果表明,太平洋水汽是可以到达六盘山以东地区的。③ 早在远古时期,地处黄河中上游的固原,由于气候关系,地面水和地下水资源都很丰富。六盘山下的高原朝那湫池,就是当时

---

① 丁俊清:《中国居住文化》,同济大学出版社1998年版,第148页。
② 胡厚宣:《气候之变迁与殷代气候之检讨》,《甲骨学商史论丛二集》,齐鲁大学国学研究所1945年版。
③ 吴秉礼、王建宏等:《森林与降水关系的初步研究》,《大自然探索》1988年第4期。

著名的湖泊。① 汉宣帝神爵元年（前60），大将赵充国在上疏汉宣帝的屯田奏折中说，他的士卒在湟水上游一带砍伐了很多树木，"皆在水次"，准备次年"解冰漕下"。② 由此可见，当时湟水流量相当大。以此类推，汉代固原境内的清水河、茹河、泾河的水量也是比较大的。竺可桢认为，距今5000—3000年时，黄河流域平均气温约比现在高2℃，冬季气温高3℃—5℃。③ 气候与水源、森林关系密切。树木、植被具有涵养雨水、减缓水速之功能。固原早期大片森林和良好的植被，滋润着生态，涵养着水源。

远古时期的黄河流域主要是森林地区。黄河中上游地带的六盘山绝大部分为森林覆盖，其间夹杂着大片草地，到处郁郁葱葱。④ 20世纪80年代，六盘山地区相继出土了今已绝迹的六千年以前的云杉、冷杉、落叶松、连香树、圆柏、油松等，经相关技术鉴定或测定，历史上以六盘山为主体的固原地区的确存在着广阔森林和森林草原。⑤ 优越的地理环境，为早期人类在六盘山东、西繁衍生息提供了良好的条件；气候温暖湿润，森林密布，覆盖着深厚的黄土；充沛的雨量滋润着茂密的森林，森林草原又涵育了丰富的水源，植被和地表层的腐殖质，大大减轻或遏制了地面的水土流失。因而气候和自然环境良好，极有利于人类生存。

春秋战国时期，固原为游牧民族义渠戎属地。秦灭义渠戎国之后，置郡设县，开始人口迁徙，固原境内的山川沃野得到耕垦。汉唐时期，固原仍是水草丰茂、牛羊成群的景象，成为重要的农牧地区之一。

二　山川地理格局

（一）清水河

清水河，古代称高平川水，是黄河一级支流，也是固原城址选取

---

① 田州英：《黄河流域古湖钩沉》，《山西大学学报》1982年第2期。
② 班固：《汉书》卷69《赵充国传》，中华书局1987年版，第2986页。
③ 竺可桢：《中国近五千年气候变迁的初步研究》，《考古学报》1972年第1期。
④ 史念海：《历史时期黄河中游的森林》，《河山集》第2辑，人民出版社1988年版。
⑤ 陈加良：《论六盘山的古森林及其历史启迪》，《陕西师范大学学报》1987年第3期。

的首要条件。西汉高平县城，位于高平川（清水河）上游西岸。汉代陇山（六盘山）地区气候湿润，雨量充沛，水资源丰富。六盘山下的朝那湫，是黄土高原上的著名湖泊。发源于六盘山东麓的清水河，北流约320公里，在宁夏中宁县境内的泉眼山汇入黄河。正是这样一条河流水系，成就了高平城。人类早期栖息地离不开丘阜和水源，这除了生活饮用之外，水系与道路交通往往融为一体，也是需要考虑的重要因素。因此，古人居住生产基本选择在河流附近，或者在河流交汇的三角地带居住。随着人口繁衍增多，当河谷水泽之畔可资居住的地方显得不足时，就必然向丘陵地带发展，但必须是沿着河谷地的丘陵。由古代城址的选取和人类生存之地选择看，山（屏障）、河流（交通）和可资耕种的沃野良田，是必须具备的地理条件。

"聚落建在丘阜之间，丘阜的源泉可充饮水，丘阜的树木可作燃料，附近河流泛滥之时，丘阜因其地势，可以免受洪水之灾。丘阜的南坡向阳，冬季有较好的小气候条件，而丘阜本身又是一个制高点，有利于攻守。"[1] 这是人类早期的生存智慧。

（二）泾河

发源于六盘山的泾河，向南流经甘肃平凉、陕西彬县，在西安市高陵区汇入渭河，为黄河的二级支流。泾河与清水河一南一北，将关中与塞外连接起来，将关中之地与黄河贯通，固原城位居清水河、泾河二水之中游。缘此，固原"古城"的军事意义重大。清水河、泾河，不仅给沿岸居住的先民提供了生存用水，而且两条水系贯通了南北大通道。这条大通道即汉唐以后的萧关古道，也是绿洲丝绸之路东段北道的主干道。

此外，发源于海原县月亮山的葫芦河，发源于六盘山的茹河，它们都是固原城外围较大的河流水系。道路与水系、山峦与关隘，是古代人选址筑城所必需的自然地理条件。

（三）六盘山

六盘山，是固原城选址的另一个制约性条件。六盘山位于固原城

---

[1] 陈桥驿：《中国古都研究》，《杭州师范学院学报》1994年第1期。

西南，山势雄奇高耸，呈南北走向，纵跨陕、甘、宁三省区，是古代关中西北方向的要塞屏障，环关中四关（东函谷关、南武关、西散关、北萧关）中有两关（散关与萧关）就依托着六盘山。陇山，为六盘山南段的别称；六盘山得名，由洛畔、鹿畔谐音相转而来，历史悠久，承载着厚重的历史文化。六盘山下的高平城，控扼关中西出北上的要道。高平城，依山（六盘山）面水（清水河），其城址选取充分利用了这里山水所形成的自然地理格局，尤其是无法改变的有绝对控制作用的道路及其地理环境。

（四）田土沃野

平坦肥沃的土地，是人类赖以生存的根本。可资耕种的良田，是古代人城址选取的又一重要条件。清水河流域，由南到北直抵黄河岸边，数百公里旷野，皆阡陌平畴，两岸地形开阔平坦，适宜于人群居住。这里自然条件优越，可耕可牧，有利于农牧业发展。同时，作为连接关中与塞外的萧关古道，清水河流域军事地理特点突出，扼守着北方草原游牧民族南下的通道。泾河流域亦适宜人类生存，气候湿润，土地肥沃，也是可耕可牧的地方。

这种山川、河流、沃野所赋予的自然地理格局，是人类无法改变的自然地理空间，也是高平城选址必须依赖的外围大的地理格局和条件。

（五）水系山脉

古代的城市建设，军事防御条件是确定城址选取的重要因素，尤其是像固原这样的边防要地。防御条件通常体现为自然地形对交通道路的绝对制约，"塞"与"通"的矛盾相互统一，构成了城市兴起和发展的交通基础。[①] 高平城选址的动因，直接出于军事目的。这不仅在当时，即便从后来固原城的发展变迁看，这一使命几乎伴随着它的全部历史。高平城的发展过程，在很大程度上彰显着其军事性质，也体现着古代城市政治与军事特点。民国《固原县志》的文字，在描述固原城的形胜时说："治城形势如磐石，东岳辅于左，西坪翊于右，

---

① 辛德勇：《长安城兴起与发展的交通基础》，《中国历史地理论丛》1989年第2期。

九龙摈于前,北塬拓于后,清水河襟带于东南,饮马河纡轸于西北。"① 如果放大地域空间,以六盘山为屏障,以关中为依托,以固原城为军事重镇,将其放在黄河与贺兰山这个更大地域空间里审视,高平城的价值及其意义更为重大。

固原城之形胜,有两个山水相接的大地理格局。山为水之源,固原城南香炉山(六盘山余脉),涵养了环固原城之水系,是固原城的地脉所在。清水河北流,与九龙山相遇;黄崾山、东岳山向北,两山余脉在明家庄长城梁相遇,形成了西南高、东北低的大塬。在这个大塬上还有两条水系,一是城西南的马营河,二是城西北的饮马河,二水虽源出本境,但它们的根脉仍在香炉山,二水皆汇入清水河。如果加上清水河水系,固原古城为三水绕城的水系状态。此为其一。

其二,清水河为黄河一级支流,发源于六盘山,北流与黄河相连接;泾河为黄河二级支流,发源于六盘山,南流汇入渭水。这两条一南一北的水系,将关中与塞北连接起来,固原城正处在这个大地理格局的中枢,极具特殊意义。关中四关北面之萧关,也能说明固原城在军事通道方面的重大价值和特殊意义。从地理格局讲,地脉是难得而非常清晰的。在这个大塬上,不但诞生了固原古城,而且孕育了许多与固原城密切相关的重大历史事件和重要历史人物。民国《固原县志》从地理空间上论述了固原城的视野和格局,"塬之四周,如山如阜,如岗如陵,如川方至,层出不穷。故为郡、为州、为县,各具天然界限,足供行政区域之伸缩"②。有创设郡、州、府、县的山川水系等自然地理环境和条件,更有设镇、为军、为卫、为堡、为寨的军事地理环境,有其天然空间之界限。高平古城选址利用了这些自然地理条件,也奠定了后来固原政治军事格局。

固原城所在的这个大塬,东西宽9公里,南北长6公里。大塬东北为固原城,西北侧为战国秦长城,西南为六盘山余脉香炉山、白马山,东南为清水河、马营河。城南旷野,隋唐时称"百达原"。这个

---

① 民国《固原县志》卷之2《地理志》,宁夏人民出版社1992年版,第137—138页。
② 民国《固原县志》卷之2《地理志》,宁夏人民出版社1992年版,第30页。

塬上，近数十年间考古发掘出土北周、隋唐墓葬数十座，承载着汉唐时期固原城一部分历史故事。

城池的选址与修筑，与地理环境相一致，遵循的是自然法则，体现的是"天人合一"的理念。选址与筑城受地理环境影响，如平原地带筑城多为方形，地势复杂的城址往往受河流、山岳等地理环境的影响，城的形制会有变化。固原城就是这样。虽然城池大体为长方形，但东北角城墙、西南城墙走向受地理环境的影响略有变化，尤其是东北角城墙沿清水河台地变化而成不规则形。汉代固原城修筑之后，城墙的主体位置两千多年间大体沿袭未变，体现了古代社会人文形态的整体性。"天不变，道亦不变"，社会形态不变，城市形态变化大体在"变与不变"的时空中延续了下来。同时，城市形制有一套固定不变的原则，这就是《周礼·冬官考工记》中的"营国制度"。它虽然主要是指都城建筑，但对府、州、县城的修筑同样影响深远。

第二节 "大原"历史回声

在固原的历史上，"大原"是一个历史文化内涵非常厚重的概念，充满着神奇与魅力。它不仅承载着早期固原的历史进程，而且影响着后世称谓的变化与传承。高平、原州、固原的得名，都可在"大原"这个名字里寻觅到它历史变迁的影子。

一 《诗经》里大原

固原境内的泾水、清水河，是黄河的重要支流。黄河流域，是中华民族的发祥地。固原的文明史，就是伴随着黄河文明的历史进程孕育发展而成的。作为地名意义上的大原，是固原有正式建制之前地域空间上的特殊称谓。周代的历史文献里，大原的地名已约定俗成，周朝的势力范围已覆盖大原。猃狁，是活动在西周北方地区的少数民族，他们劫掠财物人口，严重威胁着周王朝的统治。在"国之大事，在祀与戎"的时代，征伐猃狁便成为周王朝国家治理过程中的大事之一。西周的青铜器中,就铸有"击伐猃狁"这样的铭文,如多友鼎、虢季子白盘、不期簋、兮甲盘等。从青铜器的铭文看,时间集中在周厉王和周宣王时期,交战的地点多在陇东、泾水流域,固原是发生主要军事冲突的地区之一。

周穆王时期(前976—前922),周王朝与大原周边的戎族不断发生战争。当西北方的犬戎势力强大起来之后,其朝见周穆王时都不献纳贡品,穆王遂决定西征犬戎,"获其五王,又得四白鹿,四白狼,王遂迁戎于太原"①。太原即大原,可见,太原戎当为西戎东迁之后的民族。周穆王之后,周朝国势日趋衰微,戎狄侵凌日甚,懿王(前909—前885)曾被犬戎赶出镐京,逃到犬丘(今陕西兴平境)。夷王(前869—前858)初年曾力图摆脱困境而主动出击,"命虢公率六师伐太原之戎"②。直到周宣王时期(前827—前782),周朝仍进行着反击戎族(猃狁)的战争。

《诗经》的内容丰富,题材广泛,深入反映了殷周时期,尤其是西周初至春秋中叶社会生活的各个方面。其中一类就是描写战争的诗歌。周宣王三十一年(前797)前后,多次攻伐大原之戎。由于猃狁逼近腹地,前锋抵达泾阳(今陕西泾阳县西北),对周王室构成严重威胁。大约在周宣王五年六月,王命大臣尹吉甫率师反攻,周朝军队以战车的优势击退猃狁,并继续向西北推进,直至大原。《诗·小雅·出车》里的"出车彭彭,旂旐央央",就是描写和赞美这次大胜的诗歌。《诗·小雅·六月》里的"薄伐猃狁,至于大原",描写的就是这次战争的经过。据小盂鼎铭文记载,在一次同猃狁的战斗中,周朝军队杀死敌人3800多人,俘虏13081人,可见战役的规模之大和战斗的极度残酷。③ 以小盂鼎铭文与《诗经·六月》参照看,才能体会到"猃狁孔炽"之记载和描述的真正含义。《汉书·匈奴传》

---

① 范晔:《后汉书》卷87《西羌传》,中华书局1987年版,第2871页。
② 古本《竹书纪年·周纪》。
③ 小盂鼎是西周康王时器,清道光初出土于陕西省岐山县礼村,传此器被毁于太平天国之际。参见袁行霈、张传玺等主编《中华文明史》第1卷,北京大学出版社2006年版,第423页。

载:"宣王兴师,命将征伐猃狁,诗人美大其功。"这样的诠释是有道理的。

周宣王三十九年(前789),还向大原移民。①《汉书·地理志》载:安定郡"泾阳,笄头山在西,《禹贡》泾水所出"。《元和郡县图志》载:"原州平凉县,本汉泾阳地。"这是秦朝设置的泾阳县。泾阳、大原相连,地域当在今甘肃平凉、宁夏固原一带。周宣王不但在大原考察人口,之后又移民大原,此时在固原修筑城堡应该在情理之中。

20世纪80年代初,在固原市原州区中河乡孙家庄发掘的西周时期的墓葬车马坑中,出土的重要文物有兽面纹车轴饰、鼎、簋、戈、戟、车轴、銮铃、马镳等230余件,此外,还有陶器、玉器、穿孔贝壳等。这些鼎、簋等青铜器的出土,其文化意义超越了自身价值,印证着西周统治势力早已进入固原,西周文化同时也逾越宁夏南部的六盘山。大原,是西周时期北边的门户。西周军队到大原一带征讨周边少数民族,西周墓葬车马坑的出土,说明西周时期大原已经出现村落和城镇布局。2017年全国考古十大新发现之一的彭阳县姚河商周遗址的发掘,进一步证实不仅仅西周文化与固原有关系,而且已经有"西周封国"出现在固原境内。

《诗经》描写周王朝出兵击退猃狁的文字里,都涉及"大原"或者"太原"的地望问题。作为一个地理概念的"大原",与后来的固原是有密切关联的。"薄伐猃狁,至于大原",后世学者都非常关注这个话题。程俊英先生的《诗经译注》认为,"大原"就在甘肃固原县。② 已故著名历史地理学家史念海先生认为,"太原"在六盘山东泾水上游,唐朝在那里设置过一个原州,就是以这个太原命名的。③高锐在其《中国上古军事史》里,也认为太原在甘肃庆阳一带或宁夏固原以东黄土高原地区。王钟翰先生主编的《中国民族史》里,

---

① 翦伯赞主编:《中外历史年表》,中华书局1985年版,第24页。
② 程俊英:《诗经译注》,上海古籍出版社1985年版。
③ 史念海:《黄土高原及其农林牧地区的变化》,《河山集》第3集,人民出版社1988年版。

对这段历史变迁析论透彻。他认为周穆王从陇山以西迁戎至泾水上游之太原，是为了便于控制，后来太原之戎成为周室邻近王畿的威胁。周宣王败戎之后，"遂料民于太原"，也就是周穆王迁戎于太原之地，实际上是周之远祖在泾水上游与戎族杂处的地区，与后世所说的晋阳太原不同。①

固原一带曾是周太王经营过的地方。周太王立国邠原（在今固原北）时，为西落（即西洛，今清水河）流域之戎狄所逐，因与盐池食盐有关，才东迁于土（今榆林以西），又见逐于猃狁而南迁于古（洛河上游），故太王得称"古公"。②周王室与宁夏花马池食盐有关，获取食盐的过程经常受到猃狁民族的剥削和侵夺。"事之以皮毛，不得免焉。事之以犬马，不得免焉。事之以珠玉，不得免焉。乃属其耆老而告之曰：狄人之所欲者吾土地也……却邠、逾梁山，邑于岐山之居焉。"因此，周人攻击猃狁于大原是有其历史背景的。

公元前8世纪初，周宣王与姜戎作战失败，为补充兵员，曾"料民于太原"。③"太原，今甘肃固原一带，这是我国历史上有明文记载的第一次局部地区的人口普查。"④这里将"宁夏固原"误记为"甘肃固原"。周太王经营过固原一带，周宣王"料民于大原"实乃情理之中，故大原必须在周势力所能控制的范围之内。这里略多费一些笔墨，主要是想铺垫和凸显周代固原已经有筑城的历史。

以上臆测如果能够成立，那么《诗·小雅·六月》这首诗，就是描写固原历史上战争与城池有关的第一首诗。由"来归自镐，我行永久"（我从固原班师归，路上行军日子长）可以看出，这是一首由出兵到告捷回师的长篇叙事诗。读之赏之，如见"出车彭彭，旂旐央央"的出兵阵势和宣王讨伐边地少数民族的军事行动。这既是文学的先河，又是最早的军旅诗，也是与"大原"这个特定地域有关的诗。

---

① 王钟翰主编：《中国民族史》，中国社会科学出版社1994年版，第127页。
② 常征：《论长安瓜州及姜戎、陆浑》，《北京史苑》第2辑，北京出版社1985年版，第88页。
③ 《国语·周语上》。
④ 陈鸿彝：《周秦统计论略》，《中国人民警官大学学报》1991年第3期。

二 姚河塬商周遗址

姚河塬商周遗址，位于宁夏固原市彭阳县新集乡，红河水系穿境而过。商周遗址正在红河支流李儿河、小河切割而形成的塬地上，为两水相交之地，面积60余万平方米。2017年6月，经国家文物局批准开展抢救性发掘。目前，经钻探发现了壕沟、墙体、道路、储水池、水渠等居址区，以及铸铜作坊区、制陶作坊区等遗迹。墓葬区位于遗址东北部，面积约5万平方米，勘探发现墓葬60余座，截至目前已发掘墓葬18座，其中甲字形大墓2座，竖穴土坑中型墓葬5座，小型墓葬4座；马坑6座，车马坑1座。陪葬马尸骨完整，陪葬马车轮廓清晰。另外，还发现祭祀坑1座，灰坑8座，出土青铜器、玉器、骨器等文物3000余件。

甲骨文在姚河塬商周遗址的出土，是商周考古领域的重大发现之一，提升了姚河商周墓葬群的影响力。遗址灰坑及墓葬出土卜骨和卜甲共7块，出土于甲字形墓墓道的填土中，质地为牛的肩胛骨，其中有文字者两块，总计发现文字50个。卜骨刻辞内容大致是卜问派遣两人，分别率30人巡查于夜、宿等5地。左侧尚有墨书文字，尚未释读。卜骨钻凿的形制与陕西周原遗址所出卜骨基本相同，专家分析，姚河塬遗址应属于西周某一封国的都邑遗址，证明西周王朝对于西部疆域的管理采用的也是"分封诸侯，藩屏王室"的模式。姚河塬商周墓遗址，为了解西周国家的政治格局、周王朝与西北边陲地区的关系提供了珍贵的新资料，已列入2017年全国十大考古新发现之一。[①]

甲骨文与敦煌南北朝至唐宋时期纸质写本文书、西域汉晋简牍、清内阁大库、明清档案，被誉为中国近代学术史上的"四大新发现"。甲骨文是中国地下出土最早的、系统的古代文献遗产，是3000年前商周王室的珍贵史料，涉及当时的政治制度、经济生产、社会生活等诸多方面。商周时期，祭祀与战争是国家最重要的大事。祭祀对象除了上天、山川、河流之外，主要是先祖。甲骨文卜辞的内容记载

---

① 李年韵：《2017全国十大考古新发现揭晓》，《光明日报》2018年4月11日。

了极为丰富的商周时期社会历史信息，成为后人了解和研究商周文明最为可靠的资料。值得我们重视的是，甲骨文是"商周王室"的直接史料。姚河塬商周墓地出土的甲骨文，印证着这里的"都邑"性质与"封国"的经历。

从目前姚河塬商周墓葬群的发掘看，它有四大特点，一是甲字形的墓葬形制，二是带有墓道的葬制，三是祭祀坑遗址，四是甲骨文的发现。甲骨文的发现，在目前西北商周遗址中具有唯一性。专家研究发现，甲字形墓葬和带有墓道形制的墓葬，通常为诸侯层级。甲骨文出土于甲字形墓道，进一步印证了姚河塬遗址的高层级和高规格，为整个遗址属于西周早期"封国"性质的论断提供了全新的印证和强有力的支持。同时，铜铸作坊、陶器作坊等高技能作坊，也从不同层面印证了这个墓葬遗址及其层级。

在这个背景下，追溯20世纪80年代初，在固原县中河乡孙家庄发掘出土的西周时期的墓葬车马坑以及出土的车马具和相关文物，它们可能与姚河塬商周墓葬群有着密切关联，说明西周早期疆域管理已经延伸至整个宁夏南部，这里已经历过众多的族群融合与多元的文化互动，同时也说明与"大原"相关的历史话题的可靠性和固原早期的筑城史的可能性。

三 小河湾聚落遗址

2009年年初，西气东输工程在彭阳县埋设管道时，在新集乡下马洼村意外发现小河湾遗址，自治区文物考古队接报后即对其进行考古挖掘。小河湾遗址位于宁夏彭阳县新集乡下马洼村下马洼组西南，这里地形较为平坦，遗址面积很大。遗址东西长2300米，南北宽约1100米，总面积25万平方米以上，最深地层堆积3米以上，经历了战国中晚期至秦、西汉及宋多个历史时期，是当时宁夏考古发掘面积最大的一处聚落遗址。发掘面积3000平方米，清理墓葬4座。发现遗迹主要有房址、灰坑、陶窑、水井、道路、壕沟、窖穴等。出土的陶器以泥质灰陶为主，也有夹砂陶和夹砂红褐陶等，但数量较少，器型有铲足鬲、袋足鬲、盆、罐、瓮、甑、量、壶及云纹瓦当、板瓦、筒瓦等，有少量鹿纹等动物纹瓦当。生产用具有铁斧、铁铲、犁铧、铁环首刀等，包括骨器、青铜器等，同时出土少量带有"陶文"的器物。

陶文的字样出现在陶鬲的肩部和内底，这种器皿上的字样，显示了小河湾遗址在当时的重要地位和影响力。将姚河遗址与小河湾遗址联系起来看，西周中期以前，义渠戎国、秦朝的经营，在彭阳县红河流域留下了丰富的文化遗产，城池的修筑早已延伸到这里。

第三节 义渠戎国

春秋战国时期，是中国城市基本特征确立的时期，各国修筑了不少城池。义渠戎国，国都遗址位于今甘肃省庆阳市宁县境内，属于春秋时期的西戎国，战国时为秦国所灭，后设立义渠县。义渠戎国强盛时期，城池的修筑已经延伸到大原境内。

一 义渠戎国筑城

《史记·匈奴列传》记载："岐、梁山、泾之北有义渠、大荔、乌氏、朐衍之戎。"义渠戎立国时间当在周平王东迁之后的春秋时期，周王室已衰。及犬戎灭西周，陕西之地尽失。进入战国之后，周王室仅有洛阳附近之地。①义渠戎立国时间较长，在春秋战国的历史时空中影响较大，尤其是与秦国之间多军事冲突与征战，但最终还是被秦国所灭。周平王（前770—前720）末年，义渠戎就已经很强大，"及平王之末，周遂陵迟，戎逼诸夏，自陇山以东……泾北有义渠之戎……当春秋时，间在中国，与诸夏盟会"②。当时"义渠、大荔最强，筑城数十，皆自称王"③。可见，早在2700多年前，义渠戎国已筑城称王。周贞定王八年（前461），秦灭大荔国，取其王城，"自是中国无戎寇，唯余义渠种焉"④。秦厉共公三十三年（前444），"秦

---

① 童书业著，童教英整理：《童书业历史地理论集》，中华书局2004年版，第19页。
② 范晔：《后汉书》卷87《西羌传》，中华书局1987年版，第2872页。
③ 范晔：《后汉书》卷87《西羌传》，中华书局1987年版，第2873页。
④ 范晔：《后汉书》卷87《西羌传》，中华书局1987年版，第2874页。

伐义渠，虏其王"①。秦躁公十三年（前430），"义渠来伐，至渭南"②。义渠戎国敢于出兵攻伐秦国，说明义渠戎国在当时的军事力量还是比较强大的。

秦的先祖相传是伯益的后代，传到秦仲时，被周宣王封为大夫。公元前770年，秦襄公因护送周平王东迁（前770）有功，又被分封为诸侯。春秋时，秦国建都于雍（今陕西凤翔东南）。秦穆公时曾攻灭西戎十二国，称霸西戎。此后，秦国与义渠戎国之间发生了长期征战，固原一直属义渠戎国的辖境。因义渠戎国军事力量相对雄厚，秦国要灭掉义渠，短时间内还不能奏效。所以，秦国与义渠戎国之间和平与战争相交替。

秦惠文王七年（前331），"义渠内乱，秦惠文王遣庶长操将兵定之"。十一年（前327），义渠降于秦，"义渠君为臣"，"县义渠"，秦国在义渠戎国的地域上设义渠县。随着秦国军力的不断强盛，义渠戎国"筑城郭以自守，而秦稍蚕之"，开始以防御为主。秦惠文王后元五年（前320），"王游至北河"，到了灵州黄河沿岸考察。他的行踪应该是穿越乌氏县境，再沿清水河谷北上，已经穿越了义渠戎国时期的地域。公元前318年，秦国暗中联络六国的军队，试图对义渠戎国发动大规模的军事袭击，义渠戎国闻讯后集结兵马，与以秦国为首的多国军队进行激战，秦国大败。因此，秦国始终将义渠戎国视为后患，图谋再次起兵。第二年，秦国又联合多国军队大举攻伐义渠，攻占义渠二十五座城池，义渠戎国势力锐减，开始走下坡路。

义渠戎国与秦国之间，有过一段让后世诟病的历史。楚威王十一年（前329），楚威王熊商死后，楚怀王熊槐继位，开始与秦国联姻，16岁的芈八子入秦，成为秦惠文王嬴驷之妃，生一女三子。长女为燕昭王后，长子嬴稷，即后来的秦昭襄王。次子嬴悝，后封为高陵君。幼子嬴巿，后封泾阳君。秦惠文王死后，王后魏氏所生的嫡长子、太子嬴荡继位，即为秦武王。数年后，他在东周太庙举龙文赤鼎

---

① 司马迁：《史记》卷5《秦本纪》，中华书局1982年版，第199页。
② 司马迁：《史记》卷5《秦本纪》，中华书局1982年版，第199页。

时,"绝膑猝死"。因无子,秦惠文王后魏氏闻讯立次子嬴壮为秦王。在这个过程中,赵国为了引发秦国争位之乱,派人将在燕国的人质——芈八子长子嬴稷火速送回秦国。芈八子联络相关大臣和看风向倒戈的重臣,顺势另立嬴稷为王,这就是秦昭襄王,芈八子掌控朝政。由于这种特殊的背景,秦乱未平,宣太后遂与各国休兵。为避免义渠戎国趁机进攻,宣太后在甘泉宫色诱义渠王,两年内生有二子。两年以后,宣太后异母弟魏冉剿灭秦王嬴壮与其弟嬴雍。秦乱平息之后,宣太后赐死秦惠文王后魏氏,将秦武王后魏氏驱逐归魏。在甘泉宫杀死义渠王及所生二子,蓄势伐灭义渠戎国。

秦昭襄王三十五年(前272),秦国起大军灭掉了存在800年左右的义渠戎国。同时,秦国始设置陇西、北地、上郡地方政权建制,义渠戎国在史书里消失了。固原大片土地纳入秦国版图,属北地郡管辖,郡治在今甘肃宁县;最高军事长官——北地都尉驻军萧关(今固原东南瓦亭、三关口一线),固原的历史进入了新的一页。

秦国消灭义渠戎国后,北部边地并不太平,北方游牧民族不断犯边。秦国便在陇西、北地、上郡沿线修筑长城以防御北边少数民族的入侵。设立义渠县,"说明这时已经开始修筑长城,到秦昭王时才继续修筑完成的"①。《史记·匈奴列传》记载:"遂起兵伐残义渠,于是秦有陇西、北地、上郡,筑长城以拒胡。"从此,便有了固原城以北明家庄梁修筑的长城,后人称之为"战国秦长城"。

二 义渠戎国文化

义渠戎立国的时间较长,在中国历史的长河中,文化发展的根基在早期秦文化或戎族文化里是深广的,地下考古印证了义渠戎国的文化史。2016年年初,在陕西秦始皇帝陵博物院举办的《帝国之路·陇东记忆:秦文化与西戎文化考古成果展》,集中展示了近十年我国早期秦文化考古调查和研究成果。在众多的展品中,甘肃天水市张家川县马家塬战国晚期的西戎贵族墓出土的二十多辆皆由金银装饰的豪

---

① 罗哲文:《古迹》,中华书局2016年版,第9页。

华礼仪用车最为惊艳。展出的马车复制品，被专家誉为"中国第一豪车"。专家推测，这是义渠戎王当年的座驾。车身用金银质地的华美纹饰片包裹着，车厢上嵌满珍贵的珠饰，车轮和车轴也用纯金装饰，整辆车精美奢华，极具观赏性和震撼力。专家们认为，中原没有发现这样的车。华丽的装饰，彰显着主人的特殊身份和地位，装饰的花纹具有欧亚草原风格。这表明西戎民族融合了中原文化、草原文化与西域中亚文化，也说明他们在不断接受秦文化的同时，还吸纳周边文化以丰富自己的文化内涵。马家塬西戎贵族墓地所反映的多元文化元素，为我们多角度审视战国晚期戎人与秦文化及北方草原文化之间的关系，包括东西方文化因素相互交流、吸纳与渗透，提供了实物依据，意义重大。[1] 有如此的豪车，亦可以看出义渠戎国的文明程度。

追溯义渠戎国的历史和文化，可使我们了解战国、秦代固原的历史文化背景。义渠戎国的国运与繁盛的文化，对早期固原有重大影响。过去，我们对义渠戎国与固原的关系在认识上局限性较大，或者近乎没有这方面思维的延伸。战国时期，固原的筑城问题，可借助义渠戎国的历史和文化来审视。义渠戎国的筑城史，影响着固原早期筑城的历史。

战国秦长城为何要修筑在固原城以北的明家庄梁，除所选择的地形地貌要求外，义渠戎国可能在固原城所在的清水河西岸修筑有城池（堡）一类防御性建筑。秦灭义渠戎国之后利用了这里的城堡。《水经注》记载，高平县（固原城）"西十里，有独阜，阜上有故台，台侧有风伯坛，故世俗呼为风堆"[2]。这里的"故台"、祭祀用"风伯坛"，都会让人联想到城堡。秦惠文王北游黄河，出焉氏塞（古萧关）北上，应该还在义渠戎国时期的城堡里驻跸。此臆测如果不谬，那么义渠戎国时期修筑的城堡，应该就是固原历史上最早的城堡。

秦昭襄王所灭的义渠戎国，已经不是秦穆公时期单纯的义渠戎国，而是包括来自草原地带的戎人，他们融合了各地的文化。[3] 这个

---

[1] 韩宏：《"义渠豪车"驶进秦陵博物院》，《文汇报》2016年1月8日。
[2] 王国维：《水经注校》卷2，上海人民出版社1984年版，第69页。
[3] 奚牧凉：《我与秦人、戎人的故事》，《光明日报》2016年1月1日。

观点说明，战国时期是各民族迁徙融合的重要时期。草原地带的民族进入中原边地，有助于我们理解他们与固原早期的关系。追溯义渠戎国的经历、筑城及其文明程度，可以看出义渠戎国与固原的密切关联，尤其是其在固原的早期筑城，奠定了秦汉时期修筑固原城的基础。"在边疆地区，筑城常早于设治；在比较安定的内地，或没有夷狄威胁的边区，则设治远早于筑城。"[1] 这个观点，有助于我们理解固原早期筑城。

第四节 乌氏倮与丝绸之路

乌氏，是春秋时期生活在六盘山（陇山）东西的戎族部落。乌氏县，是秦惠文王时设立的西北境内早期的县制。乌氏倮，是战国至秦朝时期做丝绸贸易致富的著名商人。乌氏倮的话题，有几个需要研究的层面，如乌氏国、乌氏县的地望、乌氏倮的身份、乌氏倮与早期丝绸之路、乌氏倮与固原城，等等。

一 乌氏国与乌氏县

（一）乌氏国

乌氏，是春秋时期的西戎国之一，固原东南即属于其地域范围。秦穆公三十七年（前623），"秦用由余谋伐戎王，益国十二，开地千里，遂霸西戎"[2]。乌氏国可能就是此时灭于秦国。乌氏国被秦国灭掉三百年后的秦惠文王（前337—前311）时期，秦国在乌氏地域上置乌氏县，治所在今宁夏固原市原州区东南。东汉作乌支县，北魏末徙县治于今甘肃泾川县东北，后废[3]，它是固原境内最早的县制。《史记·匈奴列传》载："岐、梁山、泾、漆之北有义渠、大荔、乌氏、朐衍之戎。"乌氏县称谓即由乌氏戎、乌氏国之旧称而来。

---

[1] 陈正祥：《中国文化地理》，生活·读书·新知三联书店1983年版，第60页。
[2] 司马迁：《史记》卷5《秦本纪》，中华书局1982年版，第194页。
[3] 复旦大学历史地理研究所编：《中国历史地名辞典·乌氏县》，江西教育出版社1986年版。

《吴越春秋》一书里有"筑城以卫君，造郭以为民"的记载，即城以墙为界，有内城、外城之区别。内城叫城，外城叫郭。在古代，"城"的含义是"城墙"与"城市"的综合。城墙是城市有代表性的个体形象，城市的"城"又由城墙的含义演化而来。原始社会晚期，早期设防城堡已经出现。随着国家的建立，城堡逐渐扩大，出现了具有一定规模的城市，城墙的构筑技术也有了很大的发展。[1] 春秋时期大国争霸，各诸侯国纷纷筑城自卫，经历了一场"大规模筑城运动"[2]。同时，筑城的规模也在增大。战国时期，修建的城池更多，筑城技术更趋完备。

由此可见，在春秋战国时期城市数量显著增多的背景下，无论乌氏国，还是乌氏县，都应该有筑城活动。由"汉乌氏县在宁夏固原县东南"[3] 可知，秦汉时期，乌氏县建制沿袭，应该还是秦惠文王时乌氏县城故址。

(二) 乌氏县

乌氏是春秋时期生活在陇山东西的戎族部落，《史记·匈奴列传》里记载："秦穆公得由余，西戎八国服于秦，故自陇以西有绵诸、绲戎、翟獂之戎，岐、梁山、泾、漆之北有义渠、大荔、乌氏、朐衍之戎……各分散居溪谷，自有君长，往往而居者百有余戎，然莫能相一。"[4] 司马迁的记载在地理空间上是清晰的。乌氏戎为当时较大的西戎部落，秦惠王时设立的乌氏县，是以乌氏戎地域为主体设置的，且因乌氏而取其县名。秦昭襄王时设北地郡，秦朝建立后，乌氏县隶属于北地郡。西汉元鼎三年（前114），汉武帝析置安定郡，郡治高平（固原城）。《汉书·地理志下》载："安定郡，户四万二千七百二十五户，口十四万三千二百九十四。县二十一：高平、复累、安俾、抚夷、朝那、泾阳、临泾、卤、乌氏……"乌氏县仍隶属于安定郡。

---

[1] 吕涛统稿：《中华文明史·先秦卷》，河北教育出版社1994年版，第103页。
[2] 任吉东：《历史的城乡与城乡的历史：中国传统城乡关系演变浅析》，《福建论坛》2013年第4期。
[3] 史念海：《新秦中考》，《中国历史地理论丛》1987年第1期。
[4] 司马迁：《史记》卷110《匈奴列传》，中华书局1982年版，第2883页。

就乌氏县的地望看：

第一，《汉书·地理志下》对乌氏县地理环境记载很清晰，"乌氏，乌水西出，北入河（黄河）。都卢山在西，莽曰乌亭。"都卢山，即六盘山；乌水，即清水河。秦汉时期固原有充沛的雨水，大片的草地，良好的自然生态环境，为游牧民族生存提供了天然草场。

第二，春秋时期，在今宁夏固原东南还有一个乌氏国，后灭于秦。乌氏县，是乌氏国的延续。20 世纪 80 年代出版的《中国历史地理辞典·乌氏条》载：乌氏县"治所在今宁夏固原县东南。东汉作乌支县。北魏末徙治今甘肃泾川县东北，后废"[1]，大致方位是准确的。《括地志》载："乌氏故城在泾州安定县东三十里。"[2] 杜佑《通典·安定郡条》记载："汉乌氏故城在东。"[3] 乌氏县迁徙地与《括地志》《通典》的记载在方位上大体是吻合的，但这都是北魏乌氏县迁徙以后的地域。

第三，居延汉简对汉代长安通往河西走廊里、置之间的里程有记载："月氏至乌氏五十里，乌氏至泾阳五十里；泾阳至平林置六十里，平林置至高平八十里。"[4] 居延汉简的出土，对传统乌氏县的地望提出了质疑。"乌氏至泾阳五十里"，泾阳是西汉时期设置的县，在今甘肃平凉市安国镇泾水（河）北岸油房庄[5]，这里距固原蒿店乡仅五六十里地。从汉简看，说乌氏县在固原东南就有矛盾了。如果我们换一个角度看，乌氏与泾阳之间的"五十里"，是乌氏县治所与泾阳县治所之间的距离，而不是两县地域之间的距离。这样理解，固原东南的一部分地区成为迁徙后的乌氏县的实际控制地域，也是在情理之中的事。

第四，1978 年，在宁夏固原县古城公社古城大队出土了一件铜鼎（图 1—1）。因鼎身有"朝那"铭文，故称为"朝那鼎"。鼎身刻有三段铭文（图 1—2）如下。

---

[1] 复旦大学历史地理研究所编：《中国历史地理辞典·乌氏条》，江西教育出版社 1986 年版，第 135 页。
[2] 李泰：《括地志》卷 1，贺次君辑校，中华书局 2005 年版，第 41 页。
[3] 杜佑：《通典》卷 173，中华书局 1990 年版，第 4518 页。
[4] 西北师范大学人文学院历史系、甘肃省文物考古研究所编：《简牍学研究》第 2 辑，甘肃人民出版社 2009 年版，第 230 页。
[5] 李春茂：《平凉古地名初探》，兰州大学出版社 1996 年版，第 6 页。

图 1—1 朝那鼎

图 1—2 朝那鼎铭文

（一）第廿九，五年，朝那，容二斗二升，重十二斤四两。
（二）今（？）二斗一升，乌氏。
（三）今二斗一升，十一斤十五两。

朝那鼎的出土说明，它是西汉早期朝那县标准计量容器；彭阳县古城镇是秦汉朝那县治所在地。《汉书·地理志》记载，朝那、乌氏二县，在汉代均为安定郡属县。这件铜鼎原置于朝那，后移于乌氏。出土地点与文献记载两地相近，为确定汉朝朝那、乌氏二县故址提供了重要线索。① 在一件铜鼎上刻有朝那、乌氏两个县制的名字，表明同一器物先后归属过两个县制，铭文分几次开凿。地方行政建制的缩减与县制的迁徙，都会引起地名与隶属关系的变化。《汉书·地理志》载，西汉时期安定郡辖21县，东汉时期就发生了很大变化。王先谦《后汉书集解》记载，东汉时安定郡仅辖7县，县制少了三分之二。及东汉后期羌族大起义，安定郡治内迁，朝那县南迁，泾阳县废。县制锐减，县域辖境不断增大，乌氏县辖境自然向北延伸，覆盖了朝那县的部分地域。"朝那鼎"上的铭文"朝那"与"乌氏"，即能说明它们在地域上关联密切。因此，两汉时期的乌氏县地望是一个动态变化的过程，不能因为北魏乌氏县的迁徙而认为乌氏县故城址就在泾州东数十里之地。

地域的变迁、乌氏县迁徙过程清楚了，乌氏倮其人就有了归属。

二　绿洲丝绸之路

目前，学术界通行的提法，中国境内绿洲丝绸之路划分为三段，即：长安—凉州道，为东段；凉州—敦煌、玉门关、阳关，为中段；玉门、阳关—葱岭，为西段。按照地理走向与地域文化特点，通常又将玉门关、阳关以东的东中两段（即长安至敦煌这一段）称为河陇道，长约1800公里。宁夏地理位置，正处在丝绸之路东段北道，而

---

① 韩孔乐、武殿卿：《宁夏固原发现汉初铜鼎》，《文物》1982年第12期。

东段又分为南、中、北三道。固原的地理位置，正处在丝绸之路东段北道的交通要道上。

丝路东段北道的走向：从长安临皋（今西安市西北）经咸阳县驿出发西北行，经醴泉、奉天（今乾县东），到邠州治所新平县（今邠县），沿泾水河谷北进，过长武、泾川、平凉，入固原南境弹筝峡（三关口）（图1-3），过瓦亭关，北上原州（固原）；沿清水河谷，再向北经石门关（须弥山）折向西北经海原县，抵黄河东岸的甘肃白银市平川区，渡黄河即乌兰关（景泰县东）。由景泰直抵河西武威（凉州）。这是丝绸之路东段南、中、北三道中，由长安抵河西凉州（武威）最为便捷的丝路干道。

图1-3 三关口

史书记载，丝绸之路正式开通于汉朝张骞出使西域之后，但此前的丝路活动早已开始。据考古出土的丝绸实物看，早在公元前4世纪，中国的丝绸就已经传到了印度和欧洲。位于阿尔泰山北麓巴泽雷克古墓（苏联戈尔诺阿尔泰省乌拉干河畔），就出土了公元前5世纪的中国丝绸。① 秦始皇巡游陇西时穿越的鸡头道，是丝绸之路早期的通道，为后世丝绸之路的繁荣产生过积极影响。从当代意义上看，丝路原本是一个网状格局。张骞开通丝绸之路后，古人始终在探索着丝路不断走向新的最佳路径。20世纪30年代发现的居延汉简、悬泉汉简，里面记载了较为详尽的丝绸之路里程，把长安到敦煌的整个线路连接起来了，固原是绿洲丝绸之路东段北道必经之地。按当时的区间里程计算，途经固原最为便捷，捷径约在一百公里。② 汉代人也评判过丝绸之路的捷径和走向。东汉时刘秀亲征高平（固原），河西太守窦融与河西五郡太守车驾会聚高平，浩浩荡荡的大军与战车走的就是这条通道。从地域格局讲，这实质上走的是萧关古道的一部分。

以北道为主线，还有两条通道。一条是由长安西行陇州后，不再攀越大震关，而是沿陇山东麓过甘肃境内华亭县，至固原市泾源县，穿越制胜关（秦汉时的鸡头道）过六盘山，即可抵达陇西郡。过鸡头道向西北行，也可沿祖厉河而下，在甘肃白银市平川区黄河东岸鹯阴口渡河，进入河西走廊。或者沿泾河至平凉，由崆峒山东峡进入泾源县，走鸡头道。一条是由咸阳至北地郡治所宁州（今甘肃宁县），再沿茹河进入固原。汉代班彪前往安定郡（固原）沿途考察，即是走这条通道。

秦始皇在建立秦朝的第二年（前220），即以咸阳为中心修建了通往全国各地的交通干道。同时出巡西北边地，先后考察陇西（今甘肃临洮）、固原（秦朝属北地郡），登六盘山，祭祀朝那湫渊。《史记·秦始皇本纪》载："二十七年，始皇巡陇西、北地，出鸡头山，过回中焉"，即走鸡头道。③ 丝绸之路东段逾越陇山的南、中、北三

---

① С. И. 鲁金科：《论中国与阿尔泰部落的古代关系》，《考古学报》1957年第2期。
② 张德芳：《从汉简材料看汉晋时期丝绸之路全程的走向和路线》，载中国社会科学院历史研究所、日本东方学会、大东文化大学编《中日学者中国古代史论坛文集》，中国社会科学出版社2010年版。
③ 复旦大学历史地理研究所编：《中国历史地名辞典·鸡头山》，江西教育出版社1986年版，第455页。

道，在固原境内主要有两条通道。除北道外，中道也在固原境内，但随着历史的发展其也在发生变迁。到了唐代，鸡头道向北迁移，翻越六盘山西进，大体是今天西安兰州公路的走向。唐代已设立六盘关，为关中外围上关之一。

鸡头道，是古代关中穿越陇山（六盘山）的通道之一，也是丝绸之路早期通行的道路。它是在西汉张骞通西域之前就畅通的重要丝路通道之一。其走向，出长安沿泾水北上进入甘肃平凉市崆峒区，穿越崆峒山后峡，过宁夏泾源县城往西即进入六盘山鸡头道。这里道路奇险，却是天然通道。唐宋时期这里称为安化峡，今俗名称西峡或荷花谷。唐代在峡口东侧设有制胜关。

鸡头道的走向，田野考察清晰。进入鸡头道，沿沟谷西行，在名为荷花谷的地方出现岔道，有两条走向。一条向西北行，穿越荷花谷，在泾源县六盘山镇东山坡村白云寺出口，可与瓦亭关相连接，向北进入固原。另一条沿鸡头道继续西行，即翻越六盘山后，也有两条通道。一条经过宁夏隆德县奠安乡，过隆德县城与甘肃静宁县相接，一条与甘肃庄浪县通边镇相接，两条通道都与陇右密切关联。甘肃庄浪县东北的通边镇是个交通要道，北宋庆历八年（1048），在这里设通边寨，金朝提升通边寨为通边县。元代一度改置这里为庄浪路，建制格局更高。可见，由鸡头道穿越六盘山后进入隆德县、庄浪县的这两条道路都非常重要。

鸡头道不但是丝绸之路早期的重要通道，也为绿洲丝绸之路的形成产生过重要影响。至今，仍是一条通道。从年代看，北地郡时期的鸡头道，已经延伸到了固原境内，它为之后道路的延伸、汉代高平城的修筑奠定了基础，拓展了交通意义上的巨大影响力。

丝路东段南线，是从长安出发沿渭河西进，翻越陇山（六盘山南）西行，过秦州（天水），在永靖炳灵寺附近过黄河至张掖。或者从长安出发越陇山至临洮后，向北经阿干河谷至兰州，再沿庄浪河谷至武威（凉州）。丝绸之路东段数条线路呈网状格局，南中北三道殊途同归，进入武威，再沿河西走廊进入敦煌。

固原古城

丝绸之路呈网状型，大的格局是这样，细微处也是如此。丝绸之路北道穿越石门关，但以须弥山石窟为原点就形成了两条支线。一条过石门关，经海原、干盐池西行，进入甘肃白银市平川区黄峤乡的双铺。一条经由须弥山石窟（或黑城、郑旗）西北行，过海原县刘家井、平川区种田乡，再穿越屈吴山（平川区与海原县境界山相接，是黄河支流清水河与祖厉河分水岭），亦在双铺汇合。双铺，古名双堡，后演化成为双铺。无论双堡还是双铺，从地名即可看出这里是丝绸之路西行的通道，现在这里仍是一个较大的镇子。

丝绸之路不同于其他商路，它是一条带有"中转性"的长距离贸易与集散的沙漠与绿洲相伴的文化之路。固原地域虽小，但地理位置重要，丝绸之路负载的商业贸易与文化交流使它拥有了旺盛的生命力。在这条穿越固原境内的古丝绸之路上，东西文化交融，中西文化荟萃。数千年间，历史的风风雨雨，形成了源远流长、交融汇聚的固原历史文化多元一体的格局。

丝绸之路通道总是与水系密切关联。屈吴山在平川区境内，有水系发源于此，东南汇入海原县园河。穿越须弥山石窟西北行的这条丝路，即沿这条水系而行。从双铺的位置看，屈吴山、东华山（海原方位称西华山）在两头，峤山在中间。峤山有双重含义，有二山之桥的意蕴。过去只说海原、干盐池这一条通道，实际是两条通道，皆在平川区双铺镇汇合。

1983年，在固原城南九龙山汉墓出土了两件"镶绿松石金带饰"，其造型"具有西亚风格"[①]（见图1-4）。说明汉代丝绸之路东西文化交流，在固原已经非常兴盛，固原城已成为丝路文化交融的重要驿站。

1986年，在固原城县粮食局院内出土北周"绿釉乐舞扁壶"[②]。壶腹扁圆，两面装饰有相同的花纹图案，外圈饰有联珠纹，壶腹面中

[①] 宁夏固原博物馆编：《固原文物精品图集》（中册），宁夏人民出版社2010年版，第13页。

[②] 宁夏固原博物馆编：《固原文物精品图集》（中册），宁夏人民出版社2010年版，第214页。

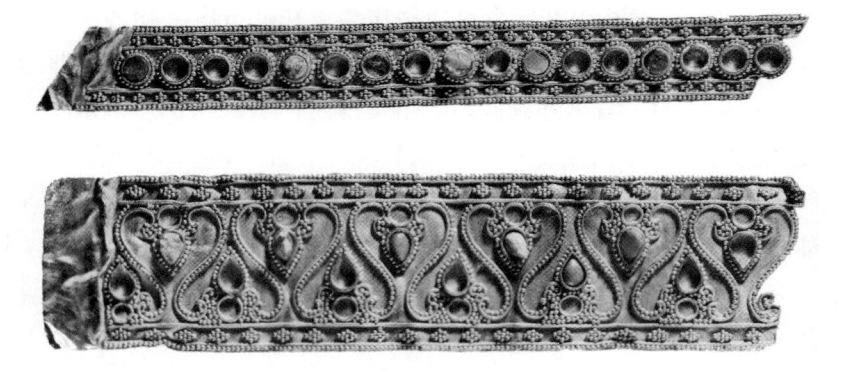

图 1-4 镶松石金带饰

部为一组（7人）人物造型。他们深目高鼻，身着窄袖胡服，有的怀抱乐器（琵琶、箜篌类），皮靴踩莲花台，有的翩翩起舞（图1-5）。中间一人为主角，身穿大翻领胡服，头戴宽条帽，右手举起，左手向身后倒勾，右足提起后勾，左足微屈前跃，足穿皮靴踩莲花台上。右侧一人面向中间，双手上举作舞姿态。实际上，这是胡旋舞的另一种表现形式。

图 1-5 绿釉乐舞扁壶

胡旋舞乐，是中亚昭武九姓康国作为贡礼献给唐王朝的。胡旋舞是一种俗称，正式称谓为"康国乐"。胡旋舞舞姿轻盈，舞动时身着艳丽的窄袖胡服，身体连续旋转，节奏疾速，从观众视角看是一个异域女子的特殊艺术造型。用西方比较文学中形象理论思维的方式表述："形象就是对一个文化现实的描述。"以这种思维来审视胡旋舞，才能看透它潜在的文化内涵。作为一种独特的文化现象，能从遥远的中亚来到固原安家落户，这是丝绸之路文化的结晶，也是民族迁徙与文化融合的必然。由出土于宁夏固原的粟特胡姓史诃耽墓可知，史诃耽的先祖早已侨居原州（固原），出仕北魏。自北魏始，历北周、隋、唐四朝，因经商或仕宦等各种原因驻足于此，成为大唐的侨民。目前能看到的胡旋舞造型，在敦煌、西安、宁夏北部盐池县都有。固原城出土反映胡旋舞的"绿釉乐舞扁壶"，折射的是唐代丝绸之路东西文化交流在固原的繁荣程度，也是固原古城丝路文化繁荣的见证和象征。

  这里仅选取与固原城有直接关系的出土文物"镶松石金带饰""绿釉乐舞扁壶"，旨在说明固原城的特殊地位及其在丝绸之路上的影响力。严耕望《唐代交通图考》，详细描述了长安至凉州的丝绸之路走向。他认为"长安西北至凉州主要道路有南北两线，南线经凤翔府及陇、秦、渭、临、兰五州，渡河至凉州；北线经邠、泾、原、会四州，渡河至凉州，皆置驿"[1]。这里的原，即原州。汉简的大量出土，也在印证着这些观点。从交通的意义上，绿洲丝绸之路穿越固原，不但推进了固原城的繁荣发展，而且孕育和积淀了深厚的历史文化。

三　乌氏倮与丝路贸易

（一）乌氏倮其人

  张骞开通丝绸之路之前，绿洲丝绸之路就是畅通的，中原与西域

---

[1]　严耕望：《唐代交通图考》第2卷，《河陇碛西区》，上海古籍出版社2007年版，第416页。

及中亚的文化交流和商贸已经开始。乌氏倮，就是这个商贸通道上的著名"商人"。缘此，司马迁在他的《史记·货殖列传》里给乌氏倮这个人物立传：

> 乌氏倮畜牧，及众，斥卖，求奇缯物，间献遗戎王，戎王十倍其偿，与之畜，畜至用谷量马牛。秦始皇帝令倮比封君，以时与列臣朝请。

乌氏倮，是历史典籍中所能见到的较早从事丝绸之路贸易的少数民族的杰出代表。司马迁也十分推崇这个特殊人物，将他写入《史记》里。后人既看到了秦始皇的国家治理及其经济思想，也看到了早期丝绸之路在固原的繁盛状况。

乌氏倮，是乌氏戎民族的代表，是充满着多元文化内涵的人物形象。司马迁笔下的乌氏倮，虽然不足百字，但对他的业绩、丝路贸易、朝廷对他的政治待遇以及影响力，都写得十分传神。

（二）乌氏倮与丝绸之路

乌氏县，地处丝绸之路要道。安阳殷墟商代妇好墓，有不少来自新疆和田的玉石，说明三千多年前玉石之路已开通，玉石东进，丝绸也经由玉石之路走向西域。这条通道，就是长安到西域的绿洲丝绸之路。乌氏县地域就在这条丝绸之路通道沿线。它的走向，从长安出发，沿渭河西进，再沿泾水北上，过陕西长武，甘肃泾川、平凉，进入固原。之后，再西北行，经宁夏海原县、甘肃白银市平川区，过黄河进入河西走廊，抵达西域、中亚，包括与草原丝绸之路的衔接。正是这条丝路通道，成就了乌氏倮的丝路贸易，这是其从事丝路商贸文化得以成功的大背景。

这条丝路通道将中原与西北少数民族商贸连接起来，为乌氏倮的丝绸贸易提供了一个大平台。乌氏倮是一位有远见的商人，他虽然是处于边地的戎族，但他谙熟秦文化。他依托早期丝绸之路，打通了中原与边地的贸易。他充分利用乌氏县的特殊地理位置，以中间人的身份，用中原的丝绸换取边地少数民族的牛马，再用牛马换取中原的丝绸,"畜至用谷量马牛"虽是比喻,但交易的牛马的确多得无法统计。丝绸,是高档商品,是贵族和上流社会阶层所用之物。因此,与乌氏倮打交道的主要是社会上层,这是其影响力的一个方面。另一方面,他为国家提供了用于骑兵装备的战马,这是乌氏倮丝路贸易的核心内容,也是秦朝政府支持乌氏倮的关键所在。秦始皇的祖先就是以牧马起家的,《史记·秦本纪》载:秦祖先非子为周孝王,在今甘肃华亭县、陕西陇县一带管理马牧,"马大蕃息",赢得了周王朝的认可和器重。马匹是军用物资,秦始皇十分看重这一点。

战国时期,秦国是养马大国。商鞅变法前夕,秦国已经出现了专门的牛马市场贸易,实行牛马专卖。① 秦朝建立后,开始设置专门管理马政的太仆寺。马不仅是社会生产和社会生活的主要畜力,而且是驿传和交通尤其是军事上的重要工具。乌氏倮将丝绸换回的马匹提供给政府,为秦朝装备骑兵提供战马,是有功于国家的,因此得到了秦始皇的格外器重,令乌氏倮与封君同列,可入朝议事,给了乌氏倮极高的政治待遇。或许正由于此,他的事迹才被司马迁写入《史记》。

丝绸之路东段南、中、北三条道路,在张骞到达中亚之前的公元前2世纪就已经畅通,自西周早期至汉唐,都是重要的丝路通道,中西文化的交流,宗教文化的传播,玉石、丝绸东来西出,商贸的繁荣等,均经由此绿洲丝绸之路承载。乌氏倮,就是这个大通道上的一个典型人物。

司马迁在《史记》里说:"余尝西至空桐,北过涿鹿,东渐于海,南浮江淮矣,至长老皆各往往称黄帝、尧、舜之处,风教固殊焉,总之不离古文者近是。"② 身为太史令的司马迁,曾多次跟随汉武帝出巡,到过全国各地,安定郡(固原)是他多次考察过的地方,《史记·五帝纪》里明确记载有六次。文献记载、实地考察和民俗传说,司马迁都是非常看重的。生活在秦始皇时代的巨商乌氏倮,不仅享有很高的政治待遇,"令倮比封君,以时与列臣朝请",作为商人

---

① 刘纯景:《秦市场发展述略》,《唐都学刊》1984年第3期。
② 司马迁:《史记》卷1《五帝本纪》,中华书局1982年版,第46页。

的代表被司马迁写进《史记·货殖列传》里，是有典型意义的。

乌氏倮的商贸，依托的是穿越固原城的绿洲丝绸之路。固原早期的城池，应该是乌氏倮丝绸之路商贸所凭借的重要驿站。

（三）乌氏文化

乌氏倮其人对秦朝的贡献及其影响力，加之乌氏县与关中邻近的特殊地理位置，使乌氏县有手艺的工匠也被朝廷征调，参与秦始皇陵园工程的修建。秦始皇陵地周围出土的板瓦一类的建筑材料上，发现有钤着"乌氏"字样的印戳，如"乌氏援"[1] "乌氏工昌"[2] 等。对于乌氏县、乌氏地域上的手艺工匠来说，这是重大的历史文化信息，它传递的是两千多年前乌氏县境内经济社会发展的状况，尤其是文化与科技层面的发达程度。同时，也折射出固原早期的筑城史。

这些出土文物，不仅反映了古代乌氏县的设置与经历，而且说明乌氏县繁盛的地域文化及其影响力。工匠的文化层次代表地域文化的繁荣程度，当时虽为多民族聚居地，但由于靠近关中，固原早期历史文化相对兴旺发达。地下考古出土的文物说明，乌氏县不但有制作建筑构件的工匠，而且外调参与秦始皇陵的修建。这从一个侧面说明乌氏县城市建设与城池的修筑，已达到一定的程度。

---

[1] 陈晓捷：《临潼新丰镇刘寨村秦遗址出土陶文》，《考古与文物》1994年第4期。
[2] 袁仲一：《秦代陶文》，三秦出版社1987年版，第351页。

第二章　高平城与两个地方政权

　　城墙，是构成城池的框架。城墙环绕着城市，城市内又分割成若干个单元空间，分布着诸如地方政权建制、军事设置、府库驿站、生活区域、宗教文化建筑等，它们形象地反映着城市聚落的基本特征。没有城墙的城市，是算不上一座真正的城市的。城市，是人类社会发展到一定阶段的产物，也是人类文明进程的重要标志和象征。

第一节　高平城

一　高平县与高平城

　　西汉建立后，在秦代朝那县西北、清水河西岸设置了高平县。有了县治，就有了筑城史。汉高祖刘邦六年（前201）十月，"令天下县邑城"[①]。县治与封邑都开始筑城。高平县城的修筑，应在公元前201年前后。公元前114年，即汉武帝元鼎三年，汉朝为加强西北地区行政管理与军事防御能力，析北地郡与陇西郡各一部分地域，设置新的郡治——安定郡，郡治所在高平城。作为郡治高平城的修筑，成为固原筑城史的契机，是固原筑城发展过程中一个新的里程碑。

　　高平的得名，应该源于两个因素。一是西周时期"大原"的名字，高而平为原；二是清水河西岸台地地貌特征。这里既有历史文化的传承，也有地理特征的影响。高平县城修筑之前，作为义渠戎国的故地，清水河西岸可能已有筑城的经历。如果与乌氏县联系起来看，

[①] 班固：《汉书》卷1下《高帝纪》，中华书局1987年版，第59页。

乌氏县可能在这里已有筑城活动。西汉在此设高平县，说明清水河西岸高地是有筑城条件的。如果与萧关古道联系起来看，秦昭襄王时期修筑的长城就在高平县城的北面，沿清水河北上直达黄河岸边就是一条大通道。秦惠文王北游黄河时，就是走这条通道，这里应该有城池或军事性质城堡供秦惠文王驻跸。《水经注》卷2记载："〔河水〕又东北，高平川注之，即苦水也，水出高平大陇山苦水谷，东北流经高平县'故城'东。"由此可见，高平县城修筑前，这里已有"故城"遗址。高平县设立后修筑的高平城，可能是另选新址修筑城池。

高平县设立后，绕高平城东而过的清水河，依高平县改名为高平川水。东晋义熙三年（407），赫连勃勃在原州建立大夏国后，经常在高平川沿线狩猎。后来，高平川又改名苦水，也称作葫芦川。东汉末年王莽时高平改名铺睦。北魏正光五年（524），复置高平县，西魏废帝时改名平高县。这一时期，虽然县治有废置，称谓有变化，但城池没有迁徙，城墙在不断修筑拓展，城池的功能在不断增强完善。在帝制时代，中国绝大部分城市人口集中在有城墙的城市中，无城墙的城市中心至少在某种意义上不算真正的城市。[①] 因此，中国古代的城市建设有其特定的内容，城墙的修筑与城内的官署、坛庙、学校等建筑物配置是齐全的。城墙，是文明的象征；城墙里的建筑样式，同样是一套制度和文化的象征，而且一直影响到中国封建社会的结束。

二 高平城筑城形制

城垣，即城墙。广义的城垣，包括城门、城楼、角楼、马面和瓮城，是一处修筑完整的城池。城门和城墙转角处的墙体通常要加厚许多，称为城台和角台，城台上的建筑物名为城楼，角台上的建筑物名为角楼。城墙墙体上修筑的马面，是三面向外突出的城台，战时有利于夹击攻城的敌人。城门外通常修筑有半圆形的城墙，称为瓮城，有利于城池防御，这就是具有防御性的政治中心和军事设施意义上的城市。《墨子·七患》中说，"城者，所以自守也"，就是对城的军事功

[①] 章生道：《城治形态与结构研究》，载［美］施坚雅主编，叶光庭等译，陈桥驿校《中华帝国的城市》，中华书局2000年版，第84页。

能的概括。高平城的修筑,体现了这些筑城的条件和要求,在军事防御方面,超越了州、县城池之格局,军事防御的作用十分突出,尤其是安定郡设置之后固原城政权层级建制的提升。

由《考工记》可看到筑城的形制。周王城为方形,东西南北城墙尺度相等,后来建造城池大体上都采取方形。城墙的厚度和城门的多少都是有严格规定的。不是宫室的城,城门不相对,道路也不是直通,体现的是城池的军事防御思想。新筑高平城的规模,已经考虑到安定郡这个层级城池的格局和要求。汉代高平城大体是方形,规模相对较小,筑城不受地理环境的影响。相对于后来拓展的城池来说,汉代高平城变成内城;后来演变发展的外城就不是方形了,受地理环境的影响,城墙修筑呈不规则形。

高平城的特点有二:一是具有政治中心和交通枢纽双重功能,进可攻退可守。二是城池的营建体现一种"壮丽"的威势。城的格局设置相对完备,诸如武库、太仓等这些代表军权和财政的建筑设施,作为州郡级的城池必须齐备。安定郡的设立,有其特殊的军事背景,军事防御是首要考虑。在这种思想的指导下,高平城的修筑比原有城池规模更大,设置更为齐全。

20世纪70年代,在固原城出土了大量的文物,尤其是与城市建设相关的建筑构件。1975年,在修建固原二中新校区时,院内出土有圆形陶水管,一件为直筒形管,长57厘米,大口径25厘米,小口径19厘米(图2-1)。另一件为弯头管,大口径24厘米,小口径17厘米,壁厚1厘米(图2-2),图2-2两件一副相套就成为曲尺形,即管道的拐角。1978年,在固原城内城墙下出土有五角形陶水管,长38.5厘米,底宽33厘米,壁厚3.5厘米,横断剖面呈两面坡房屋山墙状样式(图2-3)。① 水管面饰绳纹,接口处为素面。五角形陶水管,管内素壁面,外壁饰有绳纹。这些出土的建筑构件,说明汉代在修筑高平城时,已使用了先进的城池修筑技术和建筑材料,已具备城市地下布局设计的各种能力,包括完善的排水设施。同时,也进一步揭示了汉代高平城的格局、规模以及城市建筑状况。

---

① 宁夏固原博物馆编:《固原历代碑刻选编》,宁夏人民出版社2010年版,第7页。

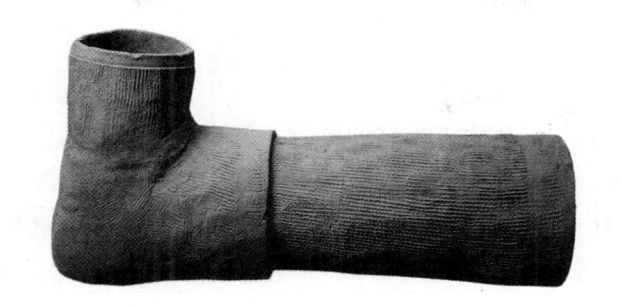

图 2-1　灰陶水管弯头

图 2-2　灰陶水管

图 2-3　五角形陶水管

三 高平城与安定郡

萧关，是中国历史上著名的雄关，是古代关中北出塞外的必经要隘，驻守着大量的军队。自秦至西汉"文景之治"以前，管辖固原全境的政治中心在北地郡（今甘肃省宁县），而军事中枢却在固原境内的萧关，这里是主持北地郡最高军事武官——北地都尉驻节之地。汉朝建立之后，由于北方匈奴民族的持续强大，其不断南下发动军事入侵，雄踞清水河通道上萧关的军事地理位置显得尤为重要。安定郡的设置，与当时享誉天下的萧关密切相关。汉文帝十四年（前166），匈奴老上单于14万铁骑侵入朝那萧关，杀死北地郡都尉孙卬，兵锋直达关中，朝野震惊。为有效防御和加强西北边备，反击匈奴南下侵扰，汉武帝实施了重大防御措施，于元鼎三年（前114）析置安定郡，郡治高平县（今固原城），辖21县，其中高平、乌氏、朝那、月（肉）支道等建制，均在今固原市境内。安定郡是固原历史上第一个州郡级政权建制，由此奠定了固原的历史地位和政治格局。在两汉统治的400多年间，高平县是整个清水河流域唯一得以延续的县制。

新设置的安定郡，以高平县城（即今天固原市原州区城池）为政治、军事、经济、文化中心。高平县城位于清水河上游西岸，地理环境优越；高平川向北沿岸地形开阔平坦，利于农牧业发展。同时，该地域颇具交通和军事地理条件。安定郡的设置，成为关中通往西北地区的军事重镇。高平城的修筑，应该是在高平县城的基础上有新的拓展和提升。此后的岁月里，由于西北边防与关中西汉政权的特殊关系，汉武帝对西北沿边诸军事要地尤其重视，对高平县所在的安定郡多次巡幸：元鼎五年（前112）十月、元封四年（前107）十月、太初元年（前104）八月、太始四年（前93）十二月、征和三年（前90）、后元元年（前88）正月。汉武帝在析置安定郡之后，先后六次出巡安定，可谓是"前无古人，后无来者"。这期间，汉武帝还下令修通"回中道"，进一步拓宽关中通往安定郡的通道，高平城的防御能力进一步提升。同时，对西北地区交通道路建设和开发也是一次历史性的定位。古乐府诗《铙歌十八曲》之一的《上之回》，描述和颂扬的就是回中道开通这桩盛事，为世人所瞩目。秦始皇出巡到过固原，但当时固原没有地方政权设置，他仅是一位过客。汉武帝，是开固原政权建制之先河的帝王，无论从政治的角度，还是军事、文化的角度来说，他对后世都产生了重大作用和影响。

西汉末年政治纷乱之际，割据者都企图占据高平城作为发展和进退的大本营，即便是起义的赤眉军，失败后也曾打算退守高平城以图东山再起。隗嚣为了控制西北，也看重高平城的军事地理位置，派大将高峻拥重兵"据高平第一"。公元25年，政治家、军事家邓禹说：安定郡"土广人稀，饶谷多畜"，是可以凭借发展的地方。可见，时人都看好高平城的地理位置和军事防御能力。刘秀亲征高平前，曾派马援（前14—公元49，东汉初年将领）来高平城劝降高峻，高峻接受了马援的游说。之后因粮运不济等原因，高峻再度"亡归故营"（高平城）。此后，刘秀派建威大将军耿弇率部围攻高平城，"一岁不拔"[1]。一年都不能攻破的城池，可以想见它的坚固程度。"高平城精兵万人，率多强弩"，可见其防御力量之雄厚。高平城"西遮陇道"，成为连接关中和河西走廊的军事重镇，这是高平城优越的军事地理位置所在。高峻之所以坚守高平城，凭借的就是高平城的地理优势和军事实力。高平城不能攻克，就无法进军天水，打通河西走廊。正源于此，光武帝刘秀（前6—公元57，汉高祖九世孙）才亲征天水隗嚣，打通了陇山（六盘山）以东的通道，瓦亭城、高平城不战而下，为攻取天水占据了一个稳固的大后方。

东汉时，安定郡治仍在高平城，但辖境变小。东汉政府与羌族间的关系一直紧张，双方在陇山西侧发生过多次军事较量。羌民族不断向东渗透，汉安帝时，固原一带爆发了规模较大的羌族起义，迫使东汉政府在无奈中将安定郡治向东迁徙。政治中枢的迁徙与频繁战乱，对高平城的发展影响较大。

---

[1] 司马光编著：《资治通鉴》卷42，中华书局1996年版，第1364页。

四　高平第一城

　　从汉高祖刘邦五年（前202）算起，到王莽居摄元年（6），西汉经历了二百余年。东汉时期（25—211），安定郡治仍在高平县城，管辖范围小于西汉，但东汉增设了新的机构——牧师苑，管理安定郡马政。汉安帝时期，羌族大起义爆发于固原一带，安定郡治内迁，不但严重影响了高平县社会经济发展和人口增长，也影响到高平城的繁荣发展。《汉书·地理志下》载，西汉时期安定郡"户四万二千七百二十五，口十四万三千二百九十四"。《续汉书·郡国志五》载，东汉时期安定郡"户六千九十四，口二万九千六十"。前后两汉四百年间，安定郡人口变化很大，作为郡治的高平城人口规模也随之发生变化。但高平的地位并没有减弱，高平城仍然控制着政治中心关中西出北上的要道。

　　刘秀亲临高平，"高平第一城"出现在史书里，因高平城在刘秀扫平西部的过程中发挥过重要作用，史书记载多次出现高平第一城的名字，或将"高平"与"第一城"并提，或者直接以"第一"表述代替高平城。高平第一城的含义表明，第一为"最"，是相比较为"大"的地域。有第一必有第二。但自东汉至魏晋南北朝的数百年间，少数民族活动频繁，原州的政治舞台上你方唱罢我登场，后人没有太多论及高平第一城的前因后果。《后汉书·郡国志》载，安定郡高平有第一城。所指既具体又笼统，说具体，是明确说高平有第一城；说笼统，是因为"第一"与"第二"是相比照来说的，没有第二，何来第一。《读史方舆纪要》载："高平城，在县西二里。汉置县于此……其东有城曰第一城。"① 依《后汉书·郡国志》和《读史方舆纪要》记载看，汉代高平有两处城池。

　　前面已有叙述，20世纪70年代初修建固原第二中学新校区时，出土过大量城池建筑构件。当年地方上没有考古队，也没有博物馆，仅有一个文物工作站；再加上时人对地下考古的认识所限，虽然出土

---

① 顾祖禹：《读史方舆纪要》，中华书局2011年版，第2784页。

了大量的城池建筑材料，但没有对出土遗址作考古意义上的发掘处理，没有获取更多的建筑文化信息。但随后还不断有建筑材料出土，除前面叙述的陶水管外，1989 年，在固原县城第二中学出土陶瓦当（图2-4、图2-5）①；2003 年，固原二中校园再次出土了汉代回纹空心陶砖，长方形，双面纹饰（图2-6、图2-7）②，其中五块为回纹装饰，五块为勾连回纹装饰。

图 2-4 陶瓦当

由以上这些建筑材料，可窥见汉代高平城的建筑构件及其建筑规模。陶管有五角形和圆形两种，圆形管道又分为直角和曲尺两种。直角形陶管一头大一头小，小头套入大头，可持续衔接延长；曲尺形陶管可用于衔接拐弯管道，使用的形式与自来水管道同理，其设计创新理念不亚于现代人，再现了古人的智慧。

从方位上看，固原第二中学在固原城南，距离旧城不远。根据方

---

① 宁夏固原博物馆编：《固原文物精品图录》（中册），宁夏人民出版社2012年版，第64—65 页。
② 宁夏固原博物馆编：《固原文物精品图录》（中册），宁夏人民出版社2012年版，第67 页。

| 固原古城

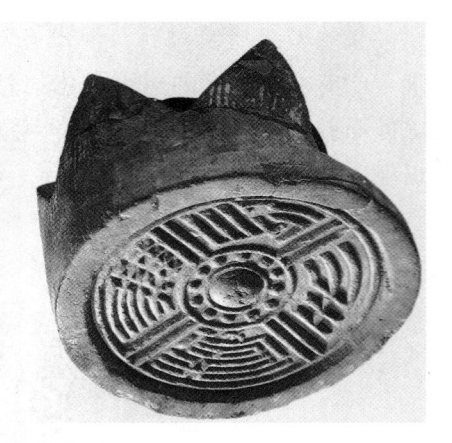

图 2-5　陶瓦当

图 2-6　回纹砖

位臆测，顾祖禹《读史方舆纪要》所载"高平城，在县西二里……其东有城曰第一城"，可否从方位上理解为"县南二里……其北有城曰第一城"的误记。这样，顾祖禹的记载与修建固原第二中学所出土的大量城址建筑构件，应该是吻合的。此其一。其二，"其城险固，故曰第一城也"①。高平城修建在先，城池较小，应该是高平县早期

---

① 顾祖禹：《读史方舆纪要》，中华书局 2011 年版，第 2785 页。

图2-7 回纹砖

的城池。安定郡设置后,随着地方军政建制的提升,向北选址另筑了新城,城池规模大,城墙险固,所以称为"高平第一城"。

20年前,笔者写《固原历史地理与文化》[①]一书时,曾涉及这个话题。汉代瓦亭城,城池险要,地理位置控扼关中西出北上的要道,以铁瓦亭相称。当时笔者的理解,从城池的规制与地理位置看,之所以称"第一城",应该还有相应的城池来作比照。所以认为高平第一城是固原城,第二城应该是瓦亭城。20年之后再回头审视,当时既没有考虑固原县第二中学出土的城池建筑材料,也没有参照顾祖禹的《读史方舆纪要》里"高平城,在县西二里……其东有城曰第一城"的记载。原本是城南与城北的地理关系,顾祖禹记载为城西与城东的关系。这样理解有无道理,仍期待新材料的发现与新的研究成果的面世。

五 班彪与高平城

班彪(3—54),字叔皮,扶风安陵(今陕西咸阳)人。祖父班

---

① 薛正昌:《固原历史地理与文化》,甘肃文化出版社1998年版。

况,汉成帝时为越骑校尉;父班稚,汉哀帝时为广平太守;姑母班婕妤。班彪出身于世家,生有两子一女,儿子班固、班超,女儿班昭,都是彪炳千古的著名人物。班彪一生博学多才,专心史籍,不仅是东汉历史学家,而且是文学家。《北征赋》是其影响较大的文学作品之一,也是他留给固原的一笔文化财富。

(一) 北游背景

班彪为何北游,而且要选择安定郡治高平(固原)城,本身就是一个值得研究的话题。西汉末年,农民起义遍地。公元23年,更始帝刘玄虽取代王莽称帝长安,却委政于赵萌,日夜饮宴于后庭,"诸将在外者皆专行诛赏,各置郡守,州郡交错,不知所从。由是关中离心,四海怨叛"①。京师大乱,中原陷入一片混乱。州郡更是割据林立,成纪(天水)隗嚣、蜀郡(成都)公孙述、邯郸王郎等各地诸侯划界称王称霸,形成"群雄竞逐,四海鼎沸"②之势。

天水,为陇右重镇。隗嚣割据天水,成为当时西北地区霸主。更始三年(25)十一月,当赤眉军杀更始帝后,隗嚣离开长安再度回到天水,复招募其众,自称西州上将军。京城长安腥风血雨,关中乱离不堪。天水成了暂时避难的港湾,三辅士大夫避乱者多往天水,隗嚣也表现出招贤纳才的气度,"倾身引接,为布衣交"③。"时隗嚣拥众天水,彪乃避难从之"④。班彪也有过避乱天水的经历,只因所谏不为隗嚣所纳,遂弃而前往河西。

从时间顺序看,班彪北游固原在先,避乱天水、前往河西在后。到了河西武威,受到大将军窦融的接纳,为大将军"从事"。"从事"是当时的官名,按汉制,刺史佐吏,如别驾、治中、主簿、功曹等,都称为"从事"。光武帝刘秀率大军亲征到了高平(固原),窦融率河西数路大军,沿丝绸之路浩浩荡荡进入高平。班彪再度由武威随大军进入高平。当天水隗嚣、四川公孙述割据平定后,班彪随窦融进入

---

① 司马光编著:《资治通鉴》卷39,中华书局1996年版,第1258页。
② 司马光编著:《资治通鉴》卷40,中华书局1996年版,第1284页。
③ 司马光编著:《资治通鉴》卷4,中华书局1996年版,第1288页。
④ 范晔:《后汉书》卷39《班彪列传》,中华书局1987年版,第1323页。

洛阳。①

(二)《北征赋》与高平城

班彪沿丝绸之路到了高平城，写下了著名的《北征赋》。征，即为游。为便于对照和释读，这里全文引述《北征赋》原文。

余遭世之颠覆兮，罹填塞之陋灾。旧室灭以丘墟兮，曾不得乎少留。遂奋袂以北征兮，超绝迹而远游。朝发轫于长都兮，夕宿瓠谷之玄宫。历云门而反顾，望通天之崇崇。乘陵岗以登降，息郇邠之邑乡。慕公刘之遗德，及行苇之不伤。彼何生之优渥？我独罹此百殃。故时会之变化兮，非天命之靡常。登赤须之长坂，入义渠之旧城。忿戎王之淫狡，秽宣后之失贞。嘉秦昭之讨贼，赫斯怒以北征。

纷吾去此旧都兮，騑迟迟以历兹。遂舒节以远逝兮，指安定以为期。涉长路之绵绵兮，远纡回以樛流。过泥阳而太息兮，悲祖庙之不修。释余马于彭阳兮，且弭节而自思。日晻晻其将暮兮，睹牛羊之下来。寤旷怨之伤情兮，哀诗人之叹时。越安定以容与兮，遵长城之漫漫。剧蒙公之疲民兮，为强秦乎筑怨。捨高亥之切忧兮，事蛮狄之辽患。不耀德以绥远，顾厚固而缮藩。首身份而不寤兮，犹数功而辞諐。何夫子之妄说兮，孰云地脉而生残？登鄣隧而遥望兮，聊须臾以婆娑。闵獯鬻之猾夏兮，吊尉卬于朝那。从圣文之克让兮，不劳师而币加。惠父兄于南越兮，黜帝号于尉他。降几杖于藩国兮，折吴濞之逆邪。惟太宗之荡荡兮，岂曩秦之所图？陟高平而周览，望山谷之嵯峨。野萧条以莽荡，迥千里而无家。风猋发以飘飘兮，谷水灌以扬波。飞云雾之杳杳，涉积雪之皑皑。雁雝雝以群翔兮，鹍鸡鸣以哜哜。游子悲其故乡，心怆悢以伤怀。抚长剑而慨息，泣涟落而沾衣。揽余涕以于邑兮，哀生民之多故。夫何阴曀之不阳兮，嗟久失其平度。谅时运之所为兮，永伊郁其谁诉。

---

① 司马光编著：《资治通鉴》卷40，中华书局1996年版，第1284页。

乱曰：夫子固穷，游艺文兮。乐以忘忧，惟圣贤兮。达人从事，有仪则兮。行止屈申，与时息兮。君子履信，无不居兮。虽之蛮貊，何忧惧兮。①

由班彪《北征赋》内容看，他行走的线路是从长安出发，沿泾阳、宁县、蒲河、茹河一线北上，沿战国秦长城内侧道路到了高平城，走的正是丝绸之路东道北段茹河线。

这里应该清楚两个问题，一是《北征赋》写于何时，二是班彪先到固原，后到天水。《北征赋》写于何时，与班彪北游安定郡有关。朱东润先生主编的《中国历代文学作品选》，选入《北征赋》并附有题记：公元23年（更始元年），刘玄称帝，王莽死，迁都长安，年号更始。三年赤眉入关，玄被杀。在这一时期，班彪远避凉州（今甘肃武威），从长安出发，至安定（故址在今宁夏固原县）写了这篇《北征赋》。依题记看，《北征赋》写于更始帝时期，当在23年至25年间，这应该是没有问题的。

《北征赋》记述了班彪北游的历程，抒写了其怀古伤时的感慨。"指安定以为期"，班彪此次北游，目的地就是安定郡治高平。从《北征赋》的内容看，主要是班彪专期北游安定的沿途经历和感受。按照北游的线路，他是由长安至安定高平的。史念海先生在他的《河西与敦煌》（下篇）里谈萧关问题时涉及《北征赋》，认为"高平为班彪巡行最后的目的地"②。《后汉书·班彪列传》、谭正璧编《中国文学家大辞典·班彪》条，都直接记载班彪避难天水，而未记载班彪由长安至安定再往天水。"遂舒节以远逝兮，指安定以为期。"班彪明言此次北游的目的地是安定，并非天水。同时，从《北征赋》的整体意蕴看，也没有流露出安定之行要避难天水的意思。以安定为北游的目的地，出于以下三方面的原因。首先，是因为朝堂动荡，天下群雄四起。其次，他不愿目睹中原生灵涂炭，人

---

① 龚克昌等：《全汉赋评注》，花山文艺出版社2003年版，第31—32页。
② 史念海：《河西与敦煌》，《中国历史地理论丛》1989年第1期。

民流离失所的惨境。最后，游走考察的目的，是想有作为于国家，期待社会安定和发展。

《北征赋》中写到了作者沿途所经历的地方，由地名即可看出班彪北游安定所走的线路。"朝发轫于长都兮，夕宿瓠谷之玄宫""乘陵岗以登降，息郇邠之邑乡""登赤须之长坂，入义渠之旧城""过泥阳而太息兮，悲祖庙之不修""释余马于彭阳兮，且弭节而自思"等句，描述了离开长安后北上所经历的地方。长都即长安，班彪由长安启程。瓠谷为焦获，地在今陕西泾阳县。郇为右扶风属地，在陕西旬邑县东北。邠为郇县的乡聚，亦在今旬邑县境内。赤须坡属北地郡，义渠旧都城在今甘肃庆阳市西南的宁县，固原历史早期属义渠戎国所辖。泥阳为北地郡属县，在今甘肃宁县东。彭阳属安定郡属县，在今甘肃镇原县西北。以上地名由点连线，即可看出班彪所走的一条线路：由长安动身，沿途经过陕西泾阳、淳化、旬邑，甘肃庆阳市宁县、镇原数县，宁夏彭阳县，再进入安定郡治高平城（固原）。应该说，班彪走了一条长安至高平城的捷径，实际上是丝绸之路东段北道的另一条通道。

1. 班彪北游之因

一是游览战国秦长城。秦昭襄王三十五年灭义渠戎国，"筑长城以拒胡"。战国秦长城绕高平城北而过，穿越今宁夏彭阳县、甘肃镇原县进入陕北。踏勘战国秦长城，是班彪北游的第一重目的。当进入安定郡地界时，班彪看到了蜿蜒无尽的长城，睹物而发出怀古忧伤之感慨。他埋怨秦将蒙恬劳民修筑长城，认为这是为秦国在"筑怨"。"剧蒙公之疲民兮，为强秦乎筑怨。"班彪登上长城的亭障烽燧远眺，便想起刘歆的《初赋》："望亭燧之瞰瞰，飞旗帜之翩翩。迥百里之无家，路遥远之绵绵。"在追述古人感慨长城的同时，班彪也是"登障燧而遥望兮，聊须臾以婆娑"。

二是凭吊战死萧关的名将孙卬。安定郡未设置之前，高平等县属北地郡所辖，北地郡最高军事长官驻防萧关（瓦亭至三关口一线）。汉孝文帝十四年（前166），匈奴14万铁蹄入朝那萧关，杀驻防萧关的北地郡都尉孙卬，霎时朝野震惊。朝那萧关，是秦汉以来的著名关隘。"吊尉印于朝那",是班彪北游的另一目的。在司马迁的《史记》与班固的《汉书》里,多次提到北地郡都尉印,且直呼其名,未署其姓。由《史记·惠景间侯者年表》和《汉书·高惠高后文臣表》,可知北地郡都尉姓孙名印。

司马迁在《史记》里大书孙印的功绩。孙印战死萧关,不但为反击匈奴赢得了时间,而且为汉朝戍边之将做出了效仿的榜样。汉文帝奉行有功必赏的策略,加封孙印儿子孙单为瓶侯。在汉文帝封侯的二十八家中,瓶侯是唯一以军功受封者。① 对于西汉统治者来说,这种战死沙场的抵抗精神也是对汉初贫弱国家形象的一种改写,班彪凭吊孙印,也是对这种国家精神的推崇和提升。

三是观游汉武帝多次巡视驻跸的高平城。"指安定以为期",安定郡治高平城是班彪此次考察的终极目的地。汉武帝不但设置安定郡,而且六次巡视安定郡,鼓舞士气,振作边地驻军的御边精神,稳固了边境防御,边塞安然。希望国家统一、社会安定的班彪,对于汉武帝在高平城的作为尤其推崇。登上高平第一城,远眺四野,清水河绕高平城东而过,远山矗立,积雪皑皑;原野苍茫壮阔,雾霭沉沉;朔风起处,寒云涌动;初春时节,雁声阵阵。伫立在高平城楼上的班彪,触景生情:"陟高平而周览,望山谷之嵯峨""飞云雾之杳杳,涉积雪之皑皑。雁雕雕以群翔兮,鹍鸡鸣以哜哜。游子悲其故乡,心怆悢以伤怀。抚长剑而慨息,泣涟落而霑衣"。他牵念着故乡,牵念着中原,悲从心起,伤怀不已,抚剑叹息而流泪。《北征赋》寄托着他的家国情怀和高远的精神境界。

2.《北征赋》内涵与影响

对于高平城来说,《北征赋》里只写了班彪登上高平城周览四野之景色,没有具体描写高平城雄伟壮观的城墙建筑,但通过对四周的描写将高平城衬托出来了。这是汉代与固原城有关的著名诗篇,也是中国历史文化长河中传承下来的经典作品。

《北征赋》全文95句,约700字的篇幅,以骚体的形式来书写。

---

① 司马迁:《史记》卷19《惠景间侯者年表》七,中华书局1982年版。

就其内容看，集中描写班彪北游安定郡高平沿途经历的城镇、行旅住宿的场所、考察的景观等，包括抵达高平城时的情景与感悟。西周早期公刘在庆阳的作为，义渠戎国近千年的建都史，修筑长城与人民的怨恨，汉孝文帝十四年（前166）匈奴铁骑攻入萧关、守将孙卬战死疆场等一系列的重大历史事件，都发生在班彪行走的丝路古道上。对于劳动人民的悲惨生活和动乱纷扰的社会现实，班彪以史学家的视野与眼光，在他的"赋文"里进行了不同程度的评说。

在表现手法上，《北征赋》注重抒情。这种以抒情为主的表现手法，与汉代文字铺排、词藻堆砌、铺张扬厉的西汉大赋风貌迥异，开东汉抒情小赋之先声。① 此后，随着社会的发展变化，在表现社会的艺术层面上，文人以抒写个人情怀的"小赋"逐渐占据主要地位。对于年仅二十出头的班彪来说，"开东汉抒情小赋之先声"的评价是相当高的。从这个意义上说，在中国文学发展史里程碑上应该写有班彪的名字。

在中国文学发展史上，"赋"这种特殊的文体是有其发展与演变过程的。就其演进过程看，分别是短赋、骚体赋、辞赋、律赋、文赋，不同的时代赋予这种文体以不同的表现形式和手法。《北征赋》属于骚体赋。《汉书·艺文志》载："春秋之后……学诗之士，逸在布衣，而贤人失志之赋作矣。大儒孙卿及楚臣屈原离谗忧国，皆作赋以风，咸有恻隐古诗之义。"骚赋，是受南方楚声的影响而形成的。骚赋"叙情怨，则郁伊而易感；述离居，则怆然而难怀；论山水，则循声而得貌；言节候，则披文而见时"②。《北征赋》的抒写正体现了这种特征，班彪运用"叙情怨""述离居""论山水""言节候"的抒写方式，将沿途见闻与感慨相融而渗透到文字里，增强了"小赋"的表现力、感染力和影响力。因此，丘琼荪先生说："班氏不仅为史家，亦东汉辞赋之巨擘。彪年二十为《北征赋》，茂才卓识，不愧为

---

① 佚名：《中国文学家辞典·古代》第1分册，四川人民出版社1980年版。
② 郭绍虞：《照隅室古典文学论集》（上册），上海古籍出版社2009年版，第83页。

作者大家。撰《北征赋》，朗润精华，允称佳构。"① 这一评价是客观的。

（三）《北征赋》与汉代固原社会

班彪北游安定高平，是有其历史背景和社会现实原因的。从其北游动机看，主要是追寻历史遗迹，观游安定郡治高平城。安定郡，是汉武帝析置的郡治，雄踞北地与陇西二郡之间，环绕三郡北境有长城相连接。当时安定郡治境内，有秦汉时期著名的边塞雄关——萧关，有汉武帝时期开通的通往西北干道——回中道等。直到唐代，这里还吸引着后世寄情边塞的文人。初唐四杰之一卢照邻的《上之回》中，就有"回中道路险，萧关烽候多"诗句；岑参的《胡笳歌送颜真卿使赴河陇》中，有"凉秋八月萧关道，北风吹断天山草"诗句；王维的《使至塞上》中有"萧关逢候骑，都护在燕然"诗句；王昌龄的《塞上曲》中有"蝉鸣空桑林，八月萧关道"诗句。班彪追念的是天下一统的西汉社会，是对已经逝去的历史的一种无可奈何的感怀。但《北征赋》的背后，却反映了汉代安定郡的历史和社会现实。

1. 战国秦长城与交通

春秋战国时期，各国都在边境修筑长城，以相互防御。《左传·僖公四年》载，楚国"方城以为城"，已经有了关于长城的记载。战国时期，秦、魏、燕、赵等国都相继修筑长城。"当是之时，冠带战国七，而三国边于匈奴。"② 秦始皇统一六国后，将地处北方的秦、赵、燕三国长城在修缮的基础上连接起来。安定郡高平（固原）城以北的长城，是战国时秦昭襄王灭义渠戎国，置陇西、北地、上郡之后，为防御北方游牧民族南下而修筑的长城，起于甘肃岷县，经今固原市西吉县、原州区、彭阳县进入甘肃环县，再穿过陕西榆林等地进入内蒙古境内的黄河岸边，呈西南至东北的走向。

长城的修筑与连接，在当时意义重大。一是在某种意义上成为农业与游牧民族的分界线，起到了有效防御北方游牧民族南下的作用。

---

① 丘琼荪：《诗赋词曲概论》，中国书店1985年版。
② 林干：《匈奴史料汇编》（上编），中华书局1988年版，第6页。

当然不是绝对作用，汉孝文帝十四年匈奴铁骑攻克萧关，烽火延伸至关内就足以说明。二是规范了长城以内道路的走向，如长安通往上郡治所肤施的大道，经北地郡所属朝那县，沿茹河北行的大道，都与筑城有关。① 安定郡析置后，这条通道仍是长安通往安定郡之要道。

在后人眼中，汉代安定郡治高平为"中华襟带"之地②，北通大漠，南扼关中，是北上西出的枢纽所在。

2. 安定郡治高平城

安定郡的设置，源于汉文帝十四年（前166）匈奴14万大军南下对汉朝的军事进攻及其影响。52年后的汉武帝时期，便有了安定郡及其设置，这也是汉武帝时期国力强盛的象征。它显示政府强化边疆地方政权建设，以武力增强防御能力。汉武帝时期不仅仅是在高平县（固原）设立郡一级的地方政权建制，而且向这里大量迁徙人口进行大规模开发。仅元狩三年（前120），就从"关东贫民徙陇西、北地、河西、上郡、会稽凡七十二万五千口"③。葛剑雄先生认为，这里的"会稽"是笔误，不会迁徙到遥远的会稽。实际上，在安定郡设置之前，高平县境内已有大量移民，为安定郡设置做了前期的准备。随着迁徙人口的不断增加及土地开发规模扩大，设郡的条件逐渐成熟。汉武帝元鼎三年（前114），设立安定郡，治所高平城（固原），辖21县。

随着地方政权建设、社会经济的发展，道路交通也必须跟进。"回中道"开通于元封四年（前107），此道开通后，汉武帝曾沿回中道北出萧关，过安定、北地巡视黄河沿线。关于回中、回中宫、回中道的问题，在理解上尚有分歧。"回中"的概念，缘起较早，"二十七年，秦始皇巡陇西、北地，出鸡头山，过回中焉"④。这里的"回中"，是一个地理空间，是一个区域性称谓，并非专指某一地名，如同"关中""新秦中"一样，应该是在战国秦长城内侧陇西、北地二

---

① 史念海：《直道和甘泉宫遗址质疑》，《中国历史地理论丛》1988年第3期。
② 曾公亮、丁度：《武经总要》卷18。
③ 班固：《汉书》卷6《武帝纪》，中华书局1987年版，第178页。
④ 司马迁：《史记》卷6《秦始皇本纪》，中华书局1982年版，第241页。

郡之间，即安定郡境内的大部分地域。颜师古说"回中在安定"，是有道理的。

"回中宫"是"回中"地域上的"行宫"。宁夏泾源县城西、六盘山东侧有一条穿越陇山的通道，秦始皇巡视陇西郡时即经过这里，称为鸡头道，唐宋时称为安化峡，唐朝在峡口东侧设有制胜关。关口东侧泾水北岸果家山二级台地上，曾有古遗址被考古发掘，有研究者认为是"回中宫"遗址。"回中道"，是汉代关中通往安定郡与陇西郡的大道，也是古丝绸之路的重要组成部分。[①] 这里辨析"回中""回中宫""回中道"的关系，主要是想说明汉武帝时期"回中道"的开通，对安定郡的发展意义重大，包括班彪为何要考察安定郡治高平。

3. 班彪眼中的安定郡生态环境

班彪《北征赋》里，描写了他眼中的安定郡的社会与生态环境。一是描写了安定郡的畜牧景象。战国秦长城是当时农牧业分界线，在这条分界线之南，畜牧业还占有一定的比重，甚至安定郡境内尚为半农半牧区。[②] "日晻晻其将暮兮，睹牛羊之下来"，正是班彪描写的安定郡日暮山野牧归的景象。汉代安定郡境内雨水充沛，生态环境好，牛羊塞道的一幕定格在班彪笔下。

二是描写了安定郡的河流水系。"风猋发以飘飘兮，谷水灌以扬波。"班彪沿战国秦长城内侧抵安定郡治高平，要经历几道河流，一是蒲河，二是茹河，三是清水河。由陕西邠县过泾河，穿越董志塬，在庆阳北石窟寺脚下与茹河相接，沿茹河到青石嘴，再沿清水河到高平城（固原城）。同时，还可以走任山河至黄崅山的古道捷径。汉代固原境内雨量充沛，生态尚好，河水流量较大，风起还能"扬波"。除清水河外，环高平城还有饮马河、马营河水系，虽然现在无法知道当时河水的状况，但毕竟是环高平城的水系。

三是描写了自然界的禽类。"雁雍雍以群翔兮，鹍鸡鸣以哜哜。"

[①] 薛正昌：《固原历史地理与文化》，甘肃文化出版社1998年版，第24—29页。
[②] 史念海：《论西周时期农牧业分界线》，《中国历史地理论丛》1987年第1期。

班彪到高平的时间是在初春季节，他踩着皑皑积雪，望着萧瑟的原野和起伏的山峦，包括天空成排成队的大雁，听着凄声哀号的雁鸣……这些自然界的意象，触动着班彪怀古伤时的内心，他虽然倾吐的是自己悲怆情绪，却为后人描绘了当时良好的自然环境。

第二节　高平城两度建都

西晋灭亡之后，中国南北分裂。东晋基本上控制了长江以南地区，黄河流域到长江以北，成为"五胡"（匈奴、鲜卑、羯、氐、羌）争霸的天下。他们长期相互攻杀，先后建立了多个国家，史称"十六国"。这期间，北部长期陷入战乱之中，社会动荡，人口锐减，社会经济遭到空前破坏，一部分城市变成废墟。这种状况一直持续到北魏统一，经济逐渐恢复，城市建设才开始出现新的发展。这一时期的高平城（固原城），先后有两个少数民族政权在这里建都。赫连勃勃在高平城建都后不久，另筑陕北统万城。万俟丑奴在高平城建都后，很快被北魏尔朱天光、宇文泰大军剿杀。他们建都期间虽然没有修筑城池的记载，但固原两次成为都城，也是其一段特殊的经历。

一　赫连勃勃与高平城

（一）刘曜在高平

三国时期，安定郡治内迁，安定郡所辖县制隶属关系也不断变化。这一时期军阀割据，战乱频仍，高平城也不能免于战乱。西晋时期，出现了短暂的统一，安定郡属雍州所辖。永嘉（307—313）以后，北方再度掀起战乱，固原先后成为氐、羌、鲜卑等少数民族的势力范围。西晋灭亡之后，司马氏集团南迁于江南，北方少数民族纷纷内迁并建立各自区域性的政权。这一时期，固原的行政区划和隶属关系变化频繁。《晋书·地理志》载"朔州牧镇高平"，高平县再设，为朔州牧都尉之治所。对于固原来说，前后赵时期（304—350），在高平置朔州牧官都尉，仍以高平（固原城）为朔州治所，刘曜曾以朔州牧镇守高平。

刘曜（？—329），十六国时期前赵皇帝，318—329年在位，新兴郡（今山西忻县）人，匈奴贵族刘渊（？—310）之侄。刘渊建汉国，他历任显职，拥重兵镇守关中，曾驻守过高平城。汉昌元年（318），刘曜趁靳准之乱，夺取汉国政权，自立为帝。319年，迁都长安，改国号为赵。追溯刘曜与高平的经历，能看得出这一时期高平城仍是少数民族统治者角逐的地方。

北魏早期，高平地域隶属后秦。402年二月，北魏取得后秦所属之高平，徙其民于代（大同）。① 说明当时高平境内人口相对较多，在动荡社会背景下仍是一处繁华之地。30余年后，北魏在这里设立高平镇，仍十分看重高平城的地位与影响，可能与刘曜经营有关。

（二）赫连勃勃高平建都

匈奴大夏时期（407—431），赫连勃勃在高平建都称帝，即十六国之一的夏国。赫连勃勃（？—425）属匈奴铁弗部人，是刘卫辰第三子。"北人谓胡父鲜卑母为铁弗"，并因以为号。刘卫辰曾被前秦苻坚命其为西单于，督摄河西诸部族。前秦瓦解之后，他从属于后秦姚兴。当刘卫辰被北魏道武帝拓跋珪击败身亡之后，赫连勃勃一时无立锥之地，还遭到拓跋魏的追捕。无奈之下，赫连勃勃投奔鲜卑人薛干部帅太悉伏，太悉伏将其送后秦姚兴（后秦皇帝，394—416年在位）。当时镇守高平的高平公（鲜卑人）没弈于（《资治通鉴》作没弈干）以女妻赫连勃勃。同时，姚兴封赫连勃勃为阳川侯，命其帮助没弈于镇守高平。之后为姚兴所倚重，以安北将军、五原公的头衔，配以三交五部鲜卑二万余落"镇朔方"。不久，赫连勃勃袭杀没弈于，攻克高平城，收并其部众，实力不断增强。

407年六月，赫连勃勃在高平（固原）建都，称"大夏天王，年号龙升，置百官"②。勃勃，为其本名，北魏太宗（拓跋嗣）改其名为屈孑。"屈孑"者，卑下之意。赫连勃勃称大夏天王之后，以铁弗之身世为耻，遂改为赫连氏，自云徽赫与天连；又号其支庶为铁伐

---

① 翦伯赞主编：《中外历史年表》，中华书局1985年版，第199—200页。
② 李延寿：《北史》卷93《僭伪附庸》，中华书局1987年版，第3063页。

氏，云其宗族刚锐如铁，皆堪伐人。① 从此拉开了他征战称霸的序幕。

赫连勃勃高平建都后，不断向外扩张。当年十月，破鲜卑薛干等三部，攻取后秦北部边地。408年十一月，再攻秃发傉檀部，大掠而还。409年，攻掠后秦平凉杂户7000余户。八月，后秦姚兴亲率大军进攻赫连勃勃，大败而还。410年，赫连勃勃侵扰后秦平凉、陇右，大掠而还。《晋书·赫连勃勃载记》记载，勃勃称帝后，部下建议"高平险固，山川沃饶，可以都也"。他回答道，如果专守一地，敌人必定全力来攻，灭亡指日可待。莫"如云骑风驰"，对敌人发动出其不意的攻击。所以，413年改元凤翔，发10万人修筑统万城（今陕西靖边县白城子）。414年二月，进扰北魏边境。415年，赫连勃勃攻占后秦杏城，坑士卒2万人。418年，赫连勃勃进据咸阳。十一月入长安，即皇帝位于灞上。419年，赫连勃勃还统万城，改元真兴。

从407年在高平城建都称大夏王，到413年修筑统万城，这是赫连勃勃大夏国的前期。413年，赫连勃勃另建新都，即朔方故地"统万城"，目的是想避开高平旧都处于夹击之下的不利环境。

"五胡十六国"之一大夏国的建立，利用了高平镇城，高平成为固原历史上第一个建都的城池。西汉早期修筑的高平城，由于地方政权的延续而得以保存。作为赫连勃勃的都城，应该有一定规模的增筑。十六国时期的都城，除少数城市规模较大、有一定的城市基础外，"大多数都城则是在原有中小城市的基础上建设的，但由于成为都城，从而得到优先发展"②。由高平城到北魏时期的高平镇城，城市在延续和发展，是关中以北较大的城市，有一定基础。再加上赫连勃勃建都后的修筑，城市的规模相对宏大，人口较多。在赫连勃勃的王霸生涯中，近乎三分之一的时间是在高平度过的。研究十六国北朝的一些著述，忽略了赫连勃勃在高平的这段创业建都之经历，至为缺憾。

北魏灭掉大夏国之后，复在高平城设立高平镇。

---

① 唐长孺主编：《中国通史参考资料·魏晋南北朝》，中华书局1979年版，第112页。
② 何一民：《中国城市史》，武汉大学出版社2013年版，第190页。

二　万俟丑奴与高平城

(一) 高平城称帝

万俟丑奴（？—530），匈奴族人，北魏末年关陇人民起义领袖。起初，万俟丑奴为胡琛部将。正光六年（525），受命进攻泾州（今甘肃泾川北），大败北魏军队，阵斩岐州刺史崔延伯。胡琛死后，统其部众继续抗击北魏的军事进攻。

北魏时期，在长城以北设置有六大军镇。高平镇（固原）设置于北魏太延二年（436），置驻重兵防守。正光五年（524）三月，北魏北部六镇爆发起义。四月，高平镇人赫连恩等率部起兵反魏，推举敕勒族酋长胡琛（？—526）为高平王，以响应破六韩拔陵（？—525）起义。其间，因受挫于北魏卢祖迁部的袭攻，不得已向北撤退。不久，秦州（今甘肃天水）人莫折大提（？—524）遣部将卜朝袭攻高平，杀高平镇将赫连略、行台高元荣，胡琛借机反攻高平。十一月，高平人攻杀卜朝，迎胡琛入主高平镇城。胡琛遂派部将万俟丑奴、宿勤明达率军攻取泾州（今甘肃泾川县），声势大振。起义军推进顺利，接连取胜，北魏朝廷大为震惊。在北魏统治者看来，"万俟丑奴作乱关右"①。

525年四月，北魏以岐州刺史崔延柏为持节、征西将军、西道都督，率大军西进，与行台萧宝夤进讨陇东起义军。万俟丑奴在泾州西北当原城（今甘肃泾川县西北党原乡）布阵，与宿勤明达兵分两路采取夹击之势，北魏崔延柏部大败，死伤2万余人，萧宝夤退守泾州。崔延柏因"耻前挫辱"，想报一箭之仇，未告诉萧宝夤而独自偷袭万俟丑奴部，结果再次大败，命丧沙场，死者万余人。这是万俟丑奴率起义军与北魏军队在陇东的第一次大战役，也是起义军复振的一个重要转折。

526年九月，破六韩拔陵部将诱杀胡琛，万俟丑奴并其众，担当起统帅之责，统一指挥全军，继续抗击北魏军队。北魏抚军将军、泾

---

① 令狐德棻：《周书》卷1《文帝上》，中华书局1987年版，第2页。

州刺史、平秦郡开国公吕伯度被丑奴击杀后，起义军"贼势更甚"。朝廷再任命萧宝夤为骠骑大将军、仪同三司、尚书令，镇守关中。当原城之战后，北魏遣御史中尉郦道元（466或472—527）为关中大使，考察围剿起义军的战地情况。萧宝夤耗师靡费，一败再败，心里产生了疑虑，最担心的是怕御史中尉郦道元借朝旨取代他，遂发动兵变，遣将攻杀郦道元，又杀都督南平王仲冏，僭举大号，立百官，称隆绪元年。当围攻潼关、华州失利后，萧宝夤没有了退路，举兵倒戈，做了万俟丑奴的太傅，"高平诸镇而盛于萧宝夤之徒，则亦关中为厉阶矣"①。关陇形势发生了根本性变化，对万俟丑奴极为有利。万俟丑奴不断取胜，这对远在河北的葛荣起义军，也是有力的支持。

528年七月，万俟丑奴在高平建都称帝，设置百官，建年号神兽，建立了地域性政权。第二年，万俟丑奴率部向关中推进，围攻岐州。九月，攻陷北魏东秦州之地，杀刺史高子朗。此时，北魏已扑灭了河北起义之火，开始调动大军西进镇压关陇起义。530年春天，万俟丑奴大军向关中推进，在镇压河北起义过程中崛起的军阀尔朱荣（已控制北魏政权），遣武卫将军贺拔岳（？—534）进讨。贺拔岳对其兄贺拔胜说："丑奴，勍（劲）敌也，今攻之不胜，固有罪，胜之，谗嫉将生。"贺拔胜说："然则奈何？"贺拔岳说："愿得尔朱氏一人为帅而佐之。"②遂以尔朱荣从子尔朱天光（493—530）为骠骑大将军、雍州刺史，与武川镇将贺拔岳、侯莫陈悦率部进兵关陇。宇文泰作为贺拔岳部下，随军入关。

宇文泰是贺拔岳的前锋。尔朱荣以尔朱天光为使持节、骠骑大将军、雍州刺史，与贺拔岳进兵至雍州。此时，万俟丑奴正率大军围攻岐州，其大行台尉迟菩萨、仆射万俟仵同向武功、渭水一带推进。当时万俟丑奴的起义军势力已占据了陇东和天水一带，前锋已抵长安以东的武功县。尉迟菩萨恃重轻敌，遭伏兵而败，万俟丑奴遂放弃岐州，北趋安定，向高平靠近。在平亭（今甘肃泾川北）安置营寨驻

---

① 顾祖禹：《读史方舆纪要》，中华书局2011年版，第2451页。
② 司马光编著：《资治通鉴》卷154，中华书局1996年版，第4771页。

防。尔朱天光与贺拔岳合军在向高平方向推进期间，决定停止进军，以"智"攻取。他们四处传言，"等秋凉更图进取"。尔朱天光行缓兵之计，万俟丑奴曾多次派人侦探，尔朱天光都用诱惑手段和丰厚的贿赂，让侦察者为万俟丑奴谎报军情。万俟丑奴每次都信以为真，以为北魏军队"秋凉"进兵，放松了对北魏军队的防备，一面屯耕一面守战，兵马分散各处，仅派数千人据各险要处设立营寨防守。

贺拔岳知道万俟丑奴兵力分散，遂与尔朱天光商定突袭，命宇文泰率轻骑先进，诸路大军随后跟进，集中攻击太尉侯元进部。贺拔岳连夜直取泾州，泾州刺史万俟长贵打开城门投降。万俟丑奴得知军情，遂放弃平亭，急忙向高平退守，贺拔岳死死咬住不放。尔朱天光大军亦进逼高平城。树倒猢狲散，高平城中内应捆绑高平城守将、太傅萧宝寅投降。530年四月，北魏尔朱天光击败并俘获万俟丑奴。至此，万俟丑奴经营的都城高平易主。五月，万俟丑奴、萧宝寅解往洛阳，杀于都市。①

东汉中叶以来，我国北方少数民族大量迁入中原。魏晋南北朝时，中华民族又经历了一次大融合。北魏于太延二年（436）在高平（固原）设军事重镇——高平镇，驻重兵防守。正光五年（524）改高平镇为原州，州治高平城。北魏视高平为当时要镇，称其为"国之藩屏"。原州辖高平、长城二郡。高平郡辖高平、默亭二县；长城郡辖黄石、白池二县。西魏后期，改高平为平高，曾增设瓦亭县。原州设立，原州地域控制得到了加强，高平城的影响力进一步提升。

（二）波斯狮子在高平城

万俟丑奴在高平建都称帝期间，发生过一起新奇事件。528年，万俟丑奴称帝，置百官。秋七月，西亚波斯国为北魏敬献的狮子，正沿着丝绸之路经过高平城。万俟丑奴不但留下了狮子，而且把它当作神兽；把狮子的到来与他的政权诞生联系起来，以为是天赐神兽，遂改元年号为神兽。②《资治通鉴》记载了波斯狮子在原州的经历。

---

① 司马光编著：《资治通鉴》卷154，中华书局1996年版，第4774页。
② 司马光编著：《资治通鉴》卷152，中华书局1996年版，第4750页。

万俟丑奴起义失败之后，北魏军队占据高平城，万俟丑奴被解往洛阳。自528年秋到530年夏，这期间，波斯狮子在高平城生存约两年时间，安然无恙。及北魏攻占高平后，遂将狮子送往北魏都城洛阳。

这头狮子在洛阳还有一段故事。年轻的北魏孝庄皇帝很好奇，想看老虎见到狮子之后的表现，便令手下在附近郡县捕获二虎一豹，放入皇家禁苑内与狮子同处。只见"虎豹见狮子，悉皆瞑目，不敢仰视"。华林苑还养有一头瞎熊，性情温顺，孝庄帝也让牵来一试。瞎熊"闻狮子气，惊怖跳踉，拽锁而走，帝大笑"。之后，孝庄皇帝被北魏权臣高欢杀害。魏孝闵帝即位后，下诏书"禽兽囚之则违其性"①，命送回波斯。护送者以为波斯路途遥远不可及，在途中杀死狮子返回。

波斯狮子途经高平城，再现了高平城与丝绸之路的密切关系。作为中西文化交流史上的重大历史事件，北魏年间波斯人敬献狮子和途经的线路等，均在史书中被详尽记载。这一事件，使后人进一步认识到北魏时期丝绸之路在固原的繁荣兴盛。这一时期的高平城，从原有的以单一行政功能为主的政治中心和都城，变为地区交通、工商业和"华戎杂错"的城市。②

407年至528年的百余年间，赫连勃勃、万俟丑奴相继在高平城称帝建都。他们的政权地域空间虽然不大，延续时间不长，但也曾是一段特殊的历史存在。万俟丑奴建立的政权，没有列入"十六国"的序列；赫连勃勃建立的大夏国，属"五胡十六国"之一。在一些研究中国城市史的著作里，将赫连勃勃建立的大夏国，直接归到"统万城"名下，忽略了高平城的经历，这是不客观的。大夏国建都初期在高平城，之后才是统万城。

---

① 司马光编著：《资治通鉴》卷155，中华书局1996年版，第4801页；刘元声：《狮子的故事》，《戏剧》2001年第1期。
② 傅崇兰、白晨曦、曹文明等：《中国城市发展史》，社会科学文献出版社2009年版，第73页。

第三章　北周筑原州城

东汉以后，边地各少数民族不断迁徙到安定郡境内，高平川（清水河）沿线成了少数民族角逐的狭长地带。汉灵帝时期，护羌校尉段颎攻击先零羌，"从彭阳直指高平，与先零羌诸种战于逢义山（须弥山早期称谓）"[①]。曹魏时期，高平城一度萧条冷落。《太平寰宇记·关西道》卷32载："高平，自移郡人户稍少，至曹魏废。"魏晋时期，随着割据政权在各地的不断形成，地方城池的修筑，再次受到各级政权的关注。

北魏太延二年（436），置高平镇（固原市原州区）。当时高平镇系军镇，不领郡县，但高平城依然发挥着重要作用。北魏正光五年（524），改置高平郡，同年改为原州，领有二郡四县。这不仅是固原历史上建制格局的提升，也使固原进入一个重要发展期，城池的修筑亦随之跟进。

第一节　原州与关陇集团

一　宇文泰经营原州

西汉时期在固原建立的政治与军事管理体制，延续至东汉末年。东汉末年军阀混战，诸侯割据。紧接着是三国两晋十六国时期民族的大迁徙与融合。这期间，固原同样经历了大规模的民族迁徙与融合。同时，固原的行政设置亦是多番更改，直到北魏统一之后，这是原州

[①] 司马光编著：《资治通鉴》卷56，中华书局1996年版，第1804页。

政权建制出现之前的历史现状。这期间,政权及其建制的演变在固原表现得较为特殊,尤其是北魏分裂、西魏政权建立过程中宇文泰的作为。

(一)特殊时期的宇文泰

宇文泰(507—556),又名黑獭,代郡武川(今内蒙古武川县)人,鲜卑族。524年,北魏爆发了声势浩大的六镇起义,拉开了北魏末年各族人民大起义的序幕。宇文泰青年从军,顺应和利用了这一历史机遇。宇文泰父子与原州城(固原城)经历了西魏与北周,跨越了两个朝代。无论对于西魏、北周,还是原州城所面对的重要历史人物、重大历史事件,经历的都是一个特殊时期。

特殊之一,是524年发生在固原的高平起义,尤其是万俟丑奴的称帝建都。前文已有叙述,528年,万俟丑奴在高平称帝,设置百官,建年号"神兽"。后来,这个由少数民族建立的政权虽然被北魏统治者绞杀,但在历史上产生过重大影响。历史往往会出现偶然因素,宇文泰在参与镇压万俟丑奴起义的同时,也为自己创造了发展的时空,抓住了经营原州的机遇,"得以在关中崛起"[1]。

特殊之二,原州刺史府是西魏开国者宇文泰经营过的地方。高平起义后,北魏统治者调集大军前来高平围剿。宇文泰,就是镇压这次起义的前锋和主要人物之一。战争结束之后,他得到了征西将军的头衔,获取了金紫光禄大夫的荣誉,增邑三百户的封地;尤其是在与北魏权臣高欢争夺原州的过程中获胜并主政原州。从此,原州成为宇文泰着意经营的地方;原州成了整个关陇统治集团形成过程中的重要舞台。北魏孝武帝入都长安后,北魏解体,分裂为东魏与西魏,宇文泰控制着西魏朝野,成为西魏实际上的统治者。在这个过程中,特定的历史环境为宇文泰提供了难得的机遇:一是原州地方势力的代表李贤家族对宇文泰收复原州城所给予的积极配合和合力支持,包括军用物资的援助,使宇文泰得以顺利入主原州。二是宇文泰家族与原州李贤

---

[1] 万绳楠整理:《陈寅恪魏晋南北朝史讲演录》,贵州人民出版社2007年版,第257页。

家族的亲密关系：宇文泰第四子——其后的北周武帝宇文邕及其弟齐王宇文宪，自襁褓时即寄养原州城李贤家中。宇文泰、宇文邕父子曾数次西巡原州，亲往李贤府上拜望。当时原州的著名人物还有蔡祐、田弘等，他们都是宇文泰关陇集团的重要人物。20世纪80年代以来，固原考古发掘李贤、田弘等人的墓葬，出土了大量的在国内外有影响的丝路文物、历史文物，也为固原城历史文化积淀提供了诸多佐证。

特殊之三，是实施关陇文化本位政策。宇文泰关陇集团形成过程中，由于属下"军士多是关西人"①，在文化建设方面即推行特殊的关陇文化本位政策。"应别有一个精神上独立的、自成系统的文化政策，以维系关陇地区胡汉诸族的人心，使之成为一家，从思想文化上巩固关陇集团。"② 陈寅恪先生有一个著名的观点：胡汉之分野的根本在文化而未在血统。宇文泰推行的关陇文化策略，其深层印证着这个观点。

在这个历史过程中，虽然原州的行政建制未得以提升，但它所承载的政治与军事格局却远远超出了"原州刺史"自身阶层。因此，北魏以后的原州政权建制与那段特殊的历史一样，充满着诱人的魅力。到了宇文邕统治的北周时期，又在原州设置总管府，辖境进一步扩大，实际运作并潜在的能力继续呈上升趋势，这种特殊现象一直影响到唐代。

（二）宇文泰父子与原州城

528年七月，万俟丑奴在高平建都称帝。第二年，万俟丑奴率部向关中推进，围攻岐州。此时，北魏已扑灭了河北起义之火，开始调动大军西进镇压关陇起义。在镇压河北起义过程中崛起的军阀尔朱荣（已控制北魏政权），命其从子尔朱天光与武川镇将贺拔岳、侯莫陈悦率部进兵关陇。宇文泰作为贺拔岳部下，随军入关。正光五年

---

① 令狐德棻等：《周书》卷1《文帝上》，中华书局1987年版，第6页。
② 万绳楠整理：《陈寅恪魏晋南北朝史讲演录》，贵州人民出版社2007年版，第269页。

(524)八月,北魏改高平镇为"原州"。击败万俟丑奴、攻占高平城之后,朝廷论功行赏,"太祖(宇文泰)功居多,迁西征将军,金紫光禄大夫,增邑三百户,加直阁将军,行原州事"。从此,宇文泰开始经营原州,管理原州事务。他对地方百姓抚以恩信,老百姓皆心悦诚服。

北魏孝武帝即位后,尤其是高欢专权后,统治集团内部矛盾不断激化。面对这种局面,贺拔岳与宇文泰开始避而远之,其部布营数十里,于平凉、原州一带驻牧,表面上无心于政治,实际上是在刻意经营原州。532年,孝武帝以贺拔岳为关西大行台,以宇文泰为左丞。不久,又追加宇文泰为武卫将军、使持节、夏州刺史。为了牵制权臣高欢,孝武帝以贺拔岳督雍州、华州等二十州诸军事,管辖地域更大,关陇集团的势力已具雏形,宇文泰的军事实力也逐渐凸显出来。

534年春,贺拔岳要征讨河曲(今宁夏中宁境)曹泥。此人为高欢亲信,宇文泰认为曹泥"孤城阻远,不足为忧",应先除掉"贪而无信"的侯莫陈悦。贺拔岳未听谏言。他哪里知道侯莫陈悦已受高欢密旨,试图杀害贺拔岳。二月,贺拔岳大军北进河曲,反遭侯莫陈悦诱杀,部众散还平凉。

贺拔岳死后,关陇一时群龙无首,三军未有所属。此时,原州刺史史归已经投在高欢门下,故不能回原州城。贺拔岳部下拥戴宇文泰为首领,宇文泰审时度势,率帐下轻骑驰赴平凉后,遣都督侯莫陈崇率轻骑袭取原州,并命其"行原州事",宇文泰遂之进入原州城,并举行攻灭侯莫陈悦的誓师大会。从此,平凉、原州,成为宇文泰关陇军事大本营。

贺拔岳遇害后,北魏孝武帝遣武卫将军元毗前往固原,一是宣旨慰劳,二是要这支军队东还洛阳。元毗到平凉后,诸将已推宇文泰总统关陇诸军。元毗东返洛阳前,宇文泰上表孝武帝,陈述了接替贺拔岳的经过,并提出先攻灭天水侯莫陈悦,再图东进的战略谋划。孝武帝见表有诏书下:准宇文泰为大都督,统领关陇诸军。

534年四月,宇文泰留兄长子导为都督,镇守原州。亲率大军出木峡关(唐代原州七关之一,今固原市原州区西南),翻越六盘山,接连降水洛城（今甘肃庄浪县），攻取略阳（甘肃秦安县境）、上邽（甘肃天水市），侯莫陈悦在陇右已无避身之地，被宇文泰围剿于六盘山中。同时，宇文泰还调整和任命了渭州、夏州、秦州等地的官员，大后方已经稳固。

宇文泰控制关陇之后，控制北魏政权的高欢多次遣使见宇文泰，或者甘言厚礼，或者许诺高官厚禄，想稳住关陇。北魏孝武帝亦想拉拢宇文泰，他不仅遣使慰劳，晋其为骠骑大将军、开府仪同三司、关西大都督、略阳县公，而且期待宇文泰除掉权臣高欢。宇文泰命前秦州刺史骆超为大都督，率轻骑赴洛阳。北魏孝武帝再进宇文泰兼尚书仆射、关西大行台。宇文泰一面传檄各方镇，历数高欢罪状，形成征讨高欢之声势；一面坐镇原州，居中调遣兵将。六月，高欢督师南下洛阳；七月，宇文泰"率部发自高平"，前军至弘农（今河南灵宝），以大都督赵贵为别道行台，渡黄河往并州（今山西）；大都督李贤率精骑千人赶赴洛阳接应，北魏孝武帝从洛阳率轻骑入关，宇文泰备仪卫奉迎，定都长安，建立西魏（北魏分裂）。八月，宇文泰进丞相位，开始控制西魏政权。实际上，孝武帝离开洛阳入都长安，并未摆脱朝臣的控制。534年十二月，宇文泰鸩杀孝武帝。次年春，立南阳王元宝炬为帝，改元大统，宇文泰再晋爵位，改封安定郡公，加柱国。

大统三年（537）八月，宇文泰率李弼、侯莫陈崇、李远等十二员大将东伐东魏接连取胜，河南豪杰各率所部投降宇文泰。次年春三月，率诸将入朝献礼后回华州。之后，宇文泰与东魏有过数次较大的征战，包括与齐神武军的交战。

556年十月，宇文泰病逝于云阳宫，迁回长安安葬，时年五十有二，谥号文公。宇文泰关陇集团，为建立北周王朝打下了基础。他的儿子孝闵帝宇文觉建立北周后，追尊其为文王，庙号太祖。武成元年（559），追尊为文皇帝。①

宇文泰建立关陇集团的过程中，始终与原州关系密切，尤其与原

---

① 令狐德棻等：《周书》卷2《文帝下》，中华书局1987年版，第37页。

州李贤家族有着特殊关系。宇文泰入关之初，李贤就协助收复原州城，且献出宝马千匹助军。宇文泰西征过程中，李贤与其弟李远、李穆密应侯莫陈崇来剿灭侯莫陈悦。孝武帝西迁长安，李贤率兵相迎。宇文泰的两个儿子——北周高祖（宇文邕）和齐王宇文宪在襁褓时，因避忌在李贤家中抚养，"六载而还宫"。

宇文泰分别于548年五月、554年七月西巡至原州。其间登六盘山、游长城、狩猎，观览原州山川风光，在六盘山刻石记事。561年，北周武帝宇文邕（宇文泰第四子）登基，两年后的563年七月亲临原州，追念自己童年的时光。直到九月登六盘山后才离开。《周书·李贤传》载："高祖西巡，幸贤第，诏曰：'朕昔冲幼，爰寓此州。……刺史贤，斯土良家，勋德兼著，受委居朕，辅导积年……'"[1] 这一段文字记载了宇文邕与李贤家族的亲密无间的关系，也表现了宇文邕对李贤家族的感激，对原州六年的怀念。

梳理宇文泰及其后继者与原州城的关系，不仅可以看出宇文泰刻意经营原州的目的，也体现了其对原州地方建设的关注，如原州城的修筑、须弥山石窟的开凿等。

二 原州三杰

原州三杰，是指李贤、蔡祐、田弘，他们大致是同时代人。他们的事迹，史书都有记载，考古发掘出土的文物都有印证；他们都与原州城关系密切。西魏、北周时期，宇文泰经营关陇集团的过程中，李贤、蔡祐、田弘三人的功绩卓著，影响很大，故以原州"三杰"相称。

（一）李贤

李贤（？—569）的祖上为陇西成纪人，其祖父镇守高平后，举家徙居原州城。三代后成为地道的原州人，而且是地方上的名门望族。后病逝于长安，回葬于原州城南塬"陇山之足"。

胡琛、万俟丑奴高平起义后，北魏派大军前来围剿。李贤作为地

---

[1] 令狐德芬等：《周书》，中华书局1971年版，第1804页。

方势力的代表，为北魏宇文泰提供战马及军事物资等。同时，在参与镇压万俟丑奴起义的过程中获得卓著战功，为宇文泰所赏识，先后晋升为抚军大将军、"封下邽县公"，授左都督、安东将军，镇守高平，参与平息原州人豆卢狼的"叛军起义"，后授原州刺史。此后，地位越来越显赫，迁骠骑大将军、敦煌刺史、开府仪同三司、柱国大将军（北魏府兵制组织模式，仿照鲜卑八部而来），成为北周之重臣。

　　李贤百年后回葬固原南塬。1400余年后，这座北周古墓被发掘，墓志铭上显赫地写着"北周柱国大将军李贤夫妇"字样。在这座古墓里，出土了金、银、铜、铁、陶、玉等各种质地的随葬品700多件，仅彩绘的陶俑就200多件，依类型可分为披甲胄镇墓武士俑、出行仪仗俑等，尤其是鎏金银壶、玻璃碗、陶俑等最为珍贵，鎏金银壶、玻璃碗是从西方传入的手工艺制品。鎏金银壶是反映东西文化交流的极为珍贵的遗物，属波斯萨珊王朝时期的工艺品。鎏金银壶的周身，由三组人物图像构成，壶底缘有联珠纹一周，口部为鸭嘴状，柄部和口缘相接处有一个两撇胡须的胡人头像。壶的造型别致，图像精美。波斯银壶上所刻的浮雕人物图案，体现了波斯民族的审美情趣。此外，李贤墓出土的玻璃碗，也是当时波斯玻璃器皿进入中国的象征；大量的波斯银币，同样显示了丝绸之路东西方商贸文化在固原的繁荣（图3-1）。

　　波斯萨珊银币除了作为货币流通使用外，还有其宗教意义。穿孔的银币，成为佩戴的装饰品；甚至放在死者口中，成为殉葬品，这都体现了一定意义上的宗教文化内涵。

　　李贤出仕为官，主要在丝绸之路原州与敦煌沿线城市。北魏至北周，正是丝绸之路兴盛的时期，李贤墓地出土的不少中西文化交流的遗物，也说明了这一文化背景。敦煌莫高窟第209窟的壁画，研究者认为就是李贤和他的弟弟李穆。这不仅再现了李贤为官敦煌的作为，也体现了他与丝绸之路的密切关系。

　　李贤家族，与唐代大诗人李白有族源关系。《北史·李贤传》记载，李贤是"陇西成纪人，汉骑都尉陵之后也"。《隋书·李穆传》记载，李穆"陇西成纪人，汉骑都尉陵之后也"。李白是汉代李广第

第三章 北周筑原州城

图 3-1 李贤墓鎏金银壶

二十九代孙，李贤是李广第二十二代孙，是李白的七世祖。李富，是李贤、李穆兄弟的曾祖。从李富的儿子李斌（李贤、李穆的祖父，李白九世祖）开始，李氏家族就定居原州高平了。①《北周使持节柱国大将军大都督原泾秦河渭夏陇成幽灵十州诸军事原州刺史河西公（李贤）墓志铭》记载："汉将陵之后也。"②"李贤墓志铭"记载"汉将陵之后也"，与《北史》《隋书》是一致的。正是从这个意义上，北周时期的高平镇城，是李贤祖上"回归中原"的第一个定居点，也是李贤家族传承过渡的一个重要中转地。

---

① 张书成：《李白宗亲的丝路情绪》，《兰州大学学报》第 24 卷，第 2 期。
② 固原博物馆编：《固原历代碑刻选编》，宁夏人民出版社 2010 年版，第 74 页。

(二) 蔡祐

蔡祐（？—572），字承先，祖籍陈留（今河南开封）。至蔡祐时，其家徙居原州已有四代。他跟随宇文泰，颇受器重。宇文泰与东魏高欢在沙苑、河桥、邙山诸大战中，其多为先锋，冲锋陷阵，因功勋卓著而接连加官晋爵，官至车骑大将军、仪同三司，加骠骑大将军、开府仪同三司，晋爵怀宁公，赐姓大利稽氏，原州刺史，以本官镇原州。

1994年，出土于固原县西郊乡（今固原市原州区清河镇）北十里村的秦阳郡守大利稽冒顿墓志铭，记载主人蔡祐为原州平高县人，官至征东将军、左金紫光禄、都督，赠原州刺史，印证了蔡祐赐姓大利稽氏的背景和关系。从文化融合的层面看，西魏以前在中国的正统王朝中，赐姓是罕见的事，而宇文泰却为李贤、蔡祐、田弘赐予复姓，试图通过赐姓，使胡族与汉族在文化上融为一体。

(三) 田弘

田弘（？—575），字广略，高平人。他是历经北魏、西魏、北周的三朝元老，勇谋兼备，战功卓著。史籍载其臂力过人，勇敢有谋略，《周书》《北史》有传。"魏永安中，陷于万俟丑奴"[1]，看来他不是一介平民。北魏尔朱天光入关镇压万俟丑奴起义后，田弘自原州前往归顺，授都督。宇文泰占据关陇后，曾求谒见，谈论天下大事，深得宇文泰赏识，因迎孝武帝入长安有功，得以晋爵。宇文泰以所着铁甲赐予田弘并说："天下若定，还将此甲示孤也。"[2] 537年，再进爵为公，随宇文泰参与收复弘农、战沙苑（陕西大荔县境）、解洛阳之围、破河桥镇等战役，卓有战功，赐姓纥干氏，授原州刺史。宇文泰在同州（今陕西大荔县），当着文武众官员说："人人如弘（田弘）尽心，天下岂不早定。"[3] 552年，加骠骑大将军、开府仪同三司。之后，征讨信州（今四川奉节），任岷州刺史、江陵总督、襄州刺史，

---

[1] 令狐德棻等：《周书》卷27《田弘传》，中华书局1987年版，第449页。
[2] 令狐德棻等：《周书》卷27《田弘传》，中华书局1987年版，第449页。
[3] 令狐德棻等：《周书》卷27《田弘传》，中华书局1987年版，第449页。

是宇文泰关陇统治集团班底中的柱石之一。

1996年，在宁夏固原县南郊乡（今固原市原州区开城镇）王涝坝村出土的《使持节少师柱国大将军大都督襄州总管襄州刺史故雁门公墓志铭》载，大统十四年（548），其授持节、都督原州诸军事、原州刺史，随宇文泰战沙苑、破河桥等大战后，再授使持节、车骑大将军、仪同三司等。之后，再迁骠骑大将军，晋爵雁门郡公，食邑三千七百户。北周天和六年（571），授柱国大将军。建德二年（573）拜大司空，是西魏、北周时期影响较大且有重要作为的人。575年死于襄州（今湖北襄樊），同年四月归葬于原州。北周著名文学家庾信为其撰写《周柱国大将军纥干弘神道碑文》。

庾信（513—581），是西魏北周时期著名的文学家。他初仕梁朝，侯景乱起，奉梁元帝命出使西魏，被迫留居长安。北周取代西魏后，任骠骑大将军、开府仪同三司。庾信笔下的田弘《周柱国大将军纥干弘神道碑》碑文，如赋如诗，神采飞扬，记载了深得宇文家族（宇文泰和北周武帝宇文邕）信赖的田弘的赫赫战功。

田弘墓里出土了东罗马金币及玉钗、玉环、玉璜、玻璃器、漆器、壁画等珍贵文物，特别是其中1枚金币属拜占庭帝国列奥一世（457—474）时期，表明固原很早就成为中西方文化、经济交流的中转站。尤其是数百枚玻璃珠、玻璃残片，对研究萨珊玻璃器传入中国有重大意义。

固原出土的这些文物表明，固原的历史文化呈多元形态。它是经秦汉、魏晋南北朝历史的演进和岁月的孕育而积淀起来的，是依赖于历史文明隧道——丝绸之路形成的。这些令世人瞩目的文化现象，再现了固原昔日的辉煌。

"原州三杰"，是宇文泰关陇集团人物的典型代表；丝路文化在固原的集聚、积淀与传承，承载的空间皆源于原州城。他们三人病逝于外地，但都回葬原州城之南塬。

第二节　北周筑原州城

一　原州政权建制

北魏统一后，政权延续虽然短暂，但它在中国历史上是一个特殊时期，是在经历了三国两晋民族大融合、中西文化交流空前的历史大背景下形成的。北魏在高平镇设置原州的经历，是固原历史上一个承前启后的重要发展时期。正光五年（524），北魏改高平镇（固原）为原州，同时设立郡县，统辖二郡（高平郡、长城郡）、四县（高平、默亭、黄石、白池），隶属关系清晰。原州所辖固原地区在各方面也取得了大发展，再度奠定了政治、军事建制的格局，稳固了政权中心。北周时期曾设置原州总管府，地域进一步扩大，政权建制层级呈上升趋势。无论高平镇，还是原州，在体现其高层级政权建制的同时，直接影响着固原城的修筑及其格局。西魏废帝时，再改高平县为平高县。20 世纪 80 年代，固原城南塬出土了不少与丝绸之路相关联的文物，尤其是西域中亚的文物，再现了中西文化融合在原州的广泛交流。同时，也发掘了中亚"昭武九姓"粟特人的墓葬，丝路文化影响力大为提升。

魏晋南北朝时期，中华民族在经历了长时间的战乱之后，社会逐步走向统一，各民族文化呈现大融合。北魏时期的原州，是在经历了少数民族整合与发展的基础上出现的全新的地方政权格局。从城池的修筑及其发展变化来说，如果说汉代高平城奠定了固原城的城址和筑城格局，那么，赫连勃勃、万俟丑奴在高平城两度建都称帝，有效保护、利用和延伸了高平城及其军事防御的特殊作用。原州的称谓和原州城的再次修筑，则奠定了明代以前固原城的框架和基本格局，是固原城池建设的又一次历史性拓展。北魏时期的高平镇，被视为重要军镇，地方经济文化一体发展，民族迁徙与融合，是魏晋十六国到北魏一统后出现的新文化现象。北魏灭亡后，西魏、北周时期，胡汉文化融合演变、丝绸之路东西文化交流，成为原州区域文化全新的发展走向。这种现象在文化表现形式上，就其要而看，有须弥山石窟的开凿、原州城池的拓展修筑、丝路文化在原州的遗存等。因此，北魏、北周时期原州文化颇具特色。这一切，都以高平城为坐标。

原州城的再度修筑，成为强化固原军事政治地位、经济文化发展的象征。之后在原州设置总管府，建德元年（572），原州刺史李穆出任原州总管，这是宇文泰家族与原州李贤家族深层关系的历史折射。原州总管府的设立，开唐代萧关道总管府的先河。

二　北周筑原州城

（一）新筑原州城

魏晋南北朝时期，社会动荡，战乱对城池的破坏严重，这种局面反过来成为城池修筑的契机，尤其在北魏以前。这一时期政权变更迭起，郡县隶属关系变化频繁，城池的修筑与战乱的毁坏又随着军事背景的更迭而发生变化。高平县"至曹魏后废"，即源于这种背景。政权建制不存在了，城池会遭到不同程度的毁坏。北魏统一北方后，社会相对安宁平稳。北朝时期，城市建设再度复兴，鲜卑拓跋氏崛起统一了北部中国，结束了长达120余年割据争霸的混乱局面，社会趋于安定，经济逐渐好转，"一般郡县城市逐渐恢复"[①]。原州城的大规模修筑，北周时期是一个重要节点。

北周天和四年（569）六月，"筑原州城"[②]。这是历史典籍里第一次明确记载修筑原州城及其时间，也说明筑原州城的特殊意义。特殊在原州城与宇文泰的关系，与北周皇帝宇文邕的关系。后世地方志书沿袭了《周书·武帝纪》的记载，如明《万历固原州志》载："宇文周天和四年，筑原州城，只是一种客观记载。"清《宣统固原州志·地舆志》记载，固原州城始筑于北周：固原州城，北周始筑之。民国《固原县志·城寨》载："固原之有城者久矣，当非北周始筑之也。清代嘉庆陕甘总督那彦成重修固原城碑记，亦称固原州治乃汉高平地，即史称高平第一城也。"《宣统固原州志》记载固原城"北周

---

① 何一民：《中国城市史》，武汉大学出版社2013年版，第190页。
② 令狐德棻等：《周书》卷5《武帝上》，中华书局1987年版，第77页。

始筑之",表述不准确。原州筑城史,史籍有明确记载,不是"北周始筑",而是北周大规模拓展修筑。

北周"筑原州城",是另辟新城,还是在高平城基础上的修筑或者拓展,是一个需要斟酌的话题。民国《固原县志》编撰者叶超思考过这个问题,提出"惟其或圮或缮,未得其详"。他考虑的只是城墙因坍塌而修缮,没有考虑过是否另筑新城。前面已经叙述过"高平第一城"的问题,"高平第一城"的城址,就是北周"筑原州城"的位置。第一,北周筑城没有另选取新城址。由汉代"高平第一城"到明代原州城,就地形和现在城址看,无论是修缮还是拓筑,大致是在同一个空间。第二,北周筑就的城相对于高平城,既不是另选城址,也不是对高平城的修缮增筑,而是脱开原高平城的空间扩大增筑新的城池,即原高平城为内城,新筑城为外城。《周书·武帝纪》明确记载"筑原州城",表明不是对原旧城的修葺和再筑,而是修筑新的原州城,唐宋以前原州城的大致格局,就是这次筑城规模奠定的。

(二) 筑原州城背景

北周筑原州城,有其特殊背景。524年,高平镇人赫连恩推戴敕勒族人胡琛为高平王(据原州城),响应破六韩拔陵起义。胡琛死后,万俟丑奴并胡琛之部众,于528年在原州建都称帝。在击败万俟丑奴的过程中,北魏大将宇文泰"功居多",北魏朝廷擢升宇文泰为征西将军,赐金紫光禄大夫,加直阁将军,增邑三百户,行原州事。[1]北魏分裂为东、西魏之后,宇文泰刻意经营原州,并将这里作为其关陇统治集团的大本营。西魏改元大统,宇文泰成为西魏政权的实际操纵者。548年,宇文泰奉旨巡抚西境,"至原州,北历长城,大狩"[2]。554年秋七月,宇文泰再次巡狩至原州。[3] 561年,宇文泰第四子宇文邕即位,称高祖周武帝。563年秋七月"行幸原州"。九月,"自原州登陇山(六盘山)",再次巡视原州。一年两次巡幸原州,可见其对

---

[1] 令狐德棻等:《周书》1《文帝纪》,中华书局1987年版,第3页。
[2] 令狐德棻等:《周书》2《文帝下》,中华书局1987年版,第31页。
[3] 令狐德棻等:《周书》2《文帝下》,中华书局1987年版,第35页。

原州的怀念。五年后，即北周天和四年（569）六月，"筑原州城"。

此外，宇文泰也非常关注佛教文化。《续高僧传·僧实传》里记载，宇文泰"平梁荆后，益州大德五十余人各怀经部，送象至京（长安）"。五十余位巴蜀大德高僧北至长安，带来了南朝佛教经典，包括南朝佛教新义的融入。可见，宇文泰取得江陵之后，不但使益州佛教经典大量输入长安，而且说明宇文泰对佛教文化的高度重视。由佛教文化"南经北输"，可以看到宇文泰与须弥山石窟的开凿及其影响。北魏、北周时期，是须弥山石窟开凿的重要时期之一，一是丝绸之路的兴盛为其提供了空前的繁荣背景，二是宇文泰与固原的特殊关系（两个儿子数年间寄养固原城李贤家中）和着意经营（关陇集团根基在固原）。宇文泰是西魏的实际掌权者，亦是北周政权的奠基者，直接影响过须弥山石窟的开凿。

从宇文泰发迹以及对原州的经营，看得出原州在宇文泰心中的位置。他虽未来得及修筑原州城，但对于筑城事影响较大，包括周武帝宇文邕。宇文邕登基后，依然牵念原州，某种程度上他对原州的怀念和经营是超过乃父的。他"行巡原州"七月至九月期间，虽然中间尚有他处巡行，但都以"原州"为出入地。无论从宇文邕在原州逗留的时间，还是以原州为中枢的别处巡视，皆以原州为下榻的行宫，说明宇文氏父子对原州的特殊感情。当时的原州，山清水秀，植被丰茂，宇文泰每次到了原州，都要在原州"大狩"。由宇文泰父子的行踪，可以理解为什么要在北周天和四年修筑原州城。宇文泰天和元年（566），在原州长时间逗留，时隔两年之后即"筑原州"，这里面不能没有宇文泰的旨意和心思。

北周筑原州城，不是对高平城的修葺，而是在高平城空间外围的一次规模较大的筑城，筑就的新城成高平旧城的外城。从此，固原城有了内城与外在之别，成为罕见的"回"字形城。

第四章　隋唐原州城兴衰

隋朝统一后，社会相对稳定，经济和文化也获得快速发展，为唐代的兴盛和发展奠定了基础。与此同时，北方突厥民族的不断南下扰边，也给隋代和唐朝初年西北边地的防御带来了不同程度的军事威胁。唐朝建立后，改隋代郡为州，州太守称为刺史。沿边镇守及襟带之地，设置总管府，后改称都督府以总统其军事。作为平凉郡治的原州和原州城，同样经历了这一过程。原州，是防御和堵截突厥民族南下的战略通道和军事重镇。

唐代，中央集权不断加强和巩固，国力强大，天下昌盛富足，城市建设和文化科技等空前繁荣，是一个辉煌灿烂的时代。伴随着这个时代，原州城迎来了它的兴盛繁荣期，也经历了"安史之乱"后的冷落与萧条。755年"安史之乱"后，以广德元年（763）吐蕃陷原州城开始，原州政权建制与人群内迁，城市冷清荒芜数十年，前后经历了两个截然不同的历史时期。

第一节　隋唐原州

一　隋代原州

隋朝初年，仍为原州建制，治平高县（高平城）。大业三年（607），改为平凉郡，辖平高、百泉、平凉、会宁、默亭五县，27995户[①]，治所仍在平高县城。同时，设有畜牧方面的专门管理机

[①] 魏征：《隋书》卷29《地理志上》，中华书局2012年版，第812页。

构两个，一个是原州羊牧，"置大都督并尉"负责管理；一个是原州驼牛牧，"置尉"① 管理，原州"羊牧"级别高于"驼牛牧"。这两个机构的设置，给平高城增加了新的管理机构，也反映了平凉郡畜牧业的兴盛。平凉郡的政权与城市文化趋向繁荣，总体上处在上升期。隋朝虽然短暂，但奠定了唐朝开国的基础。

突厥，是我国古代北方游牧民族之一，有东突厥与西突厥之分。隋朝初年，突厥他钵可汗死后，他的侄子沙钵略（？—587）继任可汗，为东突厥可汗。他放弃之前已结好的"和亲"政策，率40万大军南下，一路势如破竹，隋朝的外围防线一溃再溃，陇右河西皆遭侵掠，兵锋直抵原州。沙钵略兵分两路，从木峡关（今固原城西南）、石门关（今固原城西北须弥山石窟之侧）两道纵兵南下，原州城首当其冲。隋文帝（541—604）忙于应对，以河间王杨弘等人为元帅，出兵迎击沙钵略大军。隋朝大将韩僧寿部在鸡头山（六盘山）大破突厥；杨弘部在原州道与突厥相逢，大败突厥。

隋朝开皇三年（583），废"郡"改置州、县，平凉郡再改置原州，平高县城仍为原州治所。隋炀帝大业元年（605），在他楼城（同心县东南）的基础上设置他楼县。他楼县，是开发了近200年的他楼城发展变迁的结晶。隋大业三年（607），又复改"州"为"郡"，原州再改为平凉郡，辖平高（图4-1）、百泉、平凉等县。此后，原州的军事防御进一步加强，为隋朝在西北地区设防的重镇。无论是防御，还是进攻，原州城都是进退可据的大本营，经常有朝廷大员充任原州总管府总管并驻节原州城。

隋代原州，虽然政权建制层级较高，且设有总管府驻防并统辖原州军事，但隋代国运短祚，典籍似乎没有修筑原州城的记载，仍是北周筑城的规模。

二 唐代原州城

唐朝的综合国力，以唐玄宗朝最为鼎盛，史称"盛唐"。虽以盛

---

① 魏征：《隋书》卷28，中华书局2012年版，第784页。

图 4-1　隋朝平高县令阎府君（显）墓志铭

唐相称，但由于唐初突厥民族屡屡犯边，沿边军事防御与筑城并没有放松。"安史之乱"后，更是如此。原州城虽然几度准备修筑而最终未能成行，但其地理环境与军事价值在唐朝高层决策者眼中依然十分重要。

（一）边城与筑城

隋末天下大乱。仅北方而言，西北鹰扬将梁师都起事，依附于突厥。马邑鹰扬校尉刘武周起事，依附于突厥。蒲城郭子和起事，依附于突厥。他们皆建元称帝，接受突厥可汗号，突厥势力再次强盛。唐高祖李渊太原起兵后，即派使臣与突厥结好。唐朝虽然数次结好突厥，但突厥仍不断南下进犯。武德四年（621），突厥以万余骑进犯原州，尉迟敬德领兵抗击。第二年，颉利可汗再遣数千骑兵进入原州。武德六年（623）、七年（624），颉利、突利二可汗联手，突厥出动举国兵力，大规模入寇原州。直到630年前，原州经常遭到突厥兵锋南下的攻击，多时可达十余万人。这种军事冲突一直延续到突利可汗降唐、颉利可汗战败之后,唐朝的边患才宣告解除,原州境内才渐趋安定。

唐代原州城,位于边城与关中京畿之地的交会处。虽然唐代原州城不属于边城,却不时受到突厥兵锋的侵扰,木峡关、石门关就是进兵的重要通道。按照唐代边城防御要求,地处沿边的城邑,必须完善城池修筑,以固防守。唐高宗武德九年(626)正月,"命州县修城隍备突厥"①。没有城池何来城隍,筑城与修城隍庙是一体的。原州是军事防御重点区域,突厥屡屡侵扰原州,唐朝前期原州城应该有修筑的经历。依设置于原州城外围的"七关",即石门关、驿藏关、木峡关、制胜、六盘关(陇山关)、石峡关、萧关。② 由七关设置看,是修筑了原州城的。

唐代边城的修筑,通常分为大城、小城(子城)、牙城等。唐人杜佑的《通典》里对唐代的筑城有详细记载:"凡筑城,下阔与高倍,上阔与下倍。城高五丈,下阔二丈五尺,上阔一丈二尺五寸。高下阔狭,以此为准。"③ 这是唐代筑城的要求。此外,城壕、女墙(城垛)等都有相应的数据要求。以此比照,唐朝前期原州城如果有过修筑,也应该是这样一个规模和格局。

(二) 关隘与原州城

唐代在原州城外围设置关隘较多,通常以七关相称。唐代所设关隘有上关、中关、下关之分,最早见于史籍者当属木峡关和石门关,二关是防御突厥入侵的通道。通常称原州七关,所设关隘居天下之首。④ 由关隘的层级和数量,即可看出原州的地理环境与军事防御意义。唐代以"京城四面关有驿道者称为上关,余关有驿道及四面关无驿道者为中关,他皆为下关焉"⑤。盛唐时期关内道上有上关6座,原州陇山关(六盘关)为上关之一。严耕望先生认为,陇山关置而

---

① 刘昫:《旧唐书》卷1《高祖纪》,中华书局1986年版,第16页。
② 王溥:《唐会要·关市》,上海古籍出版社2014年版,第1872页。
③ 杜佑:《通典》卷152《兵典五》引《守据法》,中华书局1988年版,第3893页。
④ 穆渭生:《唐代关内道军事地理研究》,陕西人民出版社2008年版,第286页。
⑤ 《唐六典》卷6,中华书局1986年版,第195—196页。

瓦亭关废。① 史念海先生认为，陇山关当在西兰公路经过的六盘山上②，六盘关应为上关。

设在京城外围的中关7座，原州城西南木峡关（原州区张易镇境内），是京城四面关的中关之一。这里是原州城西出陇右的通道，也是隋代、唐初突厥兵锋东进南下的通道。唐代监牧木峡坊就设在这里，木峡坊因木峡关得名。③ 设在原州城外围、属于京城四面关的下关，依次为石门关（须弥山寺口子）、石峡关（海原县高崖乡石峡口）、瓦亭故关（瓦亭）、制胜关（泾源县城西峡口）、驿藏关（应在石门关以南）、萧关（在原州城以北）。《新唐书》记载的原州七关，所指不完全一样。《新唐书》卷8《宣宗》载，7关为石门、驿藏、木峡、制胜、六盘、石峡、萧关。④ 《新唐书·地理志》载：石门、驿藏、制胜、石峡、木崝、木峡、六盘为七关⑤，这就是通常意义上的唐朝原州七关。

《新唐书》里两处记载原州七关，但七关关名并不完全一样，各关隘的具体位置也说法不一。这里暂不作一一考证，只是想说明不同层级的关隘与原州城的特殊关系。实际上，每个关隘都控扼着一条通道，环绕原州城外围关隘与通道越多，原州城的地理位置就越重要。上关、中关，为唐朝统治中心长安外围的重要关隘，为国家层面上的布防。下关属原州辖区境内的关隘，也是上关与中关的重要防御支撑。同时，下关布防在原州城外围，控扼着进入关中的多条通道，也护卫着原州城。由关隘的设置，即可看出唐代原州城在当时的重要地位。

第二节　安史之乱与原州城

唐代原州，别称平凉郡，治平高县城（今固原城），是唐代州一

---

① 严耕望：《唐代交通图考·二》，上海古籍出版社2007年版，第400页。
② 史念海：《河山集》第7集，人民出版社1988年版，第220页。
③ 史念海：《河山集》第7集，人民出版社1988年版，第241—243页。
④ 欧阳修、宋祁：《新唐书》卷8《宣宗》，中华书局1986年版，第246页。
⑤ 欧阳修、宋祁：《新唐书》卷37《地理一》，中华书局1986年版，第968页。

级城市，是唐朝政治中心长安西出北上的重镇。它与地处河西走廊的凉州（武威）构成交通干道，连接长安与河西走廊，成为绿洲丝绸之路的黄金线，地理位置极为重要。武德元年（618），再改隋代平凉郡为原州，沿袭北周与隋代初年的称谓。贞观五年（631），置都督府，管辖原、庆、会、宁、亭、达、要7州，管辖地域较为广大。天宝元年（742），再改为平凉郡；乾元元年（758），再改名为原州。这一百余年是唐朝历史的黄金时期，原州政治格局稳定，隶属地域广阔，辖有平高、平凉、百泉、萧关、他楼5县，7580户39123人。① 这一时期，萧关道丝绸之路通畅，经济文化繁荣；同时，也是原州城市经济文化的兴盛时期。原州城以北唐代他楼县（神龙元年改为萧关县）的设置，须弥山大佛的开凿，都印证着隋唐原州政治、经济和城市文化的发展和繁荣。

一 吐蕃占据原州城

渔阳鼙鼓震醒了大唐帝国的美梦，也破碎了原州城陴橹重镇。天宝十四年（755）"安史之乱"后，河西、陇右驻军东调，大将哥舒翰统领河西军队驻防潼关。吐蕃乘机内侵，河西、陇右相继陷落。乾元（758—760）之后，"凤翔之西，邠州之北，尽蕃戎之境，湮没者数十州"②。广德元年（763），原州陷于吐蕃，节度使马璘上疏朝廷，原州州治内迁于泾州灵台县之百里城。原州州治内迁，老百姓亦随之迁徙，原州河山成了吐蕃铁蹄践踏的疆场，繁华的原州城成了边外孤城。吐蕃"毁其垣墉，弃之不居"③。面对曾经繁荣的原州城，吐蕃人"毁其垣墉"，毁城而去，当时并没有看重和占据这座古城。

广德元年（763），京师失守，吐蕃军队占据长安城十五日后退至凤翔府。大历元年（766）九月，"吐蕃陷原州"④，原州再度被吐蕃人占据。永泰元年（765），吐蕃请和。建中三年（782），双方清水

---

① 杜佑：《通典·州郡三》第4册，中华书局1988年版，第4521页。
② 刘昫：《旧唐书》卷196《吐蕃》上，中华书局1986年版，第5236页。
③ 刘昫：《旧唐书》卷118《元载传》，中华书局1986年版，第3411页。
④ 刘昫：《新唐书》卷6《代宗》，中华书局1986年版，第172页。

会盟前，唐朝京都官员外郎樊泽前来"故原州"，与吐蕃次相结赞相会，确定建中四年正月会盟于清水西。结盟文曰：

> 今国家所守界：泾州西至弹筝峡西口，陇州西至清水县，凤州西至同谷县，暨剑南西山大渡河东，为汉界。蕃国守镇在兰、渭、原、会，西至临洮，东至成州，抵剑南西界磨些诸蛮，大渡水西南，为蕃界。①

依此结盟文字看，弹筝峡（三关口）成为双方界关，原州城为吐蕃所管辖。实际上，结盟文字是一纸空文。兴元元年（784），吐蕃就开始了军事行动。结赞提出，"清水非吉地，请会于原州之土梨树"，清水之盟无效，遂有平凉会盟。这期间，吐蕃结赞就住在"故原州城"帐中。②广德元年以后，吐蕃对原州城的重视程度超过初期。贞元三年（787）十月，"修故原州城，其大众屯焉"③。吐蕃似乎要坚持长期与唐朝对抗，开始修筑原州城，而且有大量驻军。《旧唐书·吐蕃下》，只记载吐蕃修筑原州城，但没有详细记载修筑的过程及其城池状况。在交战的过程中，吐蕃人逐渐看到了原州城的地位和作用，由起初的"毁其垣墉，弃之不居"到"修故原州城，其大众屯焉"，对原州城的态度有了天壤之别。

二 元载与原州城

元和十三年（818）十月，唐朝"收复原州，获羊马不知数"④。不久，又放弃原州城，这一次是主动出击获胜再放弃的。大中三年（849）二月，泾源节度使康季荣上奏，吐蕃宰相论恐热愿意和好，将秦、原、安乐等三州并石门、木峡等七关之兵民归还唐朝。⑤ 六月，

---

① 刘昫：《旧唐书》卷196《吐蕃下》，中华书局1986年版，第5247页。
② 刘昫：《旧唐书》卷196《吐蕃下》，中华书局1986年版，第5252页。
③ 刘昫：《旧唐书》卷196《吐蕃下》，中华书局1986年版，第5256页。
④ 刘昫：《旧唐书》卷196《吐蕃下》，中华书局1986年版，第5262页。
⑤ 刘昫：《旧唐书》卷18下《宣宗》，中华书局1986年版，第621—622页。

邠宁节帅张君绪收复原州萧关县。之后，原州归治平高县。在战乱中经历了80余年的原州城，残破不堪，虽然吐蕃人有过修筑，但修筑程度多大，还看不到相关史料记载。

元载（？—777），陕西岐山人，唐肃宗时官至户部侍郎、度支使并诸道转运使，管理国家财政，后拜为宰相。他曾官居西州（今新疆吐鲁番西南）刺史，知晓河西、陇右山川形胜，谙熟原州军事地理大势。约在大历八年（773），他上书代宗皇帝，请求修筑原州城。

> 载尝为西州刺史，知河西、陇右之要害，指画于上前曰："今国家西境极于潘源，吐蕃防戍在摧沙堡，而原州界其间。原州当西塞之口，接陇山之固，草肥水甘，旧垒存焉。吐蕃比毁其垣墉，弃之不居。其西则监牧故地，皆有长壕巨堑，重复深固。原州虽早霜，黍稷不艺，而有平凉附其东，独耕一县，可以足食。请移京西军戍原州，乘间筑之，贮粟一年。戎人夏牧多在青海，羽书复至，已逾月矣。今运筑并作，不二旬可毕。移子仪大军居泾，以为根本。分兵守石门、木峡、陇山之关……是谓断西戎之胫，朝廷可高枕矣。"[1]

元载不但向皇帝提出修筑原州城的军事地理优势，而且向皇帝献上原州地形图。同时，还秘密派人到原州城，考察水源，计算筑城工程任务和工期，包括"车乘畚锸之器皆具"[2]等筑城工具。提出原州城"乘间筑之，不二旬可毕"，主要还是修缮坍塌之处，使其完善，为驻军提供戍守之用。当时原州城尚在吐蕃边境，"故乘间筑之"，借吐蕃移牧青海的间隙。同时，建议原州城修筑后，"移京西军戍原州"[3]城，外围防御原州城的关隘，西南有六盘关、木峡关等，城西北有石门关。筑原州城，是"断西戎之胫"的重大军事战略举措。

---

[1] 刘昫：《旧唐书》卷118《元载传》，中华书局1987年版，第3411—3412页。
[2] 刘昫：《旧唐书》卷118《元载传》，中华书局1986年版，第3412页。
[3] 司马光编著：《资治通鉴》卷224，中华书局1996年版，第7224页。

元载上书，皇帝还是有采纳意图的。只是巧在此时汴宋节度使田神功（《旧唐书·元载传》记载其官职为检校左仆射）入朝，皇上诏见后问田神功修筑原州城的事，他回答说："行军料敌，宿将所难，陛下奈何用一书生语，欲举国从之乎！"行军打仗的事，久经沙场的老将都很难料定，陛下怎么能听信一介书生的主意呢？田神功的话让代宗皇帝"迟疑不决"。元载上疏最终未能得到皇帝的采纳，一是由于田神功的反对，二是由于元载上疏后不久获罪。元载在相位多年，"权倾四海"。元载伏诛后，儿女赐死，祖坟被毁。固原城未修筑而元载被诛杀，唐朝修筑原州城的历史信息，只留在了元载的笔下。

三　杨炎与原州城

杨炎（727—781），陕西天兴（今凤翔县）人。元载与他同郡，二人有着特殊的关系。元载为宰相时，就与杨炎关系密切，视杨炎为治世能臣，擢为吏部侍郎。元载获罪被诛，杨炎亦受到牵连，贬为道州司马。德宗皇帝即位以后，任杨炎为宰相，掌控朝中大权，"欲为元载报仇"。他于建中二年（781）二月，含泪向德宗皇帝上疏，"奏请城原州"[①]，而且提出要用"元载遗策城原州"[②]。皇帝遣宦官前往泾原节度使段秀实处"访以利害"。段秀实回复："今边备尚虚，未宜兴事以召寇。"他认为筑原州城是"召寇"之举，没有客观地叙述修筑原州城的军事意义。段秀实此举惹怒杨炎，杨炎将其贬职调回京城任司农卿，泾原节度使人选作了调整，但已经影响了原州城修筑工程的实施。

邠宁节度使李怀光兼四镇、北庭行营，又兼泾原节度使，"使移军原州"，以四镇、北庭留后刘文喜为别驾。四镇、北庭，原本是唐朝在西域的军政设置，吐蕃占据河西、陇右之后，唐朝对这里的控制名存实亡。当时吐蕃与唐朝的界关在弹筝峡（三关口），原州城尚在吐蕃境内。杨炎欲修筑原州城，加强原州防戍之后，再收复秦州（今

---

① 刘昫：《旧唐书》卷118《杨炎传》，中华书局1986年版，第4322页。
② 司马光编著：《资治通鉴》卷226，中华书局1996年版，第7277页。

天水)。他派李怀光任泾原节度使,命其在筑城一线"督作",朱泚、崔宁各率所部万人为筑城主力。同时,"诏下泾州为(城)具"①,修筑原州城的工具器械由泾州驻军来承担。此举惹怒驻防泾州的将士,"吾属为国家西门之屏,十余年矣。始居邠州,甫营耕桑,有地著之安。徙屯泾州,披荆榛,立军府;坐地未暖,又投之塞外。吾属何罪而至此乎!"原州城陷于吐蕃十余年时间后,已被视为"塞外"。杨炎筑城之举,未曾料及带来了驻军兵变。

刘文喜早有野心。当泾州将士发出抱怨之声后,他利用了驻军的情绪,"据泾州,不受诏",筑原州城只好暂且搁置。杨炎上疏皇帝,继续换帅,以朱泚兼四镇、北庭行营、泾原节度使,代李怀光为泾原节度使。朱泚出任泾原节度使,刘文喜不但再次拒"诏",而且以节度使自居,"据泾州叛,遣其子质于吐蕃以求援"②。刘文喜与吐蕃联手,据叛泾州。泾原有劲兵二万,闭城拒守。德宗皇帝命朱泚、李怀光平叛,大军围泾州城数月不能攻克。最终,刘文喜被部下刘海宾与诸将所杀,泾州兵变平息,而"原州竟不能城"③。因兵变影响,原州筑城之事未得实施。

杨炎宰相任上,三次提出筑原州城,后两次皇帝已有"诏书",但最终都未能得以修筑。元载与杨炎两任宰相都提出修筑原州城,可见原州城的重要性和影响力。元载之议、杨炎之举,事关西抗吐蕃,保卫京师之大计。推究经略控制之道,则知元载之议确属筹边之至计矣。④ 他们二人虽然关系特殊,但极力主张修筑原州城,并非出于私交。

宪宗时期(806—820),泾原镇节帅王潜任上,修缮壁垒,屯田积粟,训练士卒,积极备战。他曾率兵经过原州城(可能顺道有过考察),上疏奏请复筑原州城,"度支沮议",受到中央度支反对。度支,是掌管全国财赋的统计和支配的官员,朝廷不给筑城费用,致原

---

① 刘昫:《旧唐书》卷118《杨炎传》,中华书局1986年版,第4322页。
② 司马光编著:《资治通鉴》卷226,中华书局1996年版,第7279页。
③ 刘昫:《旧唐书》卷118《杨炎传》,中华书局1986年版,第3423页。
④ 吕思勉:《隋唐五代史》上册,上海古籍出版社1984年版,第266页。

州复陷。① 这可能是唯一一位提出修筑原州城的泾原节度使。此后,似乎再没有人提出修筑原州城,这与其后吐蕃的长时期侵占有关。

原州州治内迁后,原州城以北的萧关县不复存在,大中时(847—860),虽以原萧关县改置武州,但却是昙花一现,很快又侨治潘原。② 广明(880)以后,原州再度陷于吐蕃。几经战乱蹂躏,原州城市遭到了更为严重的破坏。

在唐代人的眼中,原州城陷于吐蕃十余年就成为"塞外"之地;80余年之后的原州城,已是"故原州城"。《旧唐书·元载传》《旧唐书·吐蕃下》中的文字都这样记载。《嘉靖固原州志·创建州治》里,也引用了这条史料③。唐贞元三年(787)冬十月,吐蕃"又城故原州而屯之"④。这一时期,吐蕃所掠人口、牲畜等物,全部"置之弹筝峡以西","城故原州而屯之"。唐代就有故原州之称,故原之名始此。今名固原,音同而字不同也。⑤ 固原得名,因"故"改"固",遂有固原之名,音同而文化内涵更为丰富,传承数百年而不衰。

四 原州城变迁

唐代,是中国历史上的一个重要朝代。它经历过贞观之治、开元盛世,开创了一个万邦来朝的对外空前开放的辉煌时代;也经历了安史之乱、藩镇割据的国力倒退的逐渐衰败期,原州城的历史伴随着这

---

① 欧阳修、宋祁:《新唐书》卷191《王同皎传附王潜传》,中华书局1996年版,第5508页。

② 欧阳修、宋祁:《新唐书》卷37《地理一》,中华书局1996年版,第969页。

③ 《嘉靖固原州志》《万历固原州志》,是明代嘉靖、万历时期分别编修的两部志书。20世纪80年代初,宁夏人民出版社将这两部志书"合刊"出版,书名为《嘉靖万历固原州志》。在体例上,《嘉靖固原州志》以卷1、卷2的形式表述;《万历固原州志》以上卷、下卷的形式表述。缘此,本书参考文献注释出现两种表述形式,即正文"引述文献资料"分别以《嘉靖固原州志》《万历固原州志》出处行文,注释则以《嘉靖万历固原州志》总说。凡卷1、卷2史料皆出自《嘉靖固原州志》,上卷、下卷史料皆出自《万历固原州志》。

④ 司马光编著:《资治通鉴》卷233,中华书局1996年版,第7507页。

⑤ 《嘉靖万历固原州志》卷1,宁夏人民出版社1985年版,第9页。

个历史走向。唐朝建立后，原州城仍为平凉郡治所在，辖有平高、平凉、萧关、百泉、他楼等县，穿越原州的丝绸之路亦大放异彩。原州处于丝绸之路必经的萧关古道上，各国使节、商人、僧侣、文人学士等东来西往。原州城街市兴旺，店铺兴隆，文化繁盛。须弥山石窟、固原近数十年地下考古出土的珍贵文物，就是原州文化繁荣的见证。此外，途经原州的著名诗人，写下了不少描写萧关古道壮美景色和自然风光的诗歌，这既是地域文化的瑰宝，也是唐代文学的精华。

广德元年（763），吐蕃兵锋攻陷陇右，进入长安。虽然郭子仪兵至长安，吐蕃遁去，但罕见的军事冲突和长时间的战乱，给西北地区社会经济和文化带来了致命的打击，作为军事重镇的原州亦名存实亡。两年后，原州政权建制内迁，广袤的地域陷入吐蕃的势力范围，以三关口（弹筝峡）为唐朝与吐蕃的界关，原州山河大地成了吐蕃铁蹄践踏的疆场。

"安史之乱"前，唐朝在原州设有官马场，置监牧使总管其事，监牧使由原州刺史兼任。"安史之乱"后，河西走廊驻军东调，吐蕃乘机内侵。原州受吐蕃武力控制，唐朝所设郡县皆废，政权机构被迫内迁。贞元十九年（803），徙原州治所于平凉；元和三年（808），又徙原州治所于临泾（今甘肃镇原县），置行原州。直到大中三年（849），泾州节度使康季荣相继收复原州及石门、驿藏、木峡、制胜、六盘等七关，原州治所始得以复归平高（固原）城，前后陷入吐蕃80余年之久。大中五年（851），升原萧关县为武州。唐末黄巢农民大起义后，原州再度陷落，原州建制内迁于原州所属的潘原县（今甘肃平凉）东，平高、百泉、平凉三县亦并入潘原，境内武州也随之裁撤。神龙元年（705），撤他楼县，再置萧关县。近百年间战乱，使三关口以北原州大片土地荒芜，文化遗产损毁，原州城由盛而衰。

五　原州城马政机构

马匹是中国古代最重要的陆路交通工具，也是军事装备的重要战略物资。因此，历代统治者都非常重视国家养马业，设有专门的管理机构，负责各地的马牧，统称为马政。唐代原州，是汉代以后国家的牧马地。一方面是原州的自然地理环境适宜于牧马；另一方面是由于原州所处的特殊地理位置。唐代原州马政，是汉唐以后监牧的高峰期。

　　唐代马政最盛，原州境内成为主要的养马基地，而且成为西北马政管理的中枢。贞观初年，唐太宗将赤岸泽（今陕西大荔西南，近沙苑）"牝牡三千匹马"徙于陇右，首设边地监牧①，于原州置陇右群牧监，由原州刺史兼任群牧监使，"监牧之制始于此"②。同时，陆续形成了一套完整的马政管理制度。唐朝马政集中于关内道原州、陇右道秦州（今甘肃天水）、渭州（今甘肃陇西）、兰州四地，原州是当时西北四大监牧地之一，幅员千余里。关陇群牧总管"都监牧使"驻理原州，其下辖四使分别管理诸监牧。安史之乱前的监苑分布：当时设置东西南北四个监牧使分别掌管牧马，南监牧使在原州西南180里处平凉之东，西监牧使在临洮军以西，管理四使的都监牧使和北使、东使都设在原州城内。由于原州是监牧中枢，贞观二十年（646），太宗李世民亲自"逾陇山，至西瓦亭观马政"③。唐太宗视察原州马政，既显示了唐初统治集团对马政的重视，也说明固原马政的规模和兴旺程度。唐朝仪凤年间（676—679），政府又增设牧马场，在原州有乌氏、长泽（固原北）、木峡（今固原西南）等牧苑。固原的官马养殖进一步加强。同时，国家牧场和军屯的发展，也促进了民间牧马业和农业的发展。

　　"安史之乱"动摇了唐代的政治基石，西北地区监牧苑的马匹或因战争消耗，或者被吐蕃劫掠而为之一空。"安史之乱"初始，吐蕃没有进占原州之前，原州的牧马业仍具有一定的规模。756年，安禄山攻占长安，唐玄宗逃往四川，太子李亨回军北上灵武途中，于五月十九日进驻原州城。在原州逗留期间，"蒐阅官监及私群牧马数万匹，

---

① 王溥：《唐会要》卷72《马》，上海古籍出版社2014年版，第1543页。
② 刘昫：《旧唐书》卷50《兵志》，中华书局1986年版，第1337页。
③ 司马光编著：《资治通鉴》卷198，中华书局1996年版，第6239页。

军威始振"①。一次性提供"数万匹马",可见原州马政畜牧规模之大。"至德已后,监牧使与七马坊,名额尽废。"② 至德(756—758)年间,正当平息安禄山之乱期间,战乱致命性地影响了原州马政。

唐代原州城,除了常规军政机构外,整个陇右马政管理机构"都监牧使"设在原州城,由州刺史兼管分布在陇右大地上的监苑。同时,北使、东使两个机构就设在原州城。东使,也名为东宫使,辖有9监,监名有木峡、万福、玉亭、兰池等。③ 20世纪80年代初,考古工作者对固原城南塬史道德墓葬进行考古发掘,《史道德墓志》称其初任东宫官职,于龙朔三年(663)任兰池监。总章二年(669),任玉亭监。④《史道德墓志》的记载,印证着唐代原州城监牧东宫使属下监苑的机构设置,包括粟特人史道德监苑任职的变化。

第三节 粟特人与原州城

唐朝是中国封建社会的一个鼎盛时期,唐代的原州是西北著名的军政文化重镇,也是绿洲丝绸之路的重要驿站,尤其是唐朝中期以前。原州城,成为西域中亚各国使节、商旅、僧人、文人等各色人往返驻足的地方,经济繁荣,文化兴盛。原州城里,除了政府衙门、驻军机构、文化设施、官方驿站等外,街道、坊市布局齐全,商人云集,宗教文化兴盛。原州城里的居民,除了当地民族、驻军、各色商人之外,还有一个特殊的族群——中亚粟特人。20世纪80年代,考古工作者在固原城南进行了持续性考古发掘,墓葬群出土了大量西域中亚丝路文物和粟特人墓葬群,为我们展示了粟特人既为官于唐朝,又"精于商业",以军府与军团的形式在固原聚落式生活的历史经历。

---

① 王溥:《唐会要》卷72《马》,上海古籍出版社2014年版,第1543—1544页。
② 王溥:《唐会要》卷65《闲厩使》,上海古籍出版社2014年版,第1334页。
③ 穆渭生:《唐代关内道军事地理研究》,陕西人民出版社2008年版,第182页。
④ 宁夏固原博物馆编:《宁夏固原唐史道德墓清理简报》,《文物》1985年第11期。

一 原州城里的粟特人

粟特人，即史籍里中亚"昭武九姓"，亦称九姓胡、粟特胡。他们的故乡在中亚锡尔河、阿姆河流域，汉代名为康国，隋唐以后称为"昭武九姓"。昭武九姓所指的"九国"，通常指康国、安国、曹国、石国、米国、何国、火寻、戊国、史国，属于"城邦"式国家。汉唐时期，沿丝绸之路进入原州的粟特人，主要是指"史国"家族的人群，地当现中亚乌兹别克斯坦南部沙赫里·沙勃兹。经商逐利是粟特人的传统，《旧唐书·西域传》里记载，粟特人"善商贾，争分铢之利"。粟特人徙居原州，是沿着"丝绸之路"的经商贸易东来的。实际上，他们既是穿越古代欧亚大陆的商人，也扮演着文化传播者的角色。

（一）粟特人墓葬

固原城南隋唐墓葬发掘，先后得到上级主管部门、国家文物局批准后，由宁夏文物考古研究所固原工作站考古工作者主持发掘。固原城南粟特人墓葬群的发掘及其出土文物，提供了丰富的粟特人的文化信息。

1982 年，对固原城南唐代史道德墓地进行发掘，出土文物有金覆面、金带扣、金币、陶器、石幢（石幢上刻有怪兽、仙鹤、童子等）、开元通宝等。出土墓志铭表明，墓主人为唐给事郎兰池正监史道德，其先为建康飞桥人，远祖时即已移居高平。1985 年春，发掘史索岩夫妇墓，出土有壁画、瓷器、鎏金铜铺首、金币等，青石质墓门极具特点，有精美的朱雀图案等造型。墓志铭表明墓主人史索岩，官居唐朝平凉郡都尉骠骑将军，葬于原州万福里第，后迁葬于原州城南高平之原。夫人安娘，亦有墓志出土。1986 年，固原城南发掘唐代史诃耽夫妇墓，出土铜镜、鎏金器物、金币（图 4-2）、蓝色圆形宝石印章、玻璃碗、铁刀、开元通宝等丝路文物。石门造型很有特点，门楣刻有一对孔雀，石门框上刻有天马、朱雀等图案，还有石床等。出土墓志铭表明，墓主人为唐游击将军、虢州刺史、直中书省史诃耽，原州平高县人。1986 年，固原城南唐代史铁棒墓进行发掘，出土文物有陶器、鎏金器物、铜镜、金币、开元通宝等。出土墓志铭表明，墓主人为大唐司驭寺右十七监史，原州平高县人。1987年7月，发掘隋代史射勿墓，出土文物有金戒指、金带扣、萨珊银币、铜镜等。墓志铭表明主人为隋朝正义大夫、右领军骠骑将军，平凉平高县人。

图 4-2　史诃耽夫妇合葬墓出土金币

由以上可见，粟特人史姓家族在隋唐时期原州的经历有其共同特点：一是史姓家族源于中亚良马之地，长于和善于牧放，故多出任唐朝监牧官员；二是身兼武职——将军身份，历代马匹与国家军队装备密切关联，故监牧官员可能属于军队编制，始有将军身份。"固原发现的两个史姓墓地的家族成员，基本就是以军功彰显于世的"；由固原粟特人的经历看，"他们都已经脱离粟特聚落的主体，逐渐融合到中原汉文化当中去了"[①]。

（二）文化融合

唐代，中央政府管辖的地域空间已经延伸到中亚碎叶河流域，其标志之一就是中西文化的大融合。阿姆河与锡尔河流域的粟特人，以善于经商而闻名，他们自北朝以后就通过"丝绸之路"往来于中亚

---

① 荣新江：《中古中国与粟特文明》，生活·读书·新知三联书店2014年版，第8页。

和中国之间。同时，生活于原州的史姓家族不仅经商，而且进入仕途出任监牧一类的官员，负责监牧管理。1982—1995年，考古工作者先后在固原城南塬相继发掘隋唐时期9座墓葬，其中6座为中亚史姓家族墓，即徙居原州的"昭武九姓"中的史国人氏。他们的生活空间就在原州城里，死后葬在原州城南。昭武九姓人长期在原州城居住，其生活方式早已融入汉文化之中，丧葬形式也已经汉化。墓志铭还记载了墓主人居住的地名方位，如史索岩疾终于原州平高县招远里，史道德也是终于招远里；史铁棒疾终于原州平高县劝善里，史诃耽也疾终于劝善里，完全融入地域文化之中。

史姓家族墓葬地较为集中，依次为史索岩墓、史铁棒墓、史诃耽墓、史道洛墓、史射勿墓、史道德墓。研究表明，这6座墓葬分别属于两个家族。史射勿为史诃耽之父，史诃耽为史铁棒之父。史索岩、史道德为另一家族。史姓家族之间或者为子孙关系，或者为叔侄关系，但两支史氏并不属于同一史姓。①

早在北魏时期，这两个粟特人家族主要成员已迁居原州，北周时已步入仕途。粟特人不仅在中国做官、经商，而且吸纳中国传统文化与其本民族文化融为一体。据原州城南墓地出土的《墓志》记载：史射勿自称他这个家族就是平凉郡平高县（今固原）人，就已经认同原州籍贯。史诃耽，从隋朝开皇年间就入仕中原王朝，供职京师长安，在中书省担任翻译。其妻康氏死后，再娶汉族女张氏为妻。② 他们已完全融入隋唐时期原州地域人群，包括文化的融合。粟特人是以粟特商团东迁而形成聚落的方式落籍固原的③，人群规模相对较大。由粟特人善于经商的传统经历看，即使进入仕途的粟特人，也不会放弃经商。从文化融合的意义说，史射勿、史诃耽的经历具有代表性。他们虽然是居住在原州城里的特殊人群，但文化意义上已与地域文化融为一体。

---

① 罗丰：《固原南郊隋唐墓地》，文物出版社1996年版，第136页。
② 荣新江：《中古中国与外来文明》，生活·读书·新知三联书店2001年版，第134页。
③ 荣新江：《中古中国与外来文明》，生活·读书·新知三联书店2001年版，第75页。

根据史姓墓地出土的石床和石门等高规格的陪葬遗物看，史姓家族应该都是当时的富人阶层或官吏身份。此外，史姓家族墓还出土了不少珍贵的壁画，艺术价值极高。同时，还有引人注目的罗马金币仿制品及金饰件。如史射勿墓出土的东罗马金币仿制品、鎏金马镫，史索岩夫妇合葬墓出土的东罗马金币仿制品及壁画，史诃耽夫妇合葬墓出土的东罗马金币仿制品，史铁棒墓出土的东罗马金币仿制品、金铊尾，史道德墓葬出土的东罗马金币仿制品、金带扣、兽面金饰、金覆面等。史姓家族的墓葬及出土文物，同样显示了丝绸之路中西文化在固原驻足与交流融会的程度。粟特人以族聚的形式以原州为中枢，或经商或在仕途，再现了丝路文化交流过程中原州的特殊地位，也反映了在中西文化交流过程中粟特人的汉化程度。

二 南塬风水宝地

固原城的选址，充分考虑和利用了这里特殊的地理位置和环境。清水河发源于六盘山，固原城址选取清水河西岸台地而筑城。从地域空间看，固原城东西为南北走向的山脉，南北又被两条东西走向的山势包裹着。南边名为开城梁，北边名为明家庄梁，四山环顾，有河水绕城而过，山水为其形胜。城南是一片平坦的塬地，在古人眼里，这里山水相宜，藏风聚气，属于风水宝地。北朝时期，相关的文献信息已有记载，称这里为"原州西南陇山之足"，唐朝时称为"百达原"。这块被视为风水宝地的空间，实际上是汉唐期间官家和贵族的墓葬区，昭武九姓人享用了这里的山水地脉。

20世纪80年代以来，在这片开阔的塬地上，考古工作者发掘墓葬数十座，尤以北周、隋唐期间的墓葬为重要，如1982年发掘的唐代史道德墓葬，1983年发掘的北周李贤夫妇墓葬，1986年发掘的史诃耽墓葬，1987年发掘的隋朝史射勿墓葬，1993年发掘的北周宇文猛墓葬等，前文已有叙述。它们与汉唐丝绸之路关系密切，与原州故城关系密切，出土的各类文物，在国内外影响很大。

三　府兵制与粟特军府

（一）府兵制

兵制替代变化，与宇文泰有关。西魏、北周时期，世兵制已开始发生变化，最终为府兵制所取代。府兵制的前身是宇文泰属下的十二军，其官兵多来自长城以北原北魏六镇的鲜卑军户，基本依本民族的部落编制，主将与士兵之间的关系十分密切，依附色彩相当浓厚，体现着极强的独立性。宇文泰在巩固自己地位的同时，控制着府兵体制下的军队。同时，宇文泰要控制关陇地区，必须得到关陇地方豪强势要的支持。为了解决这些急迫的问题，宇文泰把魏晋以后汉族政权长期实行的军民分籍制度，与北魏早期拓跋氏实行的八部大人制度结合起来，创建出一种新的军事体制——府兵制。这一军事体制的实施，给兵役制蒙上了一层部落化色彩，其旨在提高军户的地位，增强士兵的战斗力。为了进一步扩大兵源，宇文泰又在关陇地区"广募关陇豪右，以增军旅"，将关陇地区豪强地主们所拥有的部曲和部分乡兵也收编过来。体制的创新和兵源渠道的开拓，使府兵制格局基本确立。

府兵制的指挥体系，宇文泰任总揆，总督中外诸军。形式上取鲜卑八部制，立八柱国，实际上统率六军，下属六柱国大将军，每柱国大将军下属二大将军，共十二大将军；每大将军各统开府将军二人，共二十四开府，开府各领一军。府兵中领兵军官有大都督、帅都督和都督等之分，府兵的基本组织形式为军团、团、族、队四个层级，设置相应的军官对应。团的长官为大都督，族的长官为帅都督，队的长官为都督。

府兵成立之初，除作战训练外，不负担其他赋税徭役，家属随军居住，兵与农是分离的。北周武帝宇文邕扩大府兵兵源后，大量均田户农民当了府兵，但其家属仍在原地从事耕作。这样，随着府兵数量的激增，按府兵所在地区划分的军府就产生了。平时参加农业生产，农闲时进行军事训练，战时随军入营参战。这样的军事体制，即府兵制度下的军府。

宇文泰控制关陇集团军事的过程中，无论其政治地位的巩固，还是府兵制的推进与形成,其背景都与原州关系密切,尤其是与李贤家族。当初宇文泰入关时,李贤作为地方势力不但协助其收复原州城,而且献马千匹以助军。宇文泰西征时,李贤弟李远、李穆秘密与侯莫陈崇联手,牵制侯莫陈悦。孝武帝西迁时,李贤率骑兵东迎。后因功授大将军,迁原州刺史。李贤、李远兄弟,是原州地方豪强势力的代表。李远深受宇文泰信任,河桥战役后"除大丞相府司马,军国机务,远皆参之"。府兵制部落化,将领私有其兵,宇文泰设置的八柱国和十二将军,实现了其军权高度集中的目的。府兵制,对于北周、隋唐时期生活在原州的粟特人同样有着深远的影响。

(二) 粟特军府

固原城南塬史姓粟特人墓葬出土的文物引起中外研究者的关注。固原城南"史氏墓地"先后发掘9座,其中有"墓志铭"的古墓6座。依据墓志铭提供的信息看,史射勿、史索岩是出自两个不同支系的家族,但皆出自中亚"昭武九姓",为粟特人后裔。同时,6方墓志铭的信息,交叉表述了各支系之间的传承关系。

史索岩、史道德一支为建康飞桥(今甘肃高台县境)人,北魏时已由凉州迁徙至平高(固原)。据《故朝请大夫平凉郡都尉骠骑将军史公(索岩)墓志铭》载:史索岩曾祖史罗,任后魏宁远将军、西平郡公;祖父史嗣,镇远将军,袭爵西平郡公,鄯州刺史;父亲史多,北周时左卫掌设府、骠骑将军,军府所在地就在原州。史索岩,是史多的儿子,早年就入仕晋王杨广府中。隋朝大业元年(605),拜左御卫、安丘府鹰扬郎将。大业九年(613),又授公平凉都尉,这是统辖固原及其周围诸军府的军事武官。义宁二年,即618年五月,唐王李渊已称皇帝,"拜公朝请大夫,兼授右一军头,仍与平凉郡太守张隆同讨薛举"[1]。李渊称帝后,将隋朝的鹰扬郎将改为军头,官阶为正四品下。于是,军头成为府兵制的主官。不久,再改为骠骑将军。由皇帝拜"朝请大夫,兼授右一军头"看,史索岩已深受皇

---

[1] 《唐故朝请大夫平凉郡都尉骠骑将军史公(索岩)墓志铭》,宁夏固原博物馆编《固原历代碑刻选》,宁夏人民出版社2010年版,第98页。

帝青睐。此外，还有一个问题不能疏忽，即"仍与平凉郡太守张隆同讨薛举"。

隋大业十三年（617）四月，金城（今兰州）府校尉薛举起事，称西秦霸王，不久称帝，建元秦兴。次年李渊称帝后，面对各地诸侯割据的局面，征讨与统一为当务之急。薛举政权，对长安威胁较大，需要尽快平息。从地理空间看，长安、平凉郡（固原）、金城三地中，平凉郡处在两者之间，在地理方位上平凉郡凸显着它的优势。平凉郡，隋大业初年置①，治所平高县（固原）。史索岩被朝廷任命为独立的军府府主"军头"，并与平凉郡太守张隆一同出兵进讨薛举，寄托着皇帝的期待。史索岩一系列的军事活动，其军府皆在原州。

史射勿属于史姓家族另一支系，北周时已进入仕途。《正议大夫右领军骠骑将军故史君（射勿）之墓志铭》（简称《史射勿墓志铭》）记载，曾祖妙尼，祖父波波匿，已出仕北周。父亲认愁，仕途坎坷。《史射勿墓志铭》明确记载，他的籍贯已为平凉郡平高县。北周初年，史射勿已随军征战。北周天和二年（567），已授都督。隋朝时期，多次随军征战，因功屡授大都督、开府仪同三司、敕授骠骑将军。大业元年（605），授右领军、骠骑将军，驻军府地也应该在原州。史射勿有7个儿子：诃耽、长乐、安乐、大兴、胡郎、道洛、拒达。《故左亲卫史公（道洛）墓志铭》载："祖多悉多，周鄩刺史摩诃萨保。父射勿槃陀，隋左十二府骠骑将军，开府仪同三司。"他的曾祖父在北周时已官至刺史，父亲在隋代官至正四品骠骑将军。史道洛承其父荫，为唐朝左亲卫（正七品官）。唐代，"择其资荫高者为卫"，其父史射勿在唐朝建立的过程中有过功绩，故"择荫"授官。他于唐显庆三年（658），与其妻康氏合葬于固原城南"百达原"。考古工作者对墓主史道洛还做过头骨鉴定，结果认定"史道洛头骨北向蒙古人种而与西方高加索人种趋近……近于短颅型高加索人种性质，很可能与中亚两河类型的种族因素的东移相联系"。② 固原

---

① 魏征：《隋书》卷29《地理志上》，中华书局2012年版，第812页。
② 韩康信：《人骨鉴定》，《唐史道洛墓》，文物出版社2014年版，第170页。

城南墓地考古发现的白种人骨架①，不但折射出当时原州的社会现状，也反映了当时原州人群的种族成分。

《大唐故司驭寺右十七监史君（铁棒）墓志铭》载，史大兴为史射勿的儿子，史铁棒的父亲。史大兴籍贯为原州平高县人，唐朝初年出任骑都尉、右卫安化府军头，也曾率军征战薛举。贞观二十三年（649），授右勋卫；显庆三年（658）敕授司驭寺右十七监。

史诃耽，是史射勿的儿子。617年十一月，李渊占领长安后，立炀帝孙代王侑为皇帝，改元义宁，遥尊隋炀帝为太上皇，李渊（566—635）为大丞相，进封唐王。《大唐故史公（诃耽）墓志铭》载，617年，史诃耽"拜上骑都尉，受朝请大夫，并赐名马、杂彩"。② 这一年，李渊另扶新主，身为大丞相，进封唐王。同年，史诃耽"拜骑都尉"，"赐名"，看得出李渊对他的厚爱，其基础恐怕还是他属下的粟特人军团在军事上对李渊的支持。

粟特史姓家族，不但与大唐开国皇帝李渊关系密切，而且与李世民也有特殊关系。《大唐故史公（诃耽）墓志铭》载："特敕北门供奉进马。武德九年，以公明敏六闲，特敕授左二监。""北门供奉进马"，是管理唐朝进贡马匹的官员，在玄武门之变中已为李世民所用。武德九年（626）六月，秦王李世民玄武门之变后被立为皇太子。九月，传位太子李世民。李世民即位之前，史诃耽已经被任命为五品左二监。固原是历代重要的马牧之地，史诃耽既是朝廷管理马匹的官员，同时也管理着地方监苑马牧，有能力为李世民提供一定数量的军马。史诃耽之侄史铁棒，史索岩之侄史道德，他们都有管理监牧的经历，也印证着这个长时期从事军马监苑的粟特人军事性集团的存在。贞观年间，史诃耽还多次受到朝廷嘉封的宣德郎、朝请郎、通义郎之类的称号。

史射勿之子史大兴，在唐初也被任命为安化府军府的军头，如果

---

① 宁夏文物考古研究所编：《固原南塬汉唐墓地》，文物出版社2009年版，114页。
② 《唐故游击将军虢州刺史直中书省史公（诃耽）墓志铭》，载宁夏固原博物馆编《固原历代碑刻选》，宁夏人民出版社2010年版，第102页。

将再加上史索岩所出任的军头，唐初原州一带有存在两个粟特军府的可能性。① 这样，北周、隋唐以后原州城及其周围的粟特人居住规模与形式，不仅形成聚落，而且成为其军事实体。

这一历史时段的原州城，从城市居民的变化看，有两个显著的特点：一是粟特人群长期生活在这里，打破了城市的地域性，体现了城市的国际性；二是宗教文化的国际性，即在融入中国丧葬习俗的同时，仍保留着一些中亚宗教习俗。西魏、北周时期的府兵制，同样为聚居原州的粟特人提供了府兵组织的机会。北周至唐朝初年，移居原州的粟特人逐渐增多，不仅军府府主为粟特人担任，军队的组成基本以粟特人为主。据日本学者研究，北魏末年原州（固原）已成立了粟特人移民聚落，粟特移民聚落有一定的自治权，委任萨保（首领）进行统治，府兵皆粟特移民组成。② 隋开皇十七年（597），粟特人史射勿就任军府府主骠骑将军（史射勿墓志）。史姓粟特人出任粟特聚落统治首领"萨保"，作为军事实体，粟特人还参与朝廷实施的某一方的军事行动。北周时期，粟特人聚落逐渐乡兵化，即军团化，为此，粟特人的实力与影响力进一步提升。粟特人的军团化，与北周、隋唐的府兵制这种军事体制更趋于相近，他们参与了唐朝建国并做出了积极贡献。唐朝取代隋朝，在改朝换代的过程中，生活在固原一带的粟特人史氏家族很快就归顺于唐朝，而且赢得了开国皇帝李渊的信任。由史诃耽、史索岩的经历即可看得清晰，军府所在地就在原州。史姓家族的生活区，始终以原州城为中心。

此外，固原城南塬墓地考古出土的人头骨下颌的金属物件，印证着粟特人的文化融合。1982年，在固原城南塬史道德墓中发现的金面饰加下颌托，是当时此类出土文物中最为著名的一件。③ 所谓"下颌托"，是一种可固定死者下颌骨，避免面部嚼肌因松弛而造成下颌脱落的器

---

① ［日］山下将司：《军府与家业：北朝末至唐初的粟特人军府官和军团》，载荣新江、罗丰主编《粟特人在中国》（下册），科学出版社2016年版，第561页。
② ［日］山下将司：《军府与家业：北朝末至唐初的粟特人军府官和军团》，载荣新江、罗丰主编《粟特人在中国》（下册），科学出版社2016年版，第561页。
③ 宁夏固原博物馆编：《宁夏固原唐史道德墓清理简报》，《文物》1985年第11期。

物。作为一种丧葬文化习俗，它始于北魏。北魏以前，仅见于古代西域、中亚人使用。在中国境内，这种金属下颌托最早出现于北魏平城，隋代原州（固原）墓葬，发现了这种器物。隋唐时期，原州墓葬群里出现了3件，其中九龙山墓1件，史道德墓1件，征集1件。金属下颌托物件，多出土于当时政治经济文化中心长安和东京洛阳。

丧葬仪式反映了一个固定的族属传承习俗，这种金属下颌托器物，在隋唐时期相对集中于长安、洛阳和原州，显示了这一地域地理位置的重要性。有学者研究显示，固原九龙山墓地下颌托的男性死者与其同墓的女性均属于高加索白种人种。[1] 这对夫妇来自中亚，或者就是中亚粟特人。他们所带的金属下颌托，"可能与集中于固原的中亚人及其信仰有关。固原征集的金属下颌托额饰为忍冬纹，其可能的宗教意义尚需讨论，但九龙山的额饰与史道德的额饰为新月拥日的纹饰，可能已融入中亚地区粟特或花剌子模祆教信仰或其丧葬习俗"[2]。这是融合中国习俗之后的葬俗，入华的粟特移民在接受当地传统的埋葬方式的同时，保留一些中亚习俗。正由于它的特殊，才使后人看到了一千多年前固原葬俗所呈现的异域民族文化，见证的是固原民族的多元化，这也是外来移民与民俗文化留在固原的见证。

中亚康国人"善于商贾"。《康国传》里提到的"米国、史国、曹国、何国、安国、小安国"等昭武九姓人都善于商贾，他们以国为姓。从北魏通西域开始，大量昭武九姓人即沿丝绸之路进入中国，从事商贸。通常泛称为"粟特人"。依固原城南塬出土的粟特人墓葬看，北魏至唐代，固原城内外散布着大量粟特人聚落。他们长时期生活在这里，几代人之后，与当地人通婚，逐渐被汉化。隋代《史射勿墓志》载，他家被认为是从父辈入华的。[3] 史射勿属于第二代移民，

---

[1] 韩传信：《固原九龙山：南塬出土高加索人种头骨研究》，宁夏文物考古研究所编《固原南塬汉唐墓地》，文物出版社2009年版，第137、146页。
[2] 宋馨：《中国境内金属下颌托的源起与演变：兼谈下颌托与流寓中国粟特人的关系》，载荣新江、罗丰主编《粟特人在中国》（下册），科学出版社2016年版，第519页。
[3] 毕波：《史射勿墓志》，载荣新江、张志清主编《从撒马尔干到长安：粟特人在中国的文化遗迹》，北京图书馆出版社2004年版，第91页。

他的名字还没有汉化,"公讳射勿,字槃陀";但他七个儿子的名字已经发生变化,除长子名"诃耽"尚有一丝胡味外,其余六人(长乐、安乐、大兴、胡郎、道乐、拒达)的名字皆汉化。

  固原城南塬粟特人的墓葬区,是北周、隋唐时期生活在原州城的首领葬地,而非粟特人的全部。萨保府(萨宝府),是中国古代以外国读音设置的官府,是北朝、唐代针对大量胡人流寓国内而特设的官府。①政府设置了专门的管理粟特人的机构萨保府,不仅形成聚落,还意味着粟特移民群体的规模。在丧葬环节上,由墓地的选择到墓室的开挖,由墓志铭的撰写到刻石和石棺的制作等,这一系列的程序及其遗物,体现的都是传统信仰与地域习俗文化的适应。北周、隋唐时期,粟特人是原州城里的一道风景。之后,随着岁月的推移,逐渐融入当地人群与文化之中。

---

① 张庆捷:《唐代"曹怡墓志"有关入华胡人的几个问题》,载荣新江、罗丰主编《粟特人在中国》(下册),科学出版社2016年版,第644页。

第五章　宋金元时期筑城

两宋时期，中国建筑进入一个新的发展阶段。宋代建筑规模一般比唐代小，建筑群也不如唐代宏大壮阔，但建筑规划、设计样式却灵活多样，城市建设也体现了这些特点。宋代习惯于筑城修垒，分兵把守据点，以抵御敌骑的突然袭击。金代已有筑城的记载，城垣多为夯土版筑，瓮城、马面、角楼、墙堑等军事防御设施齐全，有的城内还筑有内城或小城堡，已吸收了辽代筑城的长处。[①] 金代在统治镇戎州的数十年间，修筑过镇戎州城。

第一节　曹玮修筑镇戎军城

一　镇戎军设置

在中国的城市发展过程中，城市工商业呈现总体发展繁荣之势。宋代固原城，处在宋夏军事冲突的前沿，多军事色彩，少城市商业与娱乐文化。

宋代筑城已讲究瓮城与马面的设置。瓮城，为大城门外的小城，俗称月城。瓮城的修筑，目的在于加强城门的防御。《武经总要前集·守城》载："门外筑瓮城，城外凿壕，去大城约三十步……其外瓮城或圆或方，视地形为之，高厚与城等，惟偏开一门，左右各随其便。"马面，是城墙突出的部分。利用马面可以更有效地杀伤攻城的

---

① 宋德金、张希清总纂：《中华文明史·辽宋夏金元》，河北教育出版社1994年版，第1064页。

敌人，马面建筑上面的防护设施名为战棚，作为瞭望和防守之用。《梦溪笔谈》卷十一载：马面"不甚厚，但马面极长且密。予使人步之，马面皆长四丈，相去六七丈，以为马面密则城不须太厚，人力亦难攻也"。陈规《守城录》卷二载：马面，"旧制六十步立一座，跳出城外，不减二丈，阔狭随地利不定，两边直觑城脚，其上皆有楼子，所用木植甚多"。古人记载，大致勾勒描绘出宋代筑城的形制和城池的特点。

北宋建立之初，为了巩固边防、对抗西夏的入侵，至道三年（997），在唐代原州（固原城）设立纯军事性质的州郡级政权建制——镇戎军，未设府、州、县地方行政建制。宋代的"军"，是与府、州、监平行的地方行政建制，是军政合一的行政单位。《元丰九域志》记载，除路、府、州之外，宋朝全国有"军"37处，监4处。州级军有征赋之权[①]，镇戎军是军政一体的地方军事建制。虽然辖境较唐代大为缩小，但军事意义上的建制层级并没有降低。

1038年，李元昊建国称帝后，西夏铁骑南下攻宋沿边的战争频率逐渐加大，镇戎军是北宋王朝在西北地区的军事重镇，正当宋夏军事冲突的前沿，成为防御西夏军事进攻的第一道防线。当时宋朝廷选择和任命守边将帅十分慎重，宋代重文治，州郡多派文臣守土，而镇戎军却不然，任命的守边者则为武官，而且不乏当时的名将，如曹彬之子曹玮、杨业之孙杨文广、河西大将姚麟、曲端等人。

宋夏对峙时期，北宋将秦凤路改为泾原路，镇戎军隶属于泾原路，管辖沿边2城、2堡、7寨，堡和寨都是规模较小的城。镇戎军设置最早，扼制清水河谷通道，是其主要防御任务之一。宋夏沿边发生的几次重大军事冲突，西夏兵锋都是沿各水系通道南下的。1041年的好水川（今西吉县境）之战，李元昊调集10万大军，沿葫芦河南下进兵，与宋朝军队交战，宋军全军覆没。第二年，西夏再次发动大规模军事进攻，由清水河谷南下进兵，双方在镇戎军西北的定川寨激战，宋朝军队再次大败。因这两次战役的惨败，宋朝进一步加强了

[①] 龚延明：《宋代"军"行政区划二重制研究》，《浙江大学学报》2018年第5期。

沿边防御。一是增加军事建制。庆历三年（1043），在渭州陇干城建立德顺军（今隆德县城）。大观二年（1108），升镇戎军以北的平夏城（今固原市原州区黄铎堡古城）为怀德军，在镇戎军外围先后建立了两个州郡级的军事防区，以示互为声援。每个军区管辖地域不大，但驻军人数多，配置层级高。二是修筑城墙堡寨。元符二年（1099），在南牟会筑新城（今海原西安镇）。整体上，城、镇、寨的分布有了空前的变化，防御能力得到了提升。

《宋史·地理志》记载，以镇戎军为中枢的各军所辖城、寨、堡有63处，数量上远远超过唐代原州城所辖。唐代以前，原州城镇主要分布在清水河沿岸的萧关古道和茹河流域。到了宋代，则出现在六盘山以西及葫芦河流域。在军事防御方面，还利用了战国秦长城。《宋史·曹玮传》记载："镇戎军据平地，便于骑战，非中国之利，请自陇山以东，循古长城堑以为限。"在战国秦长城一线挖掘边壕，以阻止西夏骑兵南下。大中祥符六年（1013），又修筑镇戎军至原州一线壕堑[①]，即利用古长城与长城沿边挖掘的壕堑，以提升镇戎军城的防御能力。北宋政权南迁后，镇戎、德顺等军仍属于南宋辖地。

北宋靖康（1126—1127）时期，宋钦宗赵桓执政，镇戎军仍是金朝、西夏与北宋角逐之地。北宋在镇戎军铸有大铁钟（图5-1），宋夏军事冲突的间隙，在镇戎军城仍铸有靖康大钟，体现一种地方民俗文化的传承。现在，此钟已成为固原城的传世之宝。

二 修筑镇戎军城

（一）咸平中修筑镇戎军城

宋夏对峙时期，镇戎军城的粮食供给，仍由地方驻军屯田解决。镇戎军是秦凤路的战略要地，镇戎军城周围广阔的地域都有屯田。随着镇戎军设置，城池的修筑提上日程。宋代城防的一大特点，即由于防御手段和技术装备的发展，各种坚固的城防体系产生，城防设施完善，新式火器大量用于守城战，大大增加了防御的稳定性，城塞防御

---

① 李焘：《续资治通鉴长编》卷81，中华书局2004年版，第1846页。

图 5-1 固原钟鼓楼北宋靖康铁钟

更为持久。①

宋代镇戎军城筑城时间，有三种说法：一说是咸平初年，为曹玮所筑。此外，有至道元年（995）筑城说，至道三年（997）筑城说。依据镇戎军的设置时间看，宋真宗咸平中筑城似乎更合乎情理。咸平年号（998—1003）共有六年，如果按照咸平初年推算，也就是 998 年前后。宋人曾公亮在《武经总要前集》里记载："宋咸平初，诏曹玮修筑建军，自陇山而东，缘古长城开浚壕堑。"② 建镇戎军的同时，修筑镇戎城，这个时间节点应该是准确的。"修筑建军"，既设置镇戎军，又修筑镇戎城。同时，还利用了战国秦长城，以壕堑防御西夏骑兵。就城池的规模看，《嘉靖万历固原州志·城池》记载："曹玮筑镇戎军城，周

---

① 宋德金、张希清总纂：《中华文明史·辽宋夏金元》，河北教育出版社 1994 年版，第 238 页。
② 曾公亮、丁度：《武经总要前集》卷 18《泾源仪渭镇戎德顺军略》，沈阳辽沈书社影印本，1998 年。

围九里七分，壕堑两重，深二丈……今固原州城，皆其故垒。"①

宋景德元年（1004），曹玮调任镇戎军后，参照古代兵农合一的办法实行屯田，提出并实施招募边民充当弓箭手的办法。天圣六年（1028），镇戎军弓箭手凡五十四指挥，有九千九百余人，庆历以后发展到二万余人，这个数字包括德顺军。弓箭手人数的不断增多，也增加了镇戎军城市的人口。曹玮在六盘山东西治军近三十年，咸平初年主持镇戎军城的修筑，也体现着他的治军思想。

宋夏对峙时期，宋朝西北边地防线向内收缩，镇戎军城地处边地前哨。在这个军事背景下，没有府、州、县地方政权建制，镇戎军就是军政合一的地方政权。镇戎军城池的修筑必然要体现宋代筑城与军事防御的特点。沈括笔下宋代城池修筑的形制，包括瓮城与马面，应该是修筑镇戎军城所要体现的筑城样式。《嘉靖万历固原州志·城池》没有记载镇戎军城修筑有无马面，也没有明确城池建有几道城门。据《中华文明史》第六卷载：宋代平江府城修筑之后辟有5门②。宋代镇戎军城，被时人称为"中华襟带"③的地方，尤其宋夏对峙时期作为重要的前沿军镇，在城池的修筑方面应该尽力体现其军事城防的特点。宋朝为加强镇戎军周边的防御，在镇戎军西南设立德顺军，北边设立怀德军。在固原这个地域空间里，设立3处军镇一级的大军区建制，在固原历史上是空前的。这种以镇戎军为中枢呈三足鼎立的军事城堡及其防御格局，体现了宋代镇戎军城防设施的地位及其重要的军事意义。

（二）康定元年局部性修筑

地方城池的修筑，正史里记载相对较少，尤其是一些局部性修筑的城池。对此，地方史志里的记载亦有遗漏。北宋镇戎军城池的修筑，除了曹玮筑城有所记载外，康定元年（1040）还有过一次修筑。

---

① 《嘉靖万历固原州志》卷1《城池》，宁夏人民出版社1985年版，第10页。
② 宋德金、张希清总纂：《中华文明史·辽宋夏金》，河北教育出版社1994年版，第411页。
③ 曾公亮、丁度：《武经总要前集》卷18。

固原古城

1981年，在固原城东门出土一块"康定铭文砖"①（图5-2），时间为康定元年（1040）。铭文砖记载，由名为"客司副行首李德琮"的人，"监修筑镇城东城壕，奉高太保指挥差到，在镇戎军直所伍拾余指挥军□□伍拾柒指挥□□□记李押"。碑文记载是"监修筑镇城东城壕"，属于局部性修缮。

图5-2 康定铭文砖

太保，是三公（太尉、司徒、司空或太师、太傅、太保）的总称。这种特殊的荣誉待遇，指向是宰相、亲王一类官阶的人群，多指开国元勋或累朝元老重臣。指挥，是宋代军队的编制单位。其上为厢军，其下为都，一都为一百里人，五都为一指挥，为下级军官。碑文里"奉高太保指挥差到"，说明本次"监修筑镇城东城壕"，一是由驻军完成，二是政令出于中央高层。"伍拾柒指挥"，是镇戎军的驻军编制序列。如果每指挥以500人计算，镇戎军驻军2万余人。这一时期宋夏关系紧张，驻军人数多，修筑镇戎军城是军事防御的需要。

虽然"铭文砖"记载的是"修筑镇城东城壕"，但还是涉及城墙的修筑。"城壕"或许为"城墙"之误。仅仅是修"城壕"的逻辑指

---

① 宁夏固原博物馆编：《固原历代碑刻选编》，宁夏人民出版社2010年版，第116页。

向不能成立。如果仅仅是修城壕,是不会由"太保"这一层级的官职来遣差的。所以,虽然是一次局部性修筑,城墙与城壕有必然联系。城墙也好,城壕也好,都是一次城墙与城壕的修筑。自然灾害、战乱等都会对城池造成损毁,在军事背景下,城墙的局部性修筑应该是常态。无论如何理解,这块"铭文砖"同样提供了修筑镇戎城的历史信息。

第二节 金代修筑镇戎州城

一 金朝镇戎州

北宋镇戎军,是金朝与西夏都在争夺的军事重镇。金朝后期,金、夏关系失和,双方军事冲突不断,镇戎军仍是重要的军事防御区。北宋绍兴元年(1131),镇戎军大部分地方为金朝所管辖,但政权建制并未因此而废弃,金朝仍着力经营镇戎军。金朝大定二十二年(1182),升镇戎军为镇戎州,管辖东山县、三川县,辖3堡8寨,隶属于陕西行省。金朝没有大规模修筑过镇戎州城,一是经营时间短暂,二是已处于风雨飘摇的末世,但作为"州"一级政权所在地,金朝充分利用了宋代修筑的镇戎军城。

金朝皇统二年(1142),升德顺军为德顺州,北边仍与西夏对峙。金朝统治固原60多年,其间采取了一系列恢复和发展农业生产的措施,着力弥补战争带来的损失,如大兴屯田以发展农业,置榷场以发展商贸经济等,粮食生产不但自给,而且还可外援。[①] 相对安定的社会环境,使镇戎州的社会经济得到了一定程度的发展,人口亦得到快速增加。金朝经营和修筑镇戎州城,也体现着镇戎州的经济实力。

二 修筑镇戎城

(一)修筑镇戎州城背景

金朝大定二年(1162)春,南宋兴元都统制姚仲遣副将赵诠、王

---

① 李华瑞:《论金朝经营陕西》,《甘肃社会科学》1992年第2期。

宁引兵攻镇戎军城。金朝镇戎军城驻军获得宋军攻城的信息后，"阖其城，收其吊桥，坚壁固守。诠等引兵断其贯绳，诸军毕登，神臂弓射其敌楼，更遣重兵分击。敌势不支，主簿赵士持，自言本皇族，与同知任诱先开门出降。获其知军振戈将军韩玨。定远大将军、同知渭州秦弼闻南师下镇戎，遂托疾不受金命，与其子进仪校尉嵩及其孥来归。宣抚司以弼知镇戎军。"① 南宋军队攻金镇戎军城，金朝守军不但没有坚持防御，而且地方官员先行打开城门，率家眷妻儿投降并接受南宋委任，出任镇戎军最高军事武官。一夜之间，镇戎军城头变换王朝的旗子，镇戎军变成了南宋的属地。

南宋占据镇戎军城后，金朝军队并没有放弃收复，不时由外加紧围攻镇戎军城。金大定三年春，南宋四川宣抚使吴璘（1102—1167）奉诏班师，金朝军队"乘其后，璘军损失者三万三千，部将数十人，连营痛哭，声振原野"②。南宋军队撤出的过程中损失惨重，镇戎军城再次回到金朝的手中。由金朝大定二年南宋攻镇戎州城看，至少提供了两大信息：一是镇戎军城修有护城河，河上有吊桥。二是金朝镇戎军城既有地方行政建制，也有驻军。这一时期镇戎军城的隶属，由于处在战争状态下，尚在南宋与金朝之间徘徊，直到金朝建立镇戎州。金朝修筑固原城，面临的正是这样一个背景。

（二）兴定三年地震碑与修筑镇戎城

金朝兴定三年（1219）六月，镇戎州发生大地震。次年四月，修筑镇戎州城。筑城过程中，将记载兴定三年筑城的地震碑记砖石筑于城墙中。二百年后，明代人修筑固原城时，碑文砖始见天日。

《金兴定三年地震碑记》碑文如下：

> 维大金兴定三年己卯六月十八日巳时，地动自西北而来，将镇戎城壁屋宇尽皆摧塌，黎民失散。至兴定四年四月二十一日兴工，差军民夫二万余人再行修筑，至五月十五日工毕。复旧有总

---

① 毕沅：《续资治通鉴》卷136，上海古籍出版社1992年版，第747—748页。
② 毕沅：《续资治通鉴》卷136，上海古籍出版社1992年版，第755页。

领都提控军马使、镇戎州太守监修。德政无私，军民皆伏，使西戎不敢侵犯。安居民复归本业，虽劳一时之众力，已成千古之基业，以表皇上之圣德。庚辰岁五月十五日勒石壁左（图5-3）。至大明嘉靖十年十一月朔日，信士蒲璋恐岁久磨灭，以石易砖，重拜，勒于壁右。①

图5-3 《金兴定三年地震碑记》碑局部

金朝兴定三年镇戎州大地震，《金史·五行志》里有记载。金宣宗兴定三年，"四月癸未，陕右黑风昼起，有声如雷，顷之地大震，平凉、镇戎、德顺尤甚，庐舍倾，压死者以万计，杂畜倍之"②。金代镇戎城地震砖铭文，只记载金兴定三年地震，"屋宇摧塌"，没有记载地震的程度和大量人员伤亡。《金史·五行志》记载，镇戎州城地震惨烈，人畜死伤惨重。正史记载与地方文献相结合，正好印证了

---

① 宁夏固原博物馆编：《固原历代碑刻选编》，宁夏人民出版社2010年版，第161页。
② 脱脱等：《金史》卷23《五行》，中华书局2001年版，第543页。

金朝兴定三年镇戎州城地震的时间和坍塌的程度，也为金朝修筑镇戎州城提供了确凿的文献记载与实物资料。

《金兴定三年地震碑记》砖，1986年出土于固原城东东岳山鲁班庙，现藏固原博物馆，国家一级文物，其保存完整，字迹清晰。这块地震碑，关乎金朝与明朝两个朝代。碑文里的"庚辰"，是金朝兴定四年（1220），为金朝立碑时间，碑记文字刻于砖上。明朝修筑城墙时，发现了这块刻在砖上的碑文。为传之久远，"以石易砖"，明代人将这一筑城的信息再刻在石头上。碑刻记载了两重信息：一是明代筑城时发现了金代兴定三年因地震而修筑镇戎州城的碑文后，明代人转刻了金代因地震而筑城的信息。二是传承了明代勒碑刻石原因。二百年后的明嘉靖十年（1531）十一月，发现这块砖刻碑文后，信士蒲璋担心金代砖刻碑文"岁久磨灭，以石易砖"，重新凿开了碑文内容，"勒于壁右"。这样，既留下了金代地震的珍贵史料，又记载了明代人"以石易砖""勒于壁右"原因，这块碑文，承载着两个朝代的筑城信息。

1979年，在固原又发现了明代人修筑城墙时留在城墙内的《重修镇戎城碑记》。明代《重修镇戎城碑记》的发现，再次确认了金代修缮镇戎州城的直接背景，是因为地震损毁城墙。修筑城墙的时间，是"兴定四年四月二十一日"；完工时间，当年"五月十五日"。金兴定四年，为1220年，当年四月二十一日修筑，五月十五日完工，中间筑城时间20余日。筑城用工"军民夫二万余人"，筑城的主要劳动力是镇戎州驻军。从用工时间和差遣人力看，修筑城墙的工程相对较大，也是固原筑城史上较为重要的一次。

总领，是宋代官名，即总领财赋或总领某路军马钱粮。说明金朝修筑镇戎城，费用可能是朝廷出资，筑城由分管泾原路都提控军马使与镇戎州太守负责修筑完成。

（三）《金史》里的镇戎州城

金朝统治镇戎州时间60年左右，但却记载了镇戎州城修筑的信息。《金史·石盏女鲁欢传》记载了金代修筑镇戎城的信息，与兴定三年镇戎城地震后筑城，在时间上是吻合的。石盏女鲁欢，本名十六。兴定三年（1219），以河南路统军使为元帅右都监，"行平凉元帅府事"。十一月，石盏女鲁欢给朝廷上言：

>镇戎赤沟川，东西四十里，地无险阻，当夏人往来之冲，比屡侵突，金兵常不得利。明年春，当城镇戎，彼必出兵来挠。乞于二三月间，征傍郡兵，声言防护，且令鄜、巩各屯兵境上示进伐之势，以掣其肘。臣领平凉之众，由镇戎而入，攻其心腹。彼自救之不暇，安能及我。如此则镇戎可城，而彼亦不敢来犯，又所在官军多河北、山西失业之人，其家属仰给县官，每患不足。镇戎土地肥沃，又且平衍，臣禆将所统几八千人，每以迁徙不常为病。若授以荒田，使耕且战，则可以御备一方，县官省费而食亦足矣。①

由《金史·石盏女鲁欢传》看，金代修筑镇戎州城，不仅是镇戎州自身因地震而修筑，而且关乎着防御西夏人的军事进攻。石盏女鲁欢给皇帝的奏折，皇帝完全允准。首先，"镇戎可城"，即修筑镇戎城朝廷也是认可的。其次，修筑镇戎城的时间在兴定四年，与出土的《重修镇戎城碑记》记载的筑城时间是吻合的。最后，通过修筑镇戎州城，又有近八千人的屯戍队伍进入镇戎州外围屯田。这些来自河北、山西的戍军，进一步增加了镇戎州城市人口，繁荣了镇戎州的城市文化。

三 《重修镇戎城碑记》

金兴定三年（1219）六月十八日，镇戎州（固原）发生过一次大地震。现在看到的与这次大地震相关的有两块碑，一是现藏于固原博物馆的《金兴定三年地震碑记》，1986年出土于固原城东清水河畔东岳山鲁班殿施工工地；二是收藏于固原博物馆的明朝景泰二年（1451）《重修镇戎城碑记》，此碑1979年出土于固原城城墙内。两

---

① 脱脱等：《金史》卷116《石盏女鲁欢传》，中华书局2011年版，第2542页。

块碑记载了同一件事，即金代兴定三年镇戎州大地震。不同的是，《金兴定三年地震碑记》，是金代人筑城时所留；《重修镇戎城碑记》，是明代人筑固原城时发现金代人的碑记，"重修"之后再以"碑记"形式筑入城墙之中。这一年，即明朝景泰二年（1451）。直到20世纪的1979年①，在固原城墙内出土《重修镇戎城碑记》，时间过去了528年。

《重修镇戎城碑记》碑文：

> 维□□□□□□初□日，忽有达贼入境，将各处人口杀死，掳去官私头畜，家产尽行抢掠不下万计，军民惊散，苦不胜言。有陕西苑马寺长乐监监正王，为因本处民无保障，申奏朝廷，敕镇守陕西兴安侯徐、左都御使陈、差委右布政使胡、按察司佥事韩、都指挥佥事荣、平凉府太守张、苑马寺寺丞党、平凉卫指挥马、甘，会同监正王，督集各所属官员、人匠、军民夫五千余人，于景泰二年七月二十二日兴工重行修补。掘出方砖一块，上刻大金兴定三年六月十八日巳时地动，将镇戎城屋宇摧塌。兴定四年四月二十一日，差军民夫二万余人兴工修筑，五月十五日工毕。既见古迹，可刻流传。景泰二年八月终工完。虽劳众力之艰辛，永为兆民之保障。
>
> 上愿：皇图巩固，德化万方。虏寇潜藏于沙漠，臣民康乐于华夷。国泰民安，时和岁稔。思王公惠民之心，德无酬报，刻斯为记，千古留名。
>
> 景泰二年岁次辛未九月初一日。
> 陕西苑马寺带管黑水口总甲刘彬、张纯刻。②

《重修镇戎城碑记》，是明代景泰二年修筑固原城时，在城墙内掘

---

① 宁夏固原博物馆编：《固原历史碑刻选编》，宁夏人民出版社2010年版，第140页。
② 地震铭文砖，1979年发现于固原县城关第二小学西边城墙下，现收藏于固原博物馆。宁夏地震局编：《地震历史资料汇编》，地震出版社1988年版，第8页。

得的"方砖一块",砖铭文记载金代兴定三年地震后,次年修筑镇戎州城的过程。碑文详细记载了地震毁坏镇戎州城墙的程度和修葺的过程,先后花去近一个月时间完工。1220年勒石记载筑城的经过,以砖刻碑文嵌于"壁左"。碑文没有记载镇戎州城的规模和形制,明确记载是"重新修补"。近一个月的工期,属于修缮性质的筑城。

《嘉靖固原州志·创建城隍庙碑记》载:金代固原城,"城围九里三分,有安边、镇夷二门城隍,建置模样厥出"。金代镇戎州城的形制和规模,实际上仍是宋代镇戎军城的基础和规模。明代景泰二年的这次筑城,将发现的金代修筑镇戎军城的信息,写在了《重修镇戎城碑记》里。"既见古迹,可刻流传。"这一传不仅把金代人筑城的信息记载传递给后人,而且将明朝景泰二年的筑城信息也记载传递给了后人。明代人为何将碑文写成《重修镇戎城碑记》?是因为史书记载清晰,城是北宋镇戎军曹玮所修筑,金代只是修缮,故用了"重修镇戎"的名字。明初仍用金代镇戎州的称谓,是因为景泰年间还没有固原的名字。

《重修镇戎城碑记》的文字,回避了"镇戎军"与"镇戎州"的称谓,以"镇戎城"表述,亦见砖文刻制者的高明之处。

第三节 元代镇戎州城

一 蒙古汗国时期

宋代绍兴元年(1131),镇戎军陷于金,不久金朝升镇戎军为州,元初仍为原州。至元十年(1273),皇子忙哥剌被封为安西王,分治秦蜀,于镇戎州城南的开远堡设置安西王府,固原政治中心南移,原州城就闲置了,直到明代重新修筑利用固原城。

蒙古汗国时期,成吉思汗驻跸六盘山下的开成[①]。成吉思汗时期实行的"殿帐制,未择地定都"。所以,一开始就放弃金朝镇戎州城,将行宫选在六盘山下的开成,这与草原游牧民族的生活习俗相关。六盘山下有大片的草地,有丘陵水系,可为蒙古铁骑提供基本的

---

① 《元史》《读史方舆纪要》皆为"开成",后为"开城"。

生存条件和草场环境。由此,元代固原的政治中枢移至开成,金代镇戎州城淡出历史视野,城池被冷落了近百年。

蒙古汗国是以武力征服中原的,对于经济和城市的破坏十分严重。明清固原地方志书里似乎没有记载成吉思汗与镇戎州城的故事,也没有发生攻城夺池这种较大的军事冲突,包括破坏和掠夺,镇戎州城也没有因为蒙古大军取代金朝而受到摧毁。

成吉思汗奠定六盘山腹地开成行宫的地位之后,他的继承者太宗窝阔台、宪宗蒙哥、世祖忽必烈都曾经营开成,尤其是元朝建立之后,忽必烈设立安西王府,分封三子忙哥剌为安西王,地方政权建制设立的路、府、州、县,取代了历代固原城集政治、经济、军事、文化为一体的地位。同时,安西王府大大地延伸了管辖范围,西南地区的一部分、西北地区、内蒙古的一部分皆在其管辖范围之内,类似于朝廷的派出机构,职权远在行省之上,是固原历史上规格最高、管辖范围最大的特殊的皇家建制。元代空前统一,中原与西域和欧洲的陆上商路畅通无阻,水陆交通亦相当发达。安西王府开成,地处古丝绸之路的通道上,包括四通八达的驿道网络,再加上安西王府的特殊使命,对当时政治、军事和经济发展起到了重要作用。

二 元朝建立之后

城池的首要功能,就是防御和保护城内居民的生命和财产安全,但元朝是一个例外。与历代不同的是,元代统治者来自草原,由草原到中原的军事防御与之前朝代有所不同。蒙古民族是马上民族,他们的生存空间需要水草兼备的地理环境。开成紧依六盘山下,这里地域广阔,水草丰茂,是较为理想的选择之地。此外,开成控扼北上西出的丝路大通道,适宜于蒙古铁骑运动。因此,元代近百年的军事、政治和文化活动都在开成进行,地方行政建制开成路、开成州、开成县,其政权建制皆在开成。

元朝初年,废除金朝镇戎州,复改名为原州。将金朝的东山、三川二县并入原州,政权建制在,尚能利用镇戎州故城。至元十年(1273),皇子安西王分治秦蜀,遂废弃原州,赐京兆封地,驻兵六盘山下，在开远堡置开成府路，设立安西王府，统辖秦蜀等大片领地，负责统一南宋的战事。这一年，调整原州行政区划，改原州为开成路，放弃旧镇戎州城。安西王府的设置，在当时有其特殊的背景和重要的地位。它集政治、军事、经济、文化于一体，在固原地方政权建制史上空前绝后。它的王城建筑规制，宫室建筑体现的是皇家气派。兴盛时期的安西王府，实际上是一个小朝廷。近年考古发掘，出土大量皇家宫室建筑材料，皆为琉璃砖瓦，龙纹鎏金，包括各类造型神态逼真的龙首台沿青石构件等，从建筑意义上印证了安西王府曾经的辉煌。元代著名学者姚燧（1238—1313）笔下的《延厘寺碑》碑文，详尽记载和描述了他与安西王府的关系，包括安西王府延厘寺建筑的规模及其华丽程度。[①]

安西王府和安西王宫城，从它的修建到衰落，前后不足半个世纪。大德十年（1306）八月，开成大地震，王宫及官民庐舍皆坍塌，仅王宫内就压死故秦王妃（忙哥剌之妃）等五千余人[②]，可见王宫及安西王府规模之大。随后，安西王阿难答因参与争夺皇权的斗争失败而被杀，天灾人祸接踵而来。安西王宫城修建来得迅猛，衰落亦十分凄惨。自至元十年（1273）行政建制迁出镇戎州城，直到明代正统十年（1445），在镇戎州城设巡检司，百余年时间镇戎州城闲置而荒芜。

元代放弃镇戎州城而另选新的政治中心，除了以上所叙述的政治背景外，与统治者的治国理念有关。元世祖忽必烈统一天下，曾下令"凡诸郡之有城郭，皆撤而去之，以示天下为公之义"[③]。马上民族取得天下，自然没有北方游牧民族的侵扰，不存在凭借城池防御的问题。因此，许多城池被拆毁，城市的防御屏障消失了。既有的城池都要拆毁，遑论修筑新的城池。元末农民起义爆发之后，地方官员和豪强大族纷纷要求筑城自保，才兴起了筑城的热潮。元末，固原成为元朝统治势力与农民起义相互攻伐的地区，战乱打破了正常的秩序，政

---

① 姚燧：《牧庵集》卷10《延厘寺碑》，人民文学出版社2011年版，第145—147页。
② 宋濂等：《元史》卷21《成宗纪四》，中华书局1987年版，第471页。
③ 俞希鲁：《至顺镇江志》卷2《地理·城池》，江苏古籍出版社1990年版。

治中心仍在开成。在来不及修筑城池的时空中,元朝军事实力已败北于朱元璋的军队。

安西王府,已列为全国重点文物保护单位。近年,文物考古工作者对安西王府遗址进行考古发掘,出土了大量重要的文物,在不断印证着安西王府的历史地位及其影响力。元朝统治者重视都城与王府建设,但禁止天下修建城池,目的是防备其他民族的反抗。因此,元代的固原城垣是一个冷落状态,就是源于这段特殊的背景。追溯安西王府、开成路、开成府的设置与废弃,主要是为了厘清元代固原城的来龙去脉。

第六章　明代砖石包砌城墙

明代政府主导了城市化的进程。地方府、州、县各级政权建制都依托着相应的城市，是城市体系中最清晰的指标。明代全国设有190个州，固原州是其中之一，固原城也成为州治所依托的城市。此外，固原镇、固原卫、陕西三边总督府也依托着固原城池。砖包城墙出现以前，中国北方的很多城墙是由夯土修筑而成。明代砖包城墙的修筑，有其特殊的历史背景。"城墙作为一个整体，还是出色地抵御了岁月的侵蚀和战争的蹂躏。"① 这是明代沿边军事城池的主要功能。

传世的固原最早地方志书，是《嘉靖固原州志》。明代以前固原城的修筑，地方志书记载较少，散见于正史。明代，在固原历史上是一个特殊的时期，军政建制层级高，陕西三边总督驻节固原，陕西巡抚适时驻节固原，设有固原镇、固原州。明代，是固原城墙修筑次数最多的朝代，也是固原城砖包最后定型的朝代，城墙修筑雄伟壮阔，是明代国家层面上的名城。现在，固原城墙原汁原味地保存着其中的一小部分，但它仍彰显着当年的雄姿，仍传承着固原城的城市文脉，是固原城两千年历史传承的重要文化遗产，也是国家级重点文物保护单位。

城市的建筑与布局，包括各类人群的民俗文化生活，是一个小社会。城市建筑与布局，除政府衙门之外，主要是集市、酒家、客栈、作坊等；文化建设方面，有书院、私塾、寺庙建筑等，包括分布于城

---

① ［瑞典］喜仁龙：《北京的城墙与城门》，邓可译，北京联合出版公司2017年版，"序"第2页。

市边缘的家园和耕地。在军事方面，则是城墙、护城河、瓮城等组成的防御体系。现在，仍能看得见、摸得着的明代固原城的物质文化遗存，除砖包城墙遗址、须弥山石窟藏传佛教文化碑刻遗存等之外，地方文献就是《嘉靖固原州志》《万历固原州志》。此外，《明实录》中关于固原历史文化的记载，60余位驻固原陕西三边总督，如杨一清、石茂华、王琼等人文集里，都有描写固原城的大量诗文，从不同时代、不同视角对固原城的雄伟壮阔与军事地位，作了历史与文学层面上的书写和描述，留下了一笔丰厚的文化遗产。

第一节　景泰二年筑城

一　筑城背景

明朝建国初期，固原的政治中心开成县治仍在开成，沿袭元代开成、广安二州建制。洪武二年（1369），二州罢废，开成州降为开成县，隶属于平凉府。明朝景泰初年，蒙古瓦剌也先部不断进犯固原，百姓不时遭到杀害，官方和民间所饲养的牲畜经常被掳掠，"军民惊散，苦不胜言"，遂有申报朝廷修筑固原城的动因。成化三年（1467），开成县被攻破，"知县于达、教谕汤敏死之，因徙县治于固原"①。这是徙开成县治于固原城的直接原因。成化三年是一个转折，自开成县治迁回固原古城，拉开了明代修筑固原城的序幕。

景泰元年（1450），"筑陕西开成县城，以其临边也"②。从景泰元年筑开成县城看，开成县在短期内并没有考虑迁徙，但明朝北方军事形势变化很快，北方游牧民族的不断军事侵扰及地方动乱，最终还是将开成县治迁回固原城。正统十年（1445），将巡检司迁回原州城。之后，固原仍不断遭到蒙古瓦剌等部的侵扰。明景泰二年（1451），陕西苑马寺长乐监监正上奏朝廷请修筑固原故城，得到朝

---

① 《嘉靖万历固原州志》卷1《创建州治》，宁夏人民出版社1985年版，第8页。
② 《明代宗实录》卷195，景泰元年八月戊寅，台湾"中研院"历史语言研究所影印校勘本，第4116页。

廷准允。"五月乙巳，城固原。"①《明史》明确记载景泰二年"五月乙巳"修筑固原城，但史料记载修筑城池的时间并不完全一致。

二 筑城时间

《明英宗实录》记载，平凉知府张镛上奏朝廷，说开成县"地土广阔，素无城池，乞修胡芦峡口城拨军守御"。兵部移文陕西"三司"咨询，回复称："葫芦峡口不系要害。其开成以北四十里固原州废城修筑置戍，足以护卫生民，折冲房寇。"遂有景泰皇帝修筑固原城的圣旨，"命修陕西平凉府固原州废城，调西安等卫官军戍之"。②1979年，在固原城墙内出土了《重修镇戎城碑记》。碑文如下：

> 维□□□□□□初□日，忽有达贼入境，将各处人口杀死，掳去官私头畜，家财尽行抢掠不下万计，军民惊散，苦不胜言。有陕西苑马寺长乐监监正王，为因本处民无保障，申奏朝廷，敕镇守陕西兴安侯徐、左都御使陈、差委右布政使胡、按察司佥事韩、都指挥佥事荣、平凉府太守张、苑马寺寺丞党、平凉卫指挥马、甘，会同监正王，都集各所属官员、人匠、军民夫五千余人，于景泰二年七月二十二日兴工重行修补。掘出方砖一块，上刻大金兴定三年六月十八日巳时地动，将镇戎城屋宇摧塌。兴定四年四月二十一日，差军民夫二万余人兴工修筑，五月十五日工毕，既见古迹，可刻流传。景泰二年八月终完工。虽劳众之力艰辛，永为兆民之保障。
>
> 上愿：皇图巩固，德化万方，虏寇潜藏于沙漠，臣民康乐于华夷。国泰民安，时和岁稔。思王公惠民之心，德无酬报，刻斯为记，千古留名。

---

① 张廷玉等：《明史》卷11，中华书局1987年版，第145页。
② 《明代宗实录》卷204，景泰二年五月，台湾"中研院"历史语言研究所影印校勘本，第4359—4360页。

景泰二年岁次辛未九月初一日。
陕西苑马寺带管黑水口总甲刘彬　张纯刻。①

　　碑文记载了当时固原因地震城墙倒塌，加上蒙古军队南下劫掠，给固原城军民造成严重灾难。因此，地方官员上疏朝廷请求重修固原城城墙。朝廷准允后，重新修补筑城，于景泰二年（1451）七月二十二日兴工，八月终修筑完成，九月初一日立碑。当年动工重修，当年修筑完工。

　　明代方孔炤《全边记略·大明师中表》里记载，景泰二年"命修固原州废城"②。可见，《重修镇戎城碑记》里记载的筑城时间，与《明史》《全边记略·大明师中表》记载的时间大体是一致的（图6-1）。根据相关文献资料及1979年固原城墙出土的《重修镇戎城碑记》记载，固原城修筑于明代景泰二年，准确的时间在明景泰二年七月至八月。五月乙巳（1451年6月6日），应该是朝廷批准同意修筑固原城的时间。景泰"二年五月，命修陕西平凉府固原州废城，调西安等卫官军戍之"③。即指朝廷批准修筑固原城时间。

　　《嘉靖固原州志·创建州治》记载，"景泰元年，始筑固原城"。《嘉靖固原州志·城池》记载，"景泰三年，苑马寺奏修固原城"。景泰元年筑城说、景泰三年筑城说，皆出自《嘉靖固原州志》。同一部志书，两种说法，足见其抵牾之处，景泰三年说显然有误。应该是景泰二年修筑固原城，景泰三年置固原守御千户所。《重修镇戎城碑记》记载的重修镇戎城的时间是可信的。《嘉靖固原州志·创建城隍庙碑记》载：金代固原城，"城围九里三分"。明代景泰二年修筑的固原城，仍是金代镇戎州城的规模。

---

①　宁夏固原博物馆编：《固原历代碑刻选编·重修镇戎城碑记》，宁夏人民出版社2010年版，第140页。

②　方孔炤：《全边记略》，《明代蒙古汉籍史料汇编》第3辑，内蒙古大学出版社2006年版，第490页。

③　徐日久：《五边典则》卷11，《明代蒙古汉籍史料汇编》第5辑，内蒙古大学出版社2009年版，第362页。

第六章 明代砖石包砌城墙

图6-1 明代《重修镇戎城碑记》

《重修镇戎城碑记》记载重修固原城的过程具体清晰。修筑固原城的背景、负责管理的各级官吏、修筑城墙的军民人数及工匠等，一一记录在碑文当中。当时修筑固原城是一件大事，《明史》里有专门记载，《明实录》里也有记载。修筑时间都在景泰二年，但《明史》记载"五月乙巳，城固原"；《重修镇戎城碑记》记载是"景泰二年七月二十二日兴工重行修补……景泰二年八月终工完"。筑城年代无误，月份时间有差异。"五月乙巳"，应该是朝廷核准的筑城时间。总体上看，《明史》记载修筑固原城的时间，与《重修镇戎城碑记》记载的时间是一致的。同时，明确记载，此次"城固原"是"重新修补"性质。文献与实物共同揭示了明代修筑固原城的历史。

第二节 固原得名与军政建制

一 固原得名

唐代，是固原历史上最辉煌的时期之一。安史之乱后，吐蕃占据固原达80余年。其间，原州州治内迁。起初，原州城并没有引起吐蕃人的重视，一度成为废弃之城。唐贞元三年（787）以后，吐蕃人改变了之前放弃原州城的想法，重新占据原州城。

数百年之后，在明代人的眼里，原州城就是"故原州"城。"唐贞元三年冬十月，吐蕃城故原州而屯之，故原之名始此，今名固原，音同而字不同也。"①《读史方舆纪要》记载：固本作"故"，时以此城为故原州城，讳"故"为"固"，后遂以名州。② 可见，固原的得名是在"故原州"城读音基础上的延伸，因讳"故"而改为"固"，便有了"固原"的名字。《嘉靖万历固原州志》也是同样记载："贞元初，吐蕃遂城故原州而屯之。大中三年，始归有司。""故原州"成了"固原州"。

二 筑城防御

明代修筑固原城之后的第二年，即景泰三年（1452），为加强固原城防御，调平凉、西安等卫官军驻守固原城，名为固原守御千户所。明成化初年，固原相继发生了两件大事。一是蒙古毛里孩部不断进犯固原，于成化三年（1467）攻破开成县，"寇破开成，因徙县于固原"③。二是成化四年（1468）六月，"开成满俊反"④，朝野震惊。开成县固原里蒙元后裔满俊暴动，人数多，声势大，持续时间长。满俊暴动被平息后，朝廷重新考虑固原地方政权建制与军事机构布防。先升固原守御千户所为固原卫，驻防固原城，增加驻军人数。成化六年（1470），都御史马文升奏准朝廷设立陕西按察司佥事一员，设立固原兵备道。成化十七年（1481），设三边总制府于固原城，统领延绥、宁夏、甘肃诸镇兵马，总制陕西三边军务。"弘治十四年（1501），设固原镇。"⑤ 至此，固原军事布防层级设置趋于系统化。此前，固原为内地，防御的主要是靖虏（今甘肃靖远县）一路。当蒙古火筛部入据河套之后，防御形势发生了变化，固原"遂为敌

---

① 《嘉靖万历固原州志》卷1，宁夏人民出版社1985年版，第9页。
② 顾祖禹：《读史方舆纪要》，中华书局2010年版，第2802页。
③ 顾祖禹：《读史方舆纪要》卷58《固原州·开成废县》，中华书局2010年版。
④ 张廷玉等：《明史》，《宪宗一》，中华书局1978年版，第165页。
⑤ 张廷玉等：《明史》卷91《兵三》，中华书局1987年版，第2238页。

冲"。升开成县为固原州，地方政权建制由"县"而"州"。

景泰三年（1452），镇守陕西刑部右侍郎耿九畴上奏朝廷，"固原州古城地通北虏，最为要冲，所摘平凉卫一所官军于彼守御"①，遂调平凉卫所官军立固原守御千户所。在明代人的眼中，固原是"其边自宁夏中卫而西、而北、而南，宛转三千六百余里，盖分陕之适中，控制之上游……伟哉，山河之固，经制之备已"②的地方。由于其特殊的军事地理位置，固原军政建制不断提升。

三 军政建制

景泰二年，修筑固原州旧城后，调西安等卫官军戍守。③同时，固原城州县衙门、军政机构等建制陆续设立。景泰三年（1452）闰九月，设守御千户所，开成县迁回固原城。满俊暴动的影响，迫使明朝政府重新考虑固原的军事布防问题。成化五年（1469），"升陕西固原千户所为卫"④。固原设卫之后，于成化七年（1471）七月，徙固原巡检司于开成⑤。弘治十五年（1502），升开成县为固原州。隶属于平凉府，治所在今固原市原州区，固原地方政权与军事建制并存。固原州衙署与固原卫同在固原州城，陕西三边总督府也设在固原州城。固原州，是"控制西垂，实为要地"⑥之所在（图6-2）。

固原镇，前身为陕西镇，驻防西安，弘治时期移驻固原。早在成化九年（1473），朝中已有人建议设置固原总兵，但被搁置。弘治十四年（1501），因火筛入据河套，固原"遂成为敌冲"。弘治十五年

---

① 《明代宗实录》卷221，景泰三年闰九月癸未，台湾"中研院"历史语言研究所影印校勘本，第4792页。
② 方孔炤：《全边略记》，《明代汉籍蒙古史料汇编》第3辑，内蒙古大学出版社2006年版，第133页。
③ 《明代宗实录》卷204，景泰二年五月乙巳，台湾"中研院"历史语言研究所影印校勘本，第4359—4360页。
④ 《明宪宗实录》卷72，成化五年十月丙子。
⑤ 《明宪宗实录》卷93，成化七年七月丙子，台湾"中研院"历史语言研究所影印校勘本，1781—1782页。
⑥ 《大明一统志》卷35《平凉府》，三秦出版社1990年版。

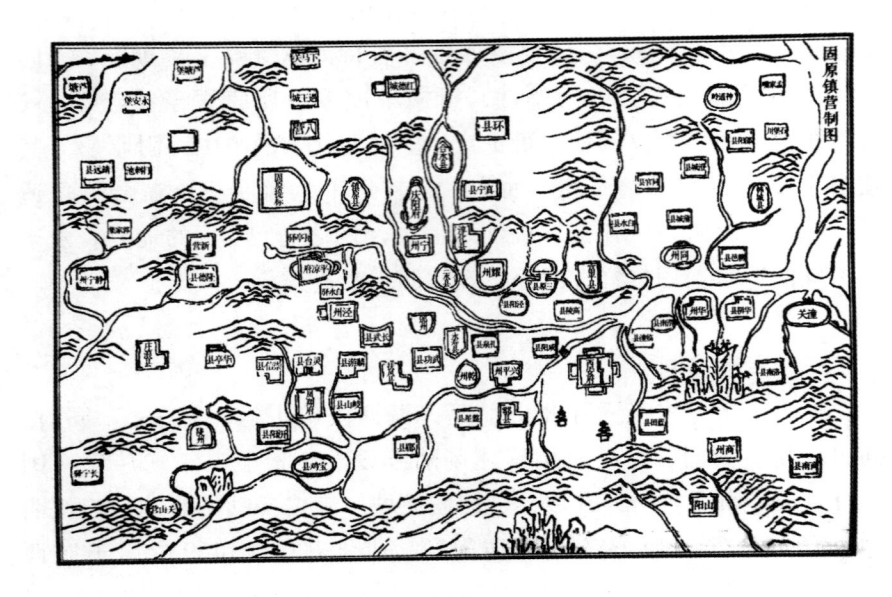

图 6-2　固原镇营制图（选自《乾隆甘肃通志》）

（1502）六月，刑科给事中杨褫建议"以固原自为一镇"①，要秦纮筹措处置。第二年，朝廷任秦纮为户部尚书兼右副都御史，总制陕西三边军务。秦纮到固原实地考察后，就固原设镇一事上疏朝廷。一面条陈设固原镇之理由，一面"增而展之"，修筑固原城。"拓治城郭，招徕商贾，建改为州。"② 秦纮任上，再度拓展和修筑固原城。

弘治十七年（1504）十一月，蒙古兵锋南下入侵不断加剧，镇守陕西武安侯郑英虽"驰往固原督守备等官整兵防守"③，但因郑英"怯懦"而用兵不力，被朝廷罢职解回。背景是源于时督理陕西马政、巡抚陕西都御史杨一清的一纸奏折："镇守陕西武安侯郑英怯懦

---

① 《明孝宗实录》卷188，弘治十五年六月丙午，台湾"中研院"历史语言研究所影印校勘本，第3465页。
② 张廷玉等：《明史》卷178，中华书局1987年版，第165页。
③ 《明孝宗实录》卷218，弘治十七年十一月辛卯，台湾"中研院"历史语言研究所影印校勘本，第4098页。

失事，取回，荐举都督曹雄镇守，移驻固原。"① 在此之前，有战事时陕西镇守总兵官驻防固原，无战事时即在省城西安。杨一清参奏总兵郑英后，朝廷遂"令其常在固原驻劄，抚安军士，防守地方，不许仍往省城，复蹈前辙"。② 曹雄取代郑英镇守陕西，但必须"专在固原防守"③。《明史·职官五》记载："镇守陕西总兵官一人，旧住会城，后移驻固原。"④ 实际上，弘治十四年（1501），已经设立固原镇，但镇总兵驻节地仍在西安，明朝官方文献里有时还称"陕西总兵官""陕西镇"。弘治十八年（1505），陕西镇总兵移驻固原，始称固原镇，遂添设了副总兵。《明史》记载，固原镇"隶以四卫"⑤，即管辖固原、靖远、甘州、兰州四卫，管辖地域广阔。明代人张雨《边政考》里记载，固原镇一度统辖六卫，即固原、兰州、靖虏、洮州、岷州、河州。万历二十年（1592），原属于固原镇的临洮卫，升格为临洮镇，"专制西陲半壁"⑥。临洮卫从固原镇分离出去，但临洮镇仍属陕西三边总督所辖。固原军政机构增设与规格层级的提升，对固原城修筑规模与格局提出新的要求。

第三节　成化弘治年筑固原城

元朝统治者退出元大都（北京）之后，其军事实力并未受到重创，对明朝的北部边境防御构成极大威胁。明朝建国后，农业、手工业、商业发展较快，城市建设呈现繁荣之势。为了防御蒙古兵锋的不断侵扰，北方沿边城市兴起大规模筑城的高潮，除动用大量人力物力修筑长城外，不少城池普遍修筑和加固城垣，有些城墙用砖石包砌，以防御新型火炮技术之攻城，城墙防御能力有了全新的提升。北方沿

---

① 《嘉靖万历固原州志》卷1《文武衙门》，宁夏人民出版社1985年版，第33页。
② 《杨一清集》卷4《巡抚类》，中华书局2001年版，第147页。
③ 《明孝宗实录》卷6，弘治十八年十月乙卯，第191页。
④ 张廷玉等：《明史》卷76《职官五》，中华书局1987年版，第1869页。
⑤ 张廷玉等：《明史》卷91《兵三》，中华书局1987年版，第2238页。
⑥ 茅元仪：《武备志》卷208《明代蒙古汉籍史料汇编》第2辑，内蒙古大学出版社2006年版，第542页。

边九大军镇的建立，镇城均由砖石包砌，城防大为加强。

作为明朝北部九大军事重镇之一的固原镇，陕西三边总督驻节固原，承担着特殊的历史使命。固原州城的修筑，包括它的发展和演变，是明代西北边备的一个缩影。由固原得名，到固原州、固原卫、固原镇、陕西固原三边总督等军政机构相继设立，明代固原的政权建制与政治格局形成，固原州城亦经历过多次修筑，筑城规模与形制先后都不一样。由景泰二年筑城到万历年间固原城墙砖包定型，其间主要有过四次筑城经历。

一　成化五年杨冕筑城

固原故城的修筑，源于北元蒙古兵锋的不断南下侵扰。明代成化三年（1467），蒙古兵锋攻陷开成县，杀死知县和教谕，朝廷遂将县治北迁于固原城。原驻于固原城的巡检司迁往开成。

《嘉靖万历固原州志》记载，成化五年，兵备佥事杨冕整饬固原兵备，"增筑固原城，建楼铺城门二：南曰镇夷，东曰安边"[1]。《陕西通志》亦记载，"成化五年，都御史马文升檄按察司佥事杨冕等增筑新城"[2]。旧制城池周围九里三分，高阔各三丈五尺。城门有二，南曰镇夷，东曰安边。增筑部分没有详细载记。"新筑"固原城所指似乎不大清晰，主要在安边、镇夷二城门与楼铺的修建方面。古代城墙上建有谯楼，用以瞭望和守城之用。由安边、镇夷二城门看，杨冕主持修筑的固原城，其城池规模仍沿袭景泰二年修筑的形制，没有拓展，城周围九里三分，高阔各三丈五尺，城门的方位与城楼的建筑设施等记载相对详尽。总体看，仍是对旧城的"重新修补"，包括楼铺的修建。

二　弘治年间秦纮筑城

明代成化年（1465—1487）以后，北方边境军事冲突加剧。固原

---

[1]《嘉靖万历固原州志》卷1《城池》，宁夏人民出版社1985年版，第10页。
[2] 嘉靖《陕西通志》卷8，三秦出版社2006年版，第346页。

镇所在的军事防御也逐渐发生变化，不时受到蒙古兵锋的侵扰。固原镇之设立，固原陕西三边总督之设置，都是这种军事背景变化的体现。固原城以北长壕大堑，虽有长城东西相连，成襟带之固，但防御任务极为艰巨。成化四年满俊暴动后，固原的军事防御形势陡然发生变化。成化五年，朝廷接受守臣建议，设固原卫，弘治十五年复设州，建立兵备道，以朝廷命官按察司副使统领。成化十年（1474），兵部议陕西宜设重臣专任固原，统领陕西三边（延绥、宁夏、甘州）兵力，总揽西北战局。

秦纮（1426—1505），山东单县人。弘治十五年（1502），以户部尚书身份出任固原陕西三边总督，他在给朝廷的奏折里说："臣见固原火烟萧条，城池湫隘，于是增筑城郭，又以小盐池盐立为定价，卖之固原，不匝月，商旅日集，官征其直，岁可得银四五万两。"[1]秦纮主持陕西三边军事的同时，他做了两件大事：一是将盐商引进固原，发展地方经济，用赚到的钱发展儒学教育。二是大规模修筑固原城。弘治十五年，秦纮主持筑城，"增筑外关城。周围二十里，设关门四，外为沟池，深阔各二丈。复开城西一门，曰威远"[2]。与金代九里三分的镇戎州城相比，城池扩大一倍有余。修筑外关城的背景，是设立固原陕西三边总督，增兵添戍，军事层级大为提升，城池的规模与陕西三边总督的设立相适应。

秦纮主持修筑外关城，是在旧城之外套筑了一个城池。在形制上，内城与外城相拥，构成了一个"回"字形城。陕西三边总督的设立，军事建制格局的提升，驻防军队人数的增加，都需要相应防御设施的拓展。《嘉靖万历固原州志·建制志》记载详尽，已将杨冕成化五年修筑的城称为内城，弘治十五年秦纮修筑的城称为外城。外城四门，依次为东安边、南镇秦、西威远、北靖朔。[3] 外关城基本上奠定了固原城的大致格局和形制。

---

[1] 徐日久：《五边典则》，《明代蒙古汉籍史料汇编》第5辑，内蒙古大学出版社2009年版，第494页。

[2] 《嘉靖万历固原州志》卷1《城池》，宁夏人民出版社1985年版，第10页。

[3] 《嘉靖万历固原州志》上卷《建制志》，宁夏人民出版社1985年版，第139页。

盐引，是明代特殊的商品，是国家专控之物，利润丰厚。《嘉靖万历固原州志》详尽地记载了当时固原盐引管理机构及其营销。三边总督秦纮不但主持修筑了固原外城，而且奏设固原盐引批验所，盐引进入固原城，商人跟进，"不匝月，商旅日集"。由于固原盐引批验所承载进出盐引之数量大，接待往来盐引批验所的商人多，盐引贸易带动并促进了地方经济文化的融合发展。固原盐引批验所的设立，为陕西四镇军用马匹的交易、军粮的交易储运创造了极为有利的条件，同时促进和繁荣了固原的经济和商贸文化。

《嘉靖万历固原州志》记载，秦纮修筑的固原城之外关城，周长二十里，筑城规模很大，但却没有记载相关信息，如筑城费用从哪里来，筑城用工主要由哪些人来承担，何时开工，何时竣工，由何人来具体监督负责等。只是在"城池"一节里，作了"增筑外关城，周围二十里，设关门四，外为沟池，深阔各二丈。复开城西一门，曰威远"这样的记载。《万历固原州志》中关于固原城的记载，基本上是《嘉靖固原州志》记载的复述。

三　万历初年石茂华筑城

明代万历年间固原城池的修筑，既不同于成化时期杨冕主持修筑的城池，也不同于弘治时期秦纮主持修筑的固原外关城，更不同于景泰二年修补式的筑城，理念不一样，手法不一样，所用材料更不一样。万历时期固原城的修筑，是土胎外城墙砖石包砌，由固原陕西三边总督石茂华主持修筑。他在给朝廷的奏折[①]里，呈报了精细的砖包城所花费的各种用料、人工费用，包括饮食等各项预算，规划了固原城墙砖石包砌的详尽实施方案（图6-3）。明代固原城修筑的顶峰时期，是万历时期修筑的固原砖包城，砖包城池预算的精准、工艺的精湛、施工的质量等都达到了一个绝对的高度；城池雄伟与险峻，真正成就了北方的名城重镇。

[①] 石茂华：《毅庵总督陕西奏议》卷2，国家图书馆出版社2018年版，第136页。

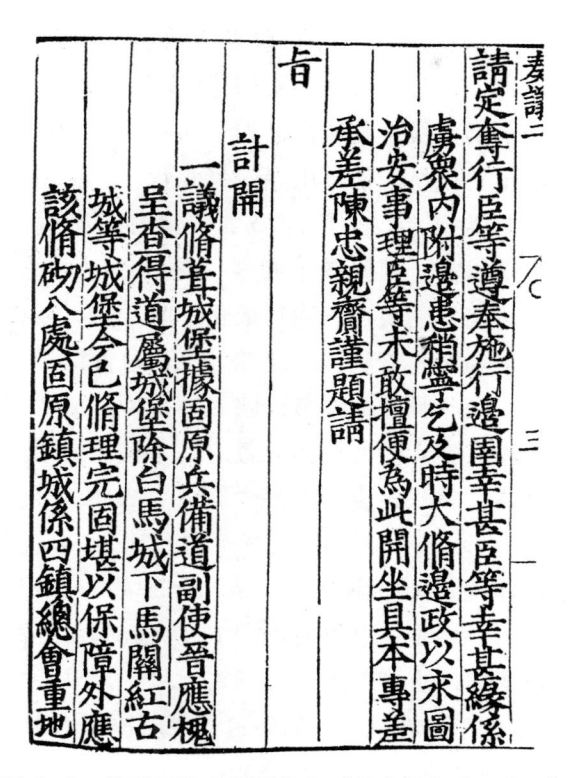

图 6-3 陕西三边总督石茂华《毅庵总督陕西奏议》

（一）砖石包墙

《宣统固原州志·舆地志》载：陕西三边总督石茂华"以土筑不能垂远，乃甃以砖"。实际上，不仅是"以土筑不能垂远"，时势的要求也是当时实施砖包城的必然。在明朝正统以前，尚未正式以砖包甃城墙，砖石尚未被用于修筑城墙。

城墙砖包，在明代是一个节点。明朝为了北部沿边的军事防御和边塞要地的战略安全，采纳休宁人朱升"高筑墙，广积粮，缓称王"的建议，不仅仅对都城和重要防御城池修筑十分坚固，而且大多用砖石包砌。同时，火器技术的提升，也要求城池修筑在传统土筑的基础上有新的改进，新的建筑材料——砖石广泛运用于城墙的包砌。不仅南京、北京的城墙用砖包砌，长城用砖包砌，一部分沿边的军事地理位置重要的州、县的城垣也用砖石包砌。① 固原城墙得以砖石包砌，是在明代万历时期，也是当时军事防御背景的产物。宁夏镇城，地处防御蒙古兵锋南下的一线，其城池已先于固原城而砖包。宁夏镇黄河以东长城沿线的重要城堡，如红山堡、兴武营、安定堡等这些临边的军事防御城堡，皆为砖包城。固原城墙砖包时间滞后，出于两重原因。一是明代中期以前，固原属于腹地，是陕西三边总督驻节之地，尚未成为蒙古兵锋南下的要冲。明代成化年间开始，防御形势发生了变化。二是固原城为军政首脑驻节之地，不仅仅固原镇总兵、陕西三边总督驻节这里，每年秋防的季节，陕西巡抚也移驻固原城。这里需要一种威严的军事存在，陕西三边总督府是掌控西北沿边军事防御的指挥中枢，控扼着蒙古兵锋南下的多个通道。故此，这里同样需要安全防御。

固原城最能体现其雄伟险峻、固若金汤的城池建筑样式，是在万历初年石茂华出任陕西三边总督时期的砖包城墙之后。万历三年（1575），"石公茂华，始甃以砖，高三丈六尺，周凡十三里七分，遂称雄镇"②。至此，一座规模宏大的砖包城雄踞原州大地。

（二）奏折里的砖包城

石茂华《毅庵总督陕西奏议》里，有给朝廷进呈的关于修筑固原砖包城的专章奏折（以下简称"奏议"），文字长达1200字左右，是时任固原陕西三边总督石茂华上奏朝廷修筑固原州城砖石包砌城墙的完整折子。

固原城实施砖石包砌，石茂华作了大量实地考察。他认为"固镇地方土性委绵，筑墙颇坚，臣等再三体访，咸谓城垣以土筑为便"。他为何提出固原城要砖石包砌，因为"固原镇城系四镇总会重地，兵马经屯要区，城垣外面应用砖石包砌"③。固原城实施砖石包砌工程耗资巨大，石茂华"奏议"中有十分详尽的说明，包括整个工程概

---

① 《中华文明史·明代卷》，河北教育出版社1994年版，第279页。
② 《嘉靖万历固原州志》上卷《建置志》，宁夏人民出版社1985年版，第139页。
③ 石茂华：《毅庵总督陕西奏议》卷2，国家图书馆出版社2018年版，第136页。

算。这是固原砖包城修筑的蓝本。石茂华《毅庵总督陕西奏议》卷2里，留下了十分珍贵而详尽的文献资料：

　　据固原兵备道副使晋应槐呈，查得道属城堡除白马城、下马关、红古城堡今已修理完固，堪以保障外……固原镇城系四镇（延绥、宁夏、甘肃、固原）总会重地，兵马经屯要区，城垣外面应用砖石包砌。总计周围并敌台瓮城长一十三里七分，共二千四百六十六丈，高三丈，女墙高六尺。根基砌用石条五层，每条阔一尺五寸，厚六寸，入土二层，明露三层，入里四行，墙内钉石五千丈，共用石条五万四千三百二十丈。从石至顶砖砌二丈八尺，每砖一个长一尺二寸，阔六寸，厚二寸五分，该砖一百一十二层，下截入里七行，约二十八层；中截以上入里六行，约二十八层，五行约二十八层，四行约二十八层。收顶，每丈用砖五千一百二十六个，及平墁、女墙、水道等项约用砖一百二十万，通共用砖一千三百八十四万七百一十六个。其石条于离城七十里地名扯木硖采打，每一丈该工价银二分，共该银一千八十六两四钱；每一丈二尺该载运脚价银五分，共银二千二百六十三两三钱五分。烧造砖坯用匠二十名，就在本城四面立窑。每匠一名每日提调军夫三十名，做坯每军一名日做一百个，计用军六百名，每日共做坯六万个。每军日给盐菜银五釐（厘），匠作日给口粮盐菜银二分三釐（厘），每日夫匠该银三两四钱六分，每砖一万该用口粮盐菜银五钱七分六釐（厘）六毫计，该二百三十一日共用银七百九十八两五分六釐（厘）。每烧砖一万用炭二百石，共用炭二十七万六千八百一十四石三升，于离城八十里地名石炭沟取运。每二石五斗该载运脚价银六分，共银六千六百四十三两五钱六分。计砖一万，通前口粮盐菜载炭脚价银五两三钱七分六釐六毫，共该银七千四百四十一两六钱一分六釐（厘）。每砖石一丈用灰一斗三升，大约入里层数、女墙水道等项共用灰一十万石，亦于石炭沟取石烧灰。用灰匠二十名，每名日给口粮盐菜银二分三釐（厘），军夫二百名每名日给盐菜银五釐（厘），约用银四百两。每灰三石该载运脚价银六分，共该银一千九百九十九两九钱八分。包砌每六十丈作一工，每工用泥匠二十名，每名日给口粮盐菜银二分三釐（厘），计该四十一工，大约每工半月可完，共该银二百八十二两九钱。一齐起二工，以次修砌，中间阴晴寒暖难以预料，通计三年可完。

  供用人夫于本城，不论士夫军民，一体轮派，不给工食口粮及应用杙架、麻绳、做砖木模、筛、桶、锹、镢，犒劳米肉，临时设处。通计砖石灰炭工价、脚价、口粮盐菜等项共用银一万三千四百七十四两二钱四分六釐（厘），查得固原州仓见贮陕西布政司解到修城银一千八百八十三两六钱七分，修城还官银二百一十五两八分，固原州库贮西安等府解到民壮银五千九百三十两七钱，修盖营房余剩银二千七百六十两二钱八分，通共一万七百八十九两七钱三分，堪以动用，尚少银二千六百八十四两五钱一分六釐（厘）无从措处，相应于布政司收贮万历二年商税银内照数动支凑用，或将前银趁秋成籴米贮仓，候来春兴工之日，以米抵银给散夫匠，庶出入易明，稽考有据。但工程浩大，军夫内临时有该量犒以盐菜或调外处军夫协修，有该给以口粮者难以预算数目，听督抚于应动粮银内处给。①

奏议的详细内容，大致包括如下几个方面。

  第一，指出修筑固原城的原委，因固原镇城是陕西四镇的中枢之地，是兵马经屯的要区。

  第二，设计了固原城外城砖石包砌的总体格局，包括城墙、女墙的高低、砖石长宽厚度、砖石修筑的具体工艺。

  砖石包砌的固原城，周长13里7分（约6500余米），城墙高3丈6尺（约12米），其中城墙3丈（约10米），女墙6尺（约2米）。墙基石条5层，其中2层入土，3层外露。每层石条厚6寸（约0.2米），计1尺8寸（约0.597米）。石条下面是很深的三合土

---

① 石茂华：《毅庵总督陕西奏议》卷2，国家图书馆出版社2018年版，第136—143页。

作地基。北京城墙，三合土地基 2 米以上。① 以此类推，固原城墙地基三合土应该在 1 米以上。在这个总体框架里，砖包城所用墙基石条数量，石条的长度、厚度、宽度，砖坯的长度、厚度、宽度都有具体数据要求，工艺要求极高。从现存的城墙遗址看，砖包墙面呈现一定比例的坡度，连续的砖层收分为阶梯式砌筑，城墙土胎由夯土层构成，间或有用以加固的砖层。按设计结构，将 3 丈高的墙体划分为上下两段，每砌 28 层砖就有变化，主要看镶入城墙砖的行数。墙体下段的 28 层砖，镶入墙体的砖有 7 层，中段以上每 28 层，镶入墙体砖的层数逐渐减少。城墙顶部有女墙和垛口。这种砖包城墙的施工技艺，不但体现在城墙包砌的坚固方面，也体现在城墙的美观方面。看上去线条布局舒展，墙体收分有度，城墙矗立稳固，雄伟壮阔。

第三，砖石制作、材料取自何地、包括炭、石灰等的工价和脚运价，工匠的口粮、盐菜等费用等都作了详细的预算。城池修筑是一项十分浩大的建设工程，需要投入巨大的人力、物力和财力。明代固原砖包城的修筑费用，源于朝廷专项和地方经费筹措，没有摊征于民。

第四，施工规划，逐段完工，除却阴晴寒暑等时间，三年完成砖石包城墙任务。

第五，军队是工程的主力，但本城的其他士大夫军民，也都要轮流上工地，而且所用的简单工具如绳、木桩、筛子、水桶、铁锹、镢头之类，全部自带。对于他们的辛勤劳动，以犒赏的形式表达谢意。修筑城池，自古就是一项主要的徭役负担。明代前期劳动力的使用多以"力役"的形式，中后期随着商品经济的发展，劳动力雇佣的形式出现。固原城池的修筑，主要由"军"与"民"来完成，尤其是卫所驻军。

第六，预算十分精细和精准。砖包城墙整个费用预算十分精确。每项材料获取的成本是多少，运输成本是多少，取材在什么地方，人工是多少，都作过仔细考察。砖石包砌用多少石灰，在哪里取材，计

---

① ［瑞典］喜仁龙：《北京的城墙与城门》，邓可译，北京联合出版公司 2017 年版，第 39 页。

划用多少，成本费用多少，运输成本多少，都预算得清清楚楚。民间故事传说，固原砖包城和西安砖包城城墙用砖预算与结算相比，固原城多了3块砖，西安城少了3块砖。传说归传说，但我们从固原砖包城用料的精细设计与预算，看到了设计者所用砖石材料的精准性，再现了近500年前古人筑城的方略与智慧。

第七，砖石包砌所用银两，皆由固原州城储备款项中预支，不够部分也有措置的办法。由储存于固原州的其他款项银两看，西宁、西安府的相关款银都在固原州库存放，可见明代固原州城在西北的军事重镇的地位及其作用。

（三）砖石包砌的固原城

石茂华奏折里的固原砖包城，虽然用料、用工、费用、筑城工艺、工程完成时间等都有详细周密的规划与计算，但毕竟是工程概算，是规划设计蓝图里的固原城。春秋雨雪，经过四年的艰苦施工，固原砖包城修筑完工，即一项浩大的工程完成。万历八年（1580）五月，大学士马自强撰写了《固原镇新修外城碑记略》。

碑文：

> 陕西西北有镇曰固原，弘治中从守臣请增筑内外城，宿重兵守之。军民土著，城以内不能容，乃渐徙外城。外城又单薄，聚土为垣，岁久更废。
>
> 万历二年，总督毅庵石公至，有增甃意。巡抚文川郜公以防秋至，见与毅庵公合，遂会议改筑。兵备副使晋君应槐遂请心身任之。晋君以忧去，代者为刘君伯燮。督视二年，以迁去。亡何，郜公召还朝，而代者为嵩河董公，代刘君者为郭君崇嗣。董公复从中相继调督察之。
>
> 至五年秋八月，城成。高三丈六尺，袤二千一百一十七丈，崇墉垒雉，鳞次上下，环以水马二道各若干。而辦（创）角楼、敌台、铺房、牌坊各若干座，表之。越岁，郜公复受命总督固原并得理其未备。于是，固原内外城屹然如金汤。

第六章　明代砖石包砌城墙

万历八年五月，大学士马自强。①

修筑固原砖包城，石茂华计划三年完工，"务于万历四年终通完。固原镇城工程艰大，倘有未尽事宜，仍容臣等临时区处，其于万历五年终完报俱"②。最终于万历五年（1577）秋八月筑城竣工。《固原镇新修外城碑记略》，是固原州城砖石包砌修筑完工之后的文字，记载了固原砖包城修建的动因，修建过程中具体负责施工官员的更替，城池格局，包括城池的辅助设施角楼、敌台、铺房、牌坊等建筑，完善了城池的布局。

《固原镇新修外城碑记略》虽然记载简略，但还是留下了砖石包砌固原城之后的历史信息。砖包城完工之后的第二年，郜光先出任固原陕西三边总督，"得理其未备"，处理砖包城工程的善后事宜。此时，"固原内外城屹然如金汤"。

（四）固原砖包城的故事

1. 数字差异

明代固原城"回"字形城格局已成，但内城与外城修筑规模，《嘉靖固原州志》《万历固原州志》、石茂华奏折里的文字，记载并不完全一样。

第一，固原外城的规模。固原城修筑的规模，各种文献记载亦有出入。《嘉靖万历固原州志·城池》记载："秦纮曾筑固原外关城，周围二十里。"③《万历固原州志·城堡》记载：秦纮曾筑固原城，四处城门"南镇秦，北靖朔，东安边，西威远"。又载万历时期石茂华"始甃以砖，高三丈六尺，周凡十三里七分"④。石茂华修筑的砖包城墙，就是秦纮时期修筑的"外关城"。外关城土筑周长20里，砖包城周长13.7里，两者之间又有相当大的差距。

第二，固原内城修筑规模。《嘉靖万历固原州志·创建州治》记

---

① 《嘉靖万历固原州志》下卷《艺文志》，宁夏人民出版社1985年版，第234—235页。
② 石茂华：《毅庵总督陕西奏议》卷2，国家图书馆出版社2018年版，第249页。
③ 《嘉靖万历固原州志》，宁夏人民出版社1985年版，第10页。
④ 《嘉靖万历固原州志》，宁夏人民出版社1985年版，第139页。

载：宋人"曹玮筑镇戎军城，周九里七分，今内城雉数相符"①。这里有两层意思，一是认定曹玮修筑的镇戎军城"周九里七分"，即固原内城；二是镇戎军城"周九里七分"与固原内城修筑规模相一致。《嘉靖万历固原州志·城堡》又记载："州城内土筑，周围九里三分。"②固原内城的规模，印证了固原砖包城周长"十三里七分"是准确的。

2. 刻在城墙基石上的文字

石茂华奏折里写道，"包砌每六十丈作一工，每工用泥匠二十名，每名日给口粮盐菜银二分三釐（厘），计该四十一工，大约每工半月可完，共该银二百八十二两九钱。一齐起二工，以次修砌"。说明固原城砖包过程中，工程采用分段施工。固原古城西北角城墙保存完好，考察城墙基石，基石为5层石条，每层厚度与"奏议"记载一样，而且发现露出地面的基石上刻有文字。文字刻在第1层至第3层上：第1层书"中壹"，第2层为"营百"，第3层是"起丈"，3层文字上下垂直对齐，表述由右向左。把上下3层文字竖行连起来读，即为"中营起，壹百丈"（图6-4）。从刻字处起往前一百丈城墙，是由中营来完成的。如果这样理解没有舛误的话，那么可由此获取砖包固原城过程中的一些细节。

第一，明代万历年间修建固原砖包城墙工程，主要是由驻防固原的军队来实施完成的，而不是差派农民。明代军队建制是卫、所制，固原镇辖4卫（多时6卫）4所；驻固原陕西三边总督辖甘肃、宁夏、延绥、固原4镇，直接调拨的军队人数较多。营，是明代军队的基层建制。

第二，明代万历年间修建固原砖包城的过程，是由军队按照营的建制实施包段修建的，残留下来的固原城西北角城墙还有二百余米。目前看到的"中营起，壹百丈"文字，已能说明固原砖包城墙的修建是由不同营制的军队来分段完成的。同时，东门的城门楼、瓮城

---

① 《嘉靖万历固原州志》，宁夏人民出版社1985年版，第133页。
② 《嘉靖万历固原州志》，宁夏人民出版社1985年版，第139页。

图 6-4 刻在城墙基石上的文字

（月城），南城门的城门楼、瓮城等，应该也是由同样的"某营"驻军来承担完成的。

北京市密云区古北口司马台长城上的墩台为砖石包砌。墩台内为二层布局，砖上刻有"万历五年宁夏营造"字样（图6-5），说明这段长城或者这座墩台，是由宁夏镇驻军修筑完成的，正好印证了固原城城墙的修筑过程。

第三，刻在城墙基石上的"中壹、营百、起丈"六字，每层两字，每字直径约10公分，楷体，"丈"字右边还多刻出一点，也是当时书写的一种形式。整体上看，不仅字的结构很好，而且雕刻时下刀锋利，棱角清晰，笔势颇具功力，非出自一般书写者与雕刻者之手。时人能将基石上的文字处理到如此程度，可以想见固原砖包城（包括城门楼）工程质量的坚固与精细。

3. 石材与原料的采集地

石茂华主持修筑的固原砖包城，设计十分缜密精细。修筑城池所用石材与燃料取自哪里，石茂华《毅庵总督陕西奏议》里只说到地名，没有涉及方位，也是一个需要探讨的话题。固原砖包城所用城

· 139 ·

固原古城

图 6-5　万历五年宁夏营造城砖（北京密云区古北口司马台长城墩台砖）

砖，是就地烧制；墙基所用石材，亦取自于当地。取材涉及扯木硖、石炭沟两处地方，这两处地理方位与固原城的距离均不清晰。《奏议》载石材（基石）取自离城 70 里的扯木硖，烧砖所用燃料取自离城 80 里地的石炭沟。《万历固原州志》载，有扯木堡这个地名，在州城东北 40 里处，但距离不合。明代人张雨撰《边政考·固原靖兰图》①里，标明有扯木硖这个地名，而且在这里设有"扯木硖墩"以

---

①　张雨：《边政考·固原靖兰图》，《明代蒙古汉籍史料汇编》第 7 辑，内蒙古大学出版社 2011 年版，第 48 页。

驻军，地理位置在固原城东北。依《边政考·固原靖兰图》记载，既有"扯木硖"，又有"扯木硖墩"驻军，地名与地理位置应该是准确的。

固原境内有石材资源的地方名"打石峡"，民间称为"打石沟"。民国《固原县志》记载：固原城东南有"打石峡"，即今彭阳县店洼。过去农村所用石磨、石碾、石碌碡等石材皆出自这里，至今仍在开发利用。如果翻越黄峁山，穿越任山河古道，走青石峡捷径，距离固原城的里数相近，与"奏议"载石材取自离固原城70里的扯木硖道里亦相近。"扯木"，是否"打石"之误。石炭沟离固原城80里，石炭燃料在固原城东北炭山，但炭山距离固原城远于80里。固原城以北同心县境在石炭沟地名之内，距离虽不相吻合，但燃料取自这里的可能性较大。固原属于黄土高原地理环境，石材、燃料皆为稀缺之物，《万历固原州志》也没有明确记载。

固原城城墙主体为干打垒，墙体外围砖石包砌。城墙砖虽在固原城周围造窑就地烧制，砖上没有类似于"铭文"的装饰，但设计长宽也体现了一种特殊的规制。砖石所用之浆，为石灰糯米浆，类似于后世的水泥，至今完好无损。墙基石石条上的文字，不只是记录了砖包城墙的修建过程，还弥补了史籍记载的某些不足。全国的城墙是有层级的，有京城、王城、府城、县城等，固原城墙也是有层级的。固原城是"回"字形内外城，10道城门，已超越了"州城"的规制。

建筑材料城砖出现之前，中国北方的城池都是土墙包围。明代北京皇城，是在明代正统初年包上城砖的。换句话说，明朝正统以前还没有以砖甓城墙者。因为，北京的城砖上面都印着制作者的窑址和工匠姓名。由早期城砖上的文字看，都在明成化年间（1465—1487）[①]。所以，固原城砖包工程实施自然较晚。

（五）北方名城

万历固原城修筑并砖包，已到了明朝的后期。崇祯皇帝执政的

[①] ［瑞典］喜仁龙：《北京的城墙与城门》，邓可译，北京联合出版社2017年版，第32页。

| 固原古城

1628年，固原城里发生一起重大事件，这就是崇祯元年的固原兵变。这是固原城修筑砖包50年之后的事，在当时影响很大。李自成的农民起义军，与固原城有过密切的关系。明朝灭亡后，却留下了一座崭新的固原砖包城（图6-6）。

图6-6　明代万历年间修筑的固原砖包城城墙西北角

明代建筑材料生产出现了创新，砖的应用更加广泛，砖筑城墙的技术也大为提升，不仅南京、北京的城墙用砖包砌，长城用砖包砌，部分州县城垣也用砖包砌[①]，有效缓解了火器攻击对传统土筑城墙的威胁。万历三年（1575），固原城墙砖石包砌，既顺应了城池军事防御的要求，也体现了总督石茂华的国家视野，成为明清以来中国北方的名城。民国《固原县志》里写道："陇右名城无出其右者。"

固原镇在体现其军事防御价值的同时，镇城建设亦颇具特色。固原镇城，有指挥西北千军万马的陕西三边总督衙门，有雄壮苍凉的砖包城墙，城墙遗存仍展示着昔日的辉煌，是明代著名的城市。[②] 一是陕西三边总督驻节之地，总督府在固原，统一调度西北四镇（延绥、宁夏、甘州、固原）驻军。二是固原镇总兵驻节之地，陕西巡抚每年

---

① 张安奇、步近智总纂：《中华文明史·明代卷》，河北教育出版社1994年版，第279页。

② 韩大成：《明代城市研究》，中华书局2009年版，第98页。

秋防移驻固原。三是固原城特殊的地理位置和自身的影响力，明代的扩筑使其成为雄踞西北的重镇，"回"字形的里外城，10道城门（东城、南城增加了三道瓮城，增加了三道城门）结构形态的布局，在全国也属罕见，再加上外城砖石包砌，固若金汤，十分壮观，这大大提升了城池的防御能力。四是固原城所在地理空间赋予固原城的存在价值和文化积淀。固原城地处汉唐以后著名的萧关古道要隘，为古丝绸之路东段北道必经之地，中原农耕文化与西域中亚文化、草原游牧文化在这里交融碰撞，留下了丰富的文化遗存。近40年考古出土的重大发现，一再证实着固原城在历史上的影响力。

城门就像城墙的嘴，承载着城市巨大的身躯。整座城市的生活大都集中在城门一带，城门洞狭窄且长。夜幕降临时，城门就会紧闭；黎明时分，厚重的木门慢慢地打开。中国的城池，通常在北城墙正中不留城门，而且与南城墙上的城门也不对应。北京的城墙正中没有城门，只在两侧开有城门，宁夏镇城的北面城门也是这样。固原城的北门直接开在城墙东北角。因为北门一直被视为城防的最重要城门，对城市的进攻也多来自这个方向。《嘉靖固原州志·固原州城图》标记，驻节固原陕西三边总督府就在城北，兵备道、左营、右营等兵营都设在城北。

固原城地形，总体是西北高，东南低，清水河由东南环城而过，防御的重点在东南。由于地形的关系，内外城东北角城墙走向为不规则形。由明《嘉靖固原州志》与清《宣统固原州志》卷首固原州城图比照看，固原城的修筑也体现了这些特点。嘉靖时期的固原城格局已经定型，内外城东西南三面都是多道城门。万历时期，石茂华主持砖包固原城墙的同时，为进一步提升固原城的军事防御能力，给内城东门增加了一道瓮城，使东门成为三道城门；给南门内外分别增加了两道瓮城，南门成为四道城门，但内城北门封闭，只留有外城的北门。内城西南角，城墙走向亦呈现不规则形，外城为直角。万历三年（1575），陕西三边总督石茂华主持修筑固原城并砖包，是固原城的最后定型。内城周围九里三分，高三丈五尺，外城周围十三里七分，高三丈六尺。① 固原古城是一座集政治、军事、文化于一体的城池，古城西北角，至今还保留着一段明代砖包城墙的原貌。固原古城的军事意义结束了，文化意义还在延伸。它是最能体现固原历史文化厚重悠久的地面物质遗存，也是一处能看得见摸得着的历史文化遗产活化石。

四 地震损毁城垣

明代自然灾害为历代所罕见，诸如水灾、旱灾、蝗灾、地震等，尤其以水灾、旱灾、地震为最。地震带来的灾难，影响到社会各个层面。地震对于城墙来说，损毁是极为严重的。明代地震多发生于北方，而以陕西省最多。根据《中国灾害志·明代卷》② 文献记载，明代地震严重影响过固原城。这部分文献引用，皆出自《中国灾害志·明代卷》，这里仅摘其要作些简略叙述。

一是明代正德二年（1507），固原州聚雨河涨，就地起水，"平地水深4尺，坏城垣庐舍，人畜有溺死者"。

二是明代嘉靖四十年（1561）六月十四日，大地震，固原城垣、墩台、军政机构衙门房屋，有的被震塌，地裂涌出黑黄沙水。

三是明开启二年（1622）九月二十一日，陕西固原州发生大地震，震塌城垣7900余丈，房屋151800余间，压死16000余只牲畜，12000余人。③《明实录宁夏资料辑录》记载："陕西固原州星殒如雨，平凉、隆德等县，镇戎、平房等所，马刚、双峰等堡地震如雷，城垣震塌七千九百余丈，房屋震塌一万一千八百余间，牲畜塌死一万六千余只，男妇塌死一万二千余名口。"④《中国灾害志·明代卷》，震塌的房屋数字书写有失误，应该是11800余间，其余数字与《明实录宁夏资料辑录》文献相符。需要厘清的是各类数字应该是多处地震

---

① 石茂华：《毅庵总督陕西奏议》卷2，国家图书馆出版社2018年版，第136页。
② 张崇旺主编：《中国灾害志·明代卷》，中国社会出版社2019年版。
③ 张崇旺主编：《中国灾害志·明代卷》，中国社会出版社2019年版，第35页。
④ 杨新才、吴忠礼主编：《明实录宁夏资料辑录》（下册），宁夏人民出版社1988年版，第879页。

受损的总和，而不是固原州城一处。当然，固原州城是重灾区，城垣损失最为惨重。

地震对固原城损毁程度较大，这些地震灾害，固原地方志书里没有记载，也看不出对城垣的修葺。实际上，明末各种自然灾害频发，农民起义遍地，地震灾害对固原城垣造成的损毁，地方军政机构已经无法顾及，也没有力量来及时维修。水灾，会对城垣造成损毁。康熙时期及时修筑固原城，除朝廷有相关政策外，很大程度上可能与固原城的地理位置和影响有关。

五 明代固原城层级

明代，是固原城修筑次数最多的朝代，也体现了固原军政建制的层级。明代驻节固原陕西三边总督，大多兼职朝廷部院大臣之衔；陕西巡抚，也随季节移驻固原。这些现象，说明了固原的特殊之处。陈正祥先生研究"城的规模和形制"时，依照城池周围的大小分为五个层级，其中第三级的城，城池周长在10—25里，属于省会城池；第四级的城，城池周长在5—10里，属于府州的城池。[①]

明代固原城，先后修筑的规模不完全一样。增筑部分没有详细载记。景泰二年修筑的固原城，依旧制周长为九里三分。成化五年修筑的城池，仍是景泰年间修筑的规模。弘治十五年，陕西三边总督秦纮主持修筑的外关城，周围二十里。如果以陈正祥先生对于城池层级的分法，秦纮修筑的周长二十里的固原城，其规模已达到省城的层级。

明代万历时期修筑的固原砖包城，城池长度，时人记载就有差异。石茂华《毅庵总督陕西奏议》卷2里记载，"总计周围并敌台瓮城长一十三里七分，共二千四百六十六丈。"二千四百六十六丈，合16.44里，大于"一十三里七分"，小于秦纮筑城"二十里"的记载数。《万历固原州志·建置志》记载："周凡十三里七分"，与石茂华《毅庵总督陕西奏议》里记载数相同。大学士马自强撰《固原镇新修外城碑记略》里记载："城成。高三丈六尺，袤二千一百一十七丈"，

[①] 陈正祥：《中国文化地理》，生活·读书·新知三联书店1983年版，第73页。

与石茂华《毅庵总督陕西奏议》里的"二千四百六十六丈"又不相同。"二千一百一十七丈",合 14.11 里。

由以上数字看,明代固原城修筑的周长,或者在 20 里,或者 14 里以上。按照以上城池层级的分法,介于省会城市以下,高于州府城池。"地方行政等级,显然左右城的规模……事实上中国从远古起,城池的大小便受到行政等级的限制。"① 这也是固原城的独特之处。

第四节　固原城市格局与商业

一　城池格局

明清时期的城市,城墙已成为其最为显著的标志,尤其是砖石包砌的城墙出现之后。明代"正统十四年土木之变后,全国逐渐展开了筑城活动"②,修筑城墙逐渐成为中国城市发展的重要"图腾";城墙成为一种威权的象征。明代固原,不但修建了雄伟壮观的城墙,城里还修有宽敞的大街,设置有高级军事管理机构和州县衙门。

城墙,是城市修建样式和规模的有形的界线,城市的核心区分布在这个特定的空间内。城门,是城内向城外延伸的重要的交通道上的防御性建筑物,不但约束着城内通道走向,而且影响城市相关建筑物的布局;甚者与城外主要干道及其布局关系密切。因此,一座完整的城池体系及其布局,影响着城市平面形态的多个方面,如城楼、河渠、桥梁、街巷和重要建筑物等。

（一）城楼

固原城墙四角城台都建有角楼,角楼与门楼之间又建有腰楼。门楼、角楼和腰楼之间又建有数十座箭楼。砖包城墙,进一步加强了防御能力,但规制没有大的改变。万历时期,瓮城与城门有过变化,尤其是增加了瓮城与城门上的铺楼。

---

① 陈正祥：《中国文化地理》,生活·读书·新知三联书店 1983 年版,第 73 页。
② 成一农：《古代城市形态研究方法新探》,中国社会科学出版社 2009 年版,第 245 页。

（二）河渠

固原城有护城河，河水外引。除护城河水外，城内亦有水道。明代以前，固原城内饮水源自传统人工水井，或饮清水河之水。正德十年（1515），固原镇总兵官赵文、兵备副使景佐相议，决定引固原州城西南40里处水源入固原城，明代人称其为"西海"。引水工程具体实施，由都指挥陶文、指挥施范率镇城驻军开渠引水入城，"期月而成，襟街带巷，出达南河，过入州学，汇为泮池"。渠水由西门入城，"还流于街巷，自东门而出，入清水河"[①]。引水穿城而过，城市供水得以解决。同时，也为城内建筑物如池塘、楼阁亭榭的布景提供了充足的水源。泮池，就是利用渠水相汇而形成的建筑景观，"池以石甃，而起三梁"，成为城市建筑景观。

西海水引入固原城，"湛澄且甘"，水质很好，是固原城市建设的大事。城市里有一渠活水穿城而过，增添了城市的灵性与活力。正源于此，状元吕柟写了《固原州行水记》，详细记载了引固原城南西海水的经过、水与城市建筑文化、水与地方文化。同时，还盛赞了明代陕西三边总督府固原的军事地位。固原一旦有事，"三辅为之震惊"，"故元载议城于至德，曹玮筑城于咸平，忙可剌立路于至元"[②]。"忙可剌"，即元朝受封开城安西王"忙哥剌"。从另一个侧面，我们的确看到了明代固原城的特殊意义。固原州城引西海水的事，有状元吕柟写下的《固原州行水记》，给固原城留下了传世的文化遗产。

（三）街巷

固原城内街巷，以连接城门的十字大街为主要格局，各衙门划地布局。军镇型的军事性城市，城墙具有其重要性和实用性。固原城的修筑样式基本是方正形，街道布局东西南北纵横有序。依《嘉靖固原州志·固原州城图》看，固原内城街道东西有五条，南北大街有三条，中间为中轴线，三边总制府、钟鼓楼在这条主线上，是固原城主干道上

[①] 《嘉靖万历固原州志》卷2，宁夏人民出版社1985年版，第12页。
[②] 吕柟：《固原州行水记》，《嘉靖固原州志》卷2，宁夏人民出版社1985年版，第105页。

的重要景观，军政衙门主要分布在各个主要街道上（图6-7）。

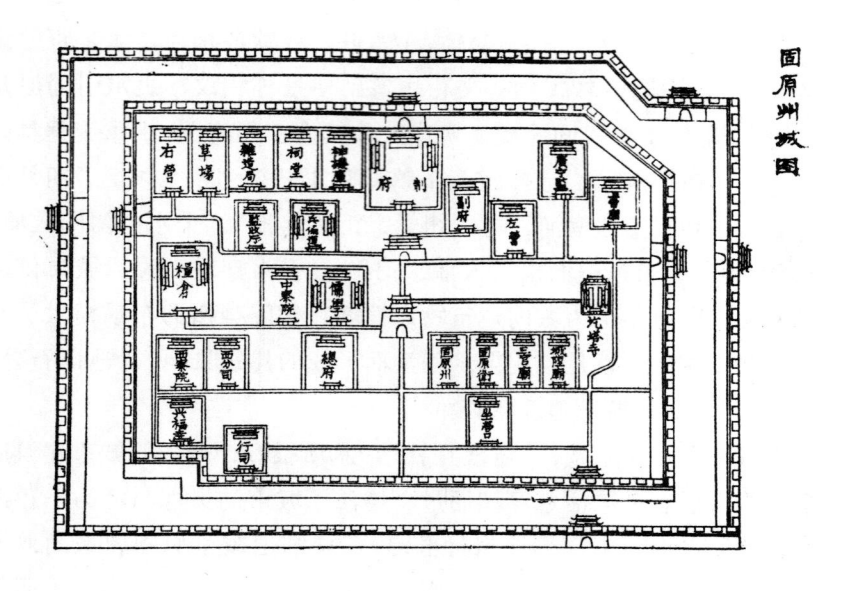

图 6-7 嘉靖固原州城图

二 城市人口

不同类型的城市，人口构成不同。明代固原州城市人口构成，主要由官僚阶层、胥吏驻军、士绅文人、富商与中小商贩、城市手工业者和其他城市劳动者等阶层构成。

官僚阶层，包括固原镇早期派驻的中官（太监）、陕西三边总督官员、陕西巡抚、固原镇和固原卫的官员，固原州的官员。胥吏、军队等，占固原镇城市人口的比重较大。明代胥吏人数增加较快，万历年间与明初相比，"胥较前增加10倍"。明朝在各城市中都派有军队，驻军人数多寡是根据所在城市的政治、经济、军事地位的不同而考虑的，尤其是边境城市。固原镇城，驻节西北地区最高军事统帅部、固原镇、固原卫三个层级的驻军，包括固原州的官吏。按明代军事编制，一卫有5600人的规模，固原驻有重兵。明朝驻军有军户相随，军户数大于驻军数。所以，固原镇城不仅有大量驻军，军户亦是固原城居民的一部分。

士绅文人，也是明代固原镇城居民的一部分。明代固原镇城主要彰显军事文化色彩，但出任固原的高层官员大都是有进士功名的高层次文化人，他们特别关注地方文化建设，学校教育较为发达，文化人群占有一定比例，包括绅士。明代中后期，阶级矛盾不断激化，乡村社会秩序显得混乱，乡村小镇上的富人阶层，纷纷进城安家。富商大贾在固原城里虽然不多，但也占有一定比例。政府设置的盐引批验所设在固原城，盐商在明代是头号商人，他们资本雄厚，坐地经商，带动了商业文化的发展。同时，商人又与地方屯田有密切关系。城市劳动者占城市人口的主要部分，包括小工商业者、劳动苦力、雇工伙计、仆人、智力劳动者等。此外，还有一定数量的无业游民、乞丐和流氓。《嘉靖固原州志》《万历固原州志》里，没有具体涉及城市人口结构，通过对明代城市与乡村的研究，根据固原在明代的特殊地位与影响，试图尽可能合理地复原固原城市人口的结构状况。

三　坊市商业

明代经济社会繁荣发展，不但农业生产快速提升，手工业经济也有长足的进步，无论规模、分工与技术，还是工匠数量、产品和质量，尤其与市场密切关联的程度都超过了前代。商业经济和城市经济普遍繁荣起来，资本主义生产关系的萌芽在若干地区出现，行会分工精细，商品流通十分兴盛。古代士农工商四等庶民各有其职。明代中后期，士农工商的界限已混淆不清，士绅家族多卷入商业活动之中。作为北方军事重镇的固原，南方的商品大量转输到了这里，固原城内商业区店肆和集市已形成。此外，由于政府"开中"政策，商人及商业活动不断地融入固原镇城。

（一）集镇兴起

集市与乡镇的兴起，显示商品价值的提升。明代经济社会背景发生着重大变化，集市贸易繁荣发展，集市数量和开放的次数大为增加。县城集贸发展，乡镇集贸也兴盛起来，集镇也在原有的居民区形成。早在宋元时代，乡村的集市及州、县城外的草市正在兴起，明代中后期城乡集市已遍及全国。集市的称谓,在各地融入了地方文化,北方大多称为"赶集"。作为一种民俗传承,固原乡村人去集市,仍称之为"赶集"。定期集市便于乡村人获得生活必需品和一定范围的交往,明代采用以自然经济为主,辅之以商品经济调节补充的经济模式。

　　明代中后期,作为手工业和商业中心市镇的出现,是一个特殊现象。商人固定交易的地方已称为"镇",在"经历了超过两个半世纪的风风雨雨,这正是人口增长、城镇发展、农商扩大、货币化和通货膨胀出现、有诱惑力的新事物和新思想从早期近代欧洲引进的多事的时代"[1]。固原州城靠近关中,民间商业文化相对兴旺。"西北之利,莫大于绒褐毡裘"[2],畜牧业的副产品、药材等,是其重要的商品支撑点。

　　明代四农变化明显,与整个社会背景有关。明朝正德以前,"百姓十一在官,十九在田……今去农而蚕食于官府者,五倍于前。昔日逐末之人尚少,今去农而改业为工商者,三倍于前矣。大抵以十分百姓言之,已六七分去农"[3]。脱离农业,经商人群大增,这是时代的大变化,整个社会出现了重商的思潮,崇商、逐利、重财成为普遍的社会心理,弃农的人多了,从商的人多了,功利主义价值观被人们所推崇。传统意义上,士人专门读书,农人专门种田,商人全力经商,但明代中后期整个社会却正逐渐发生变化。古代四民各有其职,现在士农工商之别已混淆不清[4],士绅家族不同程度地卷入商业活动之中。"几乎每一级地方行政机构所在地都是一个区域性的商业中心,几乎每一个城市内都设有几处定期集市,这些城市和乡村中的集市、市镇一起构成了贸易网。"[5] 固原州城的集市贸易,也体现着这个时代特点。

　　明代州城的集市,为每日集,"所市惟布、米、薪、菜、豚之类,四方杂货无蓄焉"。明代西北地区的纺织技术普遍落后,固原销售的

---

　　[1] [美]牟复礼、[英]崔瑞德编:《剑桥中国明代史》(下卷),中国社会科学出版社2006年版,第92页。
　　[2] 张瀚:《松窗梦语》卷4《商贾纪》。
　　[3] 何良俊:《四友斋丛说》卷13,中华书局2007年版,第111—112页。
　　[4] [美]牟复礼、[英]崔瑞德编:《剑桥中国明代史》(下卷),中国社会科学出版社2006年版,第666页。
　　[5] 张安奇、步近智总纂:《中华文明史·明代卷》,河北教育出版社1994年版,第95页。

布匹大多来自湖北，北上经白河（今陕西安康市白河县）或龙驹寨（陕西商乐市）通道，再运抵陕西三原。在这里还要进行改装、染色，之后才由东南与东北两路进入固原。西北地区的药材，运往陕西三原后再转贩豫、晋、鄂、苏等处销售①，这是一条商贸通道。它勾勒了明代西北商贸往来的走向与运输分销的地方。固原镇城，是西北商贸交易大格局中的重要组成部分。

（二）固原城商业

《嘉靖万历固原州志·物产》里对干草、知母、枸杞、贝母等地方特产药材记载详尽，对镇城商业文化记载不甚清晰，但同样能看出它的繁荣。依地理位置看，固原镇为关中北面的重镇，而且在交通要道上，固原有州一级地方政权建制，为陕西三边总督驻节之地，城镇建筑文化相对发达，外围的建筑文化各有地域特点，北鱼池的亭台楼阁，南塘的船帆小调，足以反映固原当时的社会进步与文化繁荣。明代盐引批验所设立于固原州城，成为吸引商人往返云集的地方。陕西三边总督杨一清，描述过固原盐商市场的繁荣景象，"盐商云瀚，盐厂山积，固原荒凉之地，变为繁华"。② 仅盐商一例，即能看出明代固原镇城的商贸及其繁华程度。

明代交通运输较前代有了明显的发展，商品得到了充分的流通。江南的纺织品经运河北上，经黄河可到达西安，再到达固原、宁夏，以供应驻军，包括用于互市的民生日用品，布匹为大宗。就其交通走向看，由陆路进入宁夏镇城再转入固原镇城者，有两条干道：第一条自京城至陕北过黄河，由黄甫川沿长城内侧直达宁夏镇。在宁夏镇境内，依次是花马池、安定堡、兴武营、毛卜喇堡、清水营、红山堡、横城堡，称为沿边大道。第二条由西安、庆阳沿马莲河走环庆道，直达宁夏镇城，走盐池驿、石沟驿、大沙井驿一线；如洪武六年（1373）十二月，"又浚开封漕河，转漕粟于陕西"，又由陕西"转饷

---

① 张萍：《城墙内的商业景观：明清西北城镇市场形态及城镇格局演变》，《民族研究》2013年第3期。
② 《明经世文编》卷114《为议增盐池中马则例疏》。

于宁夏、河州"①,即走第二条线路。商品直接进入固原镇城,也有两条干道:第一条自西安沿泾水古丝绸之路直达固原镇城,再由固原镇前往宁夏镇,经过镇戎守御千户所、平虏守御千户所、下马关一线进入宁夏镇。第二条线路,沿古丝绸之路走向,经西安、庆阳直抵固原镇,经固原镇再北出,经黑水苑、海喇都堡、西安州、干盐池、打喇池堡,或经往河西走廊,或直抵兰州。翻越六盘山至兰州大道,也是一条重要通道。这几条交通干道,即是进入宁夏、固原二镇的通道,向外连接着大西北。

经往固原镇城,或通过固原镇城的大通道,将南方的商品输入固原镇城。当时内地生产的大量商品,如铁锅、绸缎、铁犁等商品,就是通过以上主要交通干线源源不断输往固原镇城的。整体上,先期漕运至西安后再陆运至固原。自明代中叶以后,城市生活达到极盛。城市中"四方财货并集……商贾云屯"②。固原城的商业文化,也体现着这个时代特点。

四　盐引批验所

固原州盐引批验所,《嘉靖固原州志》将其归入"文武衙门"之列,是政府的一个重要的商业窗口。食盐为明代国家专控之物,固原盐引批验所层级不高,但权力较大,它管控着政治与经济双重命脉。《嘉靖固原州志》记载,盐引批验所设在固原州衙以西,弘治十一年(1498),移于东关厢,设大使一员负责管理。弘治十六年,固原陕西三边总督秦纮奏设为五个盐厂:东盐厂在东关,南盐厂在南关,西盐厂在西关,北盐厂在北关,中盐厂在西关。③ 这一时期,盐引销售量较大,各路商人云集,是固原州城商贸文化最为繁荣的时期。三边总督秦纮以地换外城居室与商铺看,商人入住固原州城者不少,商人带动了地方经济文化发展。

---

① 张廷玉等:《明史》卷79《食货三》,中华书局1987年版,第1915页。
② 陈宝良:《飘摇的传统——明代城市生活长卷》,湖南人民出版社1996年版,第2页。
③ 《嘉靖万历固原州志》卷1《文武衙门》,宁夏人民出版社1985年版,第20页。

三边总督秦纮不但主持修筑了固原外城，而且在固原奏设盐引批验所。固原州城五处盐厂，不仅给固原州城增加了多处建筑物，尤其是盐商的云集促进了经济的繁荣。陕西三边总督杨一清对固原盐引市场的兴盛有过描述："盐商云瀚，盐厂山积，固原荒凉之地，变为繁华。"① 盐引批验所给固原带来了商机和财富。"固原立五盐厂，置老人斗行，每厂五百引，引以序市，铸铜板印票，兵备道给老人送州印钤，以实盐数商名，方许市。"这是盐厂商人出盐的程序。同时，还有各种名目的抽税，"每车收门盐一斗五升，石收票银五釐（厘）。州库收备军需，批验所引收卧引银一钱，州库收备卖马，而斗行又纳州公用银十八两。嘉靖二十八年（1549），知州倪云鸿又增斗底牙银一钱五分，计一厂五百引，共该银七十五两，咸备公用，以甦里甲之困"②。五个盐厂，政府抽取近400两白银。即使这样抽税，盐商仍趋之若鹜，可见盐利之厚。

《万历固原州志》记载已不同于嘉靖时期，过去的五家盐引批验所只留下了一家，"批验所，在南月城内"③。明代后期，盐引批验在固原发生了变化。固原州城的商业中心已逐渐集中在南城门内外，并向城外拓展。盐引批验所，是明代固原州城集建筑与商贸为一体，其特色鲜明的建筑样式，也是商业文化发展的象征。

第五节　军政机构设置

"翻阅一个城市的发展史，其府衙、寺庙等等建筑的布置，'左祖右社'、'前朝后市'的踪影依稀可寻。"④ 明代固原州城市建筑布局，基本上体现着这样一个格局。

---

① 《明经世文编》卷114《为议增盐池中马则例疏》。
② 顾炎武：《天下郡国利病书》，《陕西备录上》，上海古籍出版社2012年版，第2054页。
③ 《嘉靖万历固原州志》上卷，宁夏人民出版社1985年版，第145页。
④ 丁俊清：《中国居住文化》，同济大学出版社1998年版，第115—116页。

一　巡检司

巡检司设置时间在明朝洪武初年。朱元璋曾敕谕天下巡检说："朕设巡检于关津，扼要道，察奸伪，期在士民乐业，商旅无艰。"①巡检司一般设于关津要道要地。其任务是统领相应数量的弓兵（地方性武装力量），负责稽查往来行人，打击走私，截获逃脱军人及囚犯，缉捕盗贼，维护正常商旅往来等，属于地方军事机构。因其具有军事武装性质，地方志书中将其或列入"兵防"，或列入"军政"之列。巡检司，虽有其固定防区，但归府、州、县节制。巡检司有巡检与副巡检之设，皆为从九品官职。巡检司虽然品级不高，但职责权限不小。固原巡检司设置地前后有迁移变化。

开成县未撤时，巡检司设在固原城；固原设卫后，巡检司移至开成，但设置与移置时间记载有误。《嘉靖固原州志》载：明洪武初设固原巡检司，成化八年移开成。《明英宗实录》载，明正统十年七月乙亥（1445年8月6日），设开成县固原巡检司②；成化七年七月丙子（1471年7月22日），徙固原巡检司于开成。《明英宗实录》记载此事已详到年月日，应以《明英宗实录》所载时间为准。考察固原巡检司设置时间，有助于了解固原筑城的背景和时间。

巡检司品秩不高，即不能参与地方钱粮、司法等其他事务，也不允许插手词讼，但却直接参与地方社会管理。其职位虽然品秩不高，却是基层社会体制中的一个重要环节，对基层社会的管理起着无可替代的重要作用。行人没有政府颁行的通行证，巡检司关口就不能放行，越渡者要以逃民律论罪。政府通过这种制度，束缚管控着老百姓

---

① 《明太祖实录》卷130，明洪武十三年二月丁卯，台湾"中研院"历史语言研究所影印校勘本，第2059页。
② 《明英宗实录》卷131，明正统十年七月乙亥，台湾"中研院"历史语言研究所影印校勘本，第2601页。

的行踪。

固原巡检司移置开成，直接原因是驻牧固原州境内的楚藩、肃藩二王府及黔国公沐英养马军校及家人，"在平凉地方凭恃威武恣行劫夺，宜于彼处开设固原巡检司，以捕寇盗"[1]。当然，巡检司的设置并非此一原因，也有盘查搜捕等其他职责。最早巡检司设置在固原旧城，蒙古军队攻陷开成县后，县治迁往固原城，巡检司始迁往开成。《嘉靖固原州志·文武衙门》只记载固原巡检司设于洪武初年，成化八年移开成，没有记载在固原城的位置和建制。

巡检司是明朝中央政府在边疆民族地区设置的重要军事机构，有专门的城堡建筑，配备相关人员。以广西桂平考古发现的弩滩村巡检司城址看，其规模很大，可知明代这个层级机构的重要性。

二　固原州

弘治十五年（1502），升开成县为固原州，固原地方政权与军事建制并存。

明代州、县官衙，在府者为知府，在州者为知州，在县为知县。知府为正四品，属州知州从五品，知县正七品。府州县官因为有衙门，所以统称"有司"。佐贰官，即副职或辅助官。府的佐贰官是府同知（正五品，俗称"二府"），还有州通判、推官；州的佐贰官是州同知（从六品，简称"州同"），还有州判官；县的佐贰官是县丞，还有主簿等。府、州、县佐贰官皆为朝廷命官，典制明确规定他们的权责，在本府、州、县设有专门的衙署。

开成县，为元代开成州开成县，位于固原城南40里处。明洪武三年（1370）仍设开成县，成化三年城废，徙县治于今固原市原州区。开成州、广安州，洪武三年省废。弘治十五年（1502）五月，升开成县为固原州，隶属于平凉府，治所在今固原市原州区。固原州

---

[1]《明英宗实录》卷130，正统十年六月庚申，台湾"中研院"历史语言研究所影印校勘本，第2590页。

衙署与固原镇、固原卫同在固原州城，陕西三边总督府也在固原州城。在明代人看来，固原州"控制西垂，实为要地"①。

明代地方政权系统分为承宣布政使司、府（直隶州）、州、县四个层级，府与直隶州为第二层级，州为第三层级，县或为第三或为第四层级。承宣布政使司、提刑按察使司、都指挥使司为地方最高权力机构。三司分立，目的在于遏制省府大员公权的有效行使。明代的州，有直隶州与属州（也称散州）之别，固原州属于散州，隶属于平凉府。明代府、州、县衙门前皆立有《戒石铭》碑，其碑文曰："尔俸尔禄，民膏民脂，下民易虐，上天难欺。"碑文原为蜀主孟昶所作，全文二十四句，本名《令箴》。宋太宗喜爱，摘此四句以刻石，以警示衙署公务人员。明代冠名为《戒石铭》，刻石立于衙署前，仍以用"警示"之义。

《嘉靖固原州志·文武衙门》（图6-8，两幅）记载，固原州衙门在十字街东，离钟鼓楼较近。整个建筑群正厅三间，戒石亭一座，仪门三间，大门三间，右库房三间，右吏目厅三间，东西六房各三间，仪门左预备仓三间，右官仓三间，狱房一所。依《嘉靖固原州志·固原州城图》看，固原州衙门坐落在固原州城三边总督制府、鼓楼南北大街东侧靠南，占据衙门一条街的重要位置。《嘉靖固原州志》书写的建筑物方位，是由内向外说的，理解时要由外向里看。衙门的整体结构是三进格局，大门至仪门为一进，仪门至戒石亭为一进，戒石亭至正厅为一进。包括衙门外的相关辅助建筑物，构成了明代州治衙门的完整体系。

固原州仓，位于城内西北。起初，固原州仓隶属于陕西布政使司。嘉靖八年（1529），改属于固原州，设大使、副使各一员专管。固原州库，也是陕西重要的银库之一。同时，还兼管草场。草场，也是固原州城重要的军用物资储备地。

---

① 《大明一统志》卷35《平凉府》，三秦出版社1990年版。

图 6-8 《嘉靖固原州志》（左）《嘉靖固原州志·序》（右）

固原州城内还有负责生产兵车与兵器的设施。《嘉靖固原州志·文武衙门》里记载，一是神机库在城内大街北，正德二年（1507），都督曹雄建。兵车库，嘉靖五年（1526）由副使桑溥建造。此外，尚有永宁驿、急递铺等，皆为固原镇城政府的重要设施。

三 固原镇

固原镇，前身名陕西镇，驻节西安，弘治时期移驻固原。实际上，早在成化九年（1473），朝中就有人建议设置固原总兵，但被搁置。弘治十四年（1501），因蒙古火筛部入据河套，固原"遂成为敌冲"。弘治十五年（1502）六月，刑科给事中杨褫即建议朝廷，"以固原自为一镇"[①]，"下（秦）纮措置之"[②]。秦纮时任陕西三边总制，

[①] 《明孝宗实录》卷188，弘治十五年六月丙午，台湾"中研院"历史语言研究所影印校勘本，第3465页。

[②] 方孔炤：《全边记略》卷4，载王雄点校《明代蒙古汉籍史料汇编》第3辑，内蒙古大学出版社2006年版，第155页。

朝廷要他亲诣固原考察。秦纮见固原地面"其火烟萧条，城郭湫隘"。于是，一面条陈固原设镇之事，一面"增而展之"，拓展和修筑固原城。同时，上奏朝廷，请求将小盐池食盐经由固原经销，在固原城设盐引批验所。"不匝月，商旅日集，官征其直，岁可得四五万金"①，发展和丰富了固原城市文化。同时，固原城以北每二十里筑一城堡，周围40丈，募兵屯田，解除了行旅人露宿之苦，尤其是为安全提供了保障。

弘治十五年提出设立固原镇，但当时并未实施，直到弘治十七年（1504）十一月，由于蒙古兵锋入侵，武安侯郑英才由西安"驰往固原督守备等官整兵防守"②。此前，陕西镇守总兵官有事即驻守固原，无事即回省城。曹雄接任总兵官之后，朝廷"令其常在固原驻劄，抚安军士，防守地方，不许仍往省城，复蹈前辙"③。命其"专在固原防守"④。曹雄任上，陕西镇正式移驻固原⑤，改称固原镇。

《明史》载："镇守陕西总兵官一人，旧住会城，后移驻固原。"⑥弘治十八年（1505），陕西镇移驻固原。明朝官方有时称"陕西总兵官""陕西镇"。《嘉靖陕西通志》卷19记载，曹雄署名列为固原镇第一任总兵。曹雄之前冠名陕西镇总兵者有八人（任礼、白玉、白玘、周玺、陈英、张伟、吴鑑、郑英）。陕西总兵移驻固原后，管辖地域广阔，遂添设了副总兵。万历二十年（1592），旧属固原镇的临洮卫始设镇"专制西陲半壁"⑦，从固原镇分离出去，固原镇管辖的

---

① 方孔炤：《全边略记》卷4，载王雄点校《明代蒙古汉籍史料汇编》第3辑，内蒙古大学出版社2006年版，第155页。
② 《明孝宗实录》卷218，弘治十七年十一月辛卯，台湾"中研院"历史语言研究所影印校勘本，第4098页。
③ 《杨一清集》卷4《巡抚类》，中华书局2001年版，第147页。
④ 《明孝宗实录》卷6，弘治十八年十月乙卯，台湾"中研院"历史语言研究所影印校勘本，第191页。
⑤ 《嘉靖万历固原州志》卷1《文武衙门》，宁夏人民出版社1985年版，第33页。
⑥ 张廷玉等：《明史》卷76《职官五》，中华书局1987年版，第1869页。
⑦ 茅元仪：《武备志》卷208，《明代蒙古汉籍史料汇编》第2辑，内蒙古大学出版社2006年版，第542页。

疆域始有所缩小，但仍属陕西三边总督所辖。

《明史》记载，固原镇"隶以四卫"①，即固原、靖远、甘州、兰州。张雨《边政考》记载固原镇辖六卫，即固原、兰州、靖房、洮州、岷州、河州，包括西安、镇戎、平房、阶州、文县5个守御千户所，还有一个西固城军民千户所。这些记载上的差异，是由于前后设置时间和随周边军事防御变化而设置增减所致。弘治以后，"寇在门庭，始设州卫，设总督，屯以重兵，领以大将，称重镇焉"②。自此，重臣总管三边军务，原州称为雄镇。③ 固原镇自总兵而下，设6参将，4游击，7守备，各部官军画地守御。

固原设镇后，总兵官、太监常驻固原，巡抚（陕西巡抚）官则九月至翌年二月驻节固原，三月至八月往来陕西各城巡历。④ 总兵府在固原镇城中轴线以西，《万历固原州志·公署》载，"镇守府，在城中西南"，与固原州治衙门东西相对，是明朝固原州城里的三大军事指挥机构之一。

四　固原卫

固原，是"山川险阻，旁扼夷落，为中华襟带"之地。景泰三年（1452），以"固原州古城地通北房，最为要冲，乞摘平凉卫一所官军于彼守御"。⑤ 嘉靖《平凉府志》载："三年改右所为固原守御千户所。"⑥ 成化三年（1467），蒙古铁骑大举入寇固原，"拥入甘州群牧所而营。官军坚壁，贼攻陷开成县，杀知县于达、教谕汤敏、大使汪

---

① 张廷玉等：《明史》卷911《兵三》，中华书局1987年版，第2238页。
② 茅元仪：《武备志》208，《明代蒙古汉籍史料汇编》第2辑，内蒙古大学出版社2006年版，第543页。
③ 张雨：《边政考》卷3《明代蒙古汉籍史料汇编》第7辑，内蒙古大学出版社2011年版，第62页。
④ 《明孝宗实录》卷188，弘治十五年六月丙午，台湾"中研院"历史语言研究所影印校勘本，第3464—3465页。
⑤ 《明代宗实录》卷221，景泰三年九月癸未，台湾"中研院"历史语言研究所影印校勘本，第4792页。
⑥ 嘉靖《平凉府志》卷9。

士让，虏其妻子二十余口、居民一十六户"①。甘州群牧所，成了蒙古驻军的地方。《嘉靖固原州志》记载："群牧监旧基，在开成东南三里。"② 此后，随着开成县迁往固原州城，甘州群牧所亦北迁固原城以西20里之大营城。成化四年（1468），蒙古族后裔满俊于石城暴动，待暴动被平息之后，成化五年（1469）即设固原卫于县治内，下辖西安守御千户所、平虏守御千户所、镇戎守御千户所。

固原守御千户所改升为固原卫，直接原因是蒙古兵锋不断入侵。此外，还与另两大事件有关。一是成化三年（1467），蒙古兵锋攻克开成县；二是成化四年满俊暴动反明。尤其是满俊事件的影响，"内为土达巢穴之所，外为北虏出没之所，守城唯一千户所，军少势孤"③。总督项忠奏准于固原设卫，并设立西安守御千户所，"以扼其要冲"④，主要防御蒙古军冬季"踏冰入犯"。以右副都御史的身份出任陕西巡抚的马文升，参与了围剿满俊暴动的行动。他在《西征石城记》中记载："石城以北古西安州添设一千户所，除官拨军防守。又以固原千户所改升为固原卫，奏选指挥官苗凤等七十余员理卫事。同时，设陕西按察司佥事一员，举巩昌府阶州知州杨冕任之"⑤，从军事机构设置、军队配置等方面，全力提升固原的军事防御水平能力。明代人张雨《边政考》里记载，固原卫设立后，驻军达14810人。

《嘉靖固原州志·文武衙门》记载，固原卫指挥中枢在州城大街西，成化六年（1470）建，正厅五间，东西六房各六间，后厅五间；大门东西厢房各三间，二门三间，经历司三间，镇抚司三间，狱房一所，左、右、中三千户所。依《固原州城图》看，固原卫在州城大

---

① 徐日久：《五边典则》卷11，《明代蒙古汉籍史料汇编》第5辑，内蒙古大学出版社2006年版，第122页。
② 《嘉靖万历固原州志》卷1，宁夏人民出版社1985年版，第16页。
③ 《明宪宗实录》卷63，成化五年二月戊子，台湾"中研院"历史语言研究所影印校勘本。
④ 《明宪宗实录》卷63，成化五年二月戊子，台湾"中研院"历史语言研究所影印校勘本。
⑤ 马文升：《西征石城记》，《国朝典故》卷69，北京大学出版社1993年版，第1944页。

街东南,与固原州衙门为邻(与"固原卫在大街西"方位相左)。《万历固原州志·公署》载,固原卫在州城以东,与《固原州城图》的方位是一致的。固原卫的建筑格局,其规模大于州治衙门。

五 陕西三边总督

明朝北部边防,是明代政治与军事的重大问题。随着明朝防御与蒙古兵锋南下态势的变化,北部沿边逐渐形成了九边军镇,即九大军事防区。最初设置是辽东、宣府、大同、延绥四镇,继之设置的是宁夏、甘肃、蓟州三镇,最后设置太原、固原(陕西镇)二镇。蒙古鞑靼部迁居河套之后,进逼西北边境。正统(1436—1449)时期,"三边终无宁日"[①]。面对西北军事防御的现状,时任刑部主事张鼎上疏朝廷:"陕西八府三边,具有镇守总兵,而巡抚都御史不相统一,遇事各为可否,有警不相救援。宜推文武兼济者一人总制三边,副将以下悉听调遣,以一事权。"张鼎上疏得到准允,始"设制府于固原,控制三边"。成化十年春,命王越总制延绥、甘肃、宁夏三边,总督文武大员,自总兵、巡抚以下皆听其节制。[②] 三边总制设立之初,不是常设机构,是有边患时设置,边事平息则撤罢。自弘治十五年(1502),陕西三边总制驻节固原,掌控陕西三边四镇的军务,遂成为定制。嘉靖十九年(1540)始,因避讳"制"字,改"三边总制"为"三边总督"[③],直到明朝灭亡。

《嘉靖固原州志·文武衙门》里,专门列有《总制边务大臣》一节,从弘治十五年兵部设立"总制边务大臣"、开府固原,总制延绥、宁夏、甘肃、陕西(固原)4镇起,均有详细记载。《嘉靖固原州志·固原州城图》里有方位标识,三边总督府居城靠北的位置,正当固原州内城的中轴线上,占地面积较大,建筑格局宏伟。明末清初人刘献廷(1648—1695)在其《广阳杂记》里记载:"明三边总制,驻劄固原。

[①] 《明通鉴》卷32,中华书局2013年版,第1266页。
[②] 《明通鉴》卷32,中华书局2013年版,第1277页。
[③] 王世贞:《弇山堂别集》卷64,中华书局1985年版,1193页。

军门为天下第一,堂皇如王者。其照壁画麒麟一,凤凰三,虎九,以象一总制,三巡抚,九总兵也。"① 可见三边总督军门的森严和建筑群的宏伟,应该是明代固原城的地标建筑群之一(图6-9)。

陕西三边总督建筑群之外,明代固原内城的建筑大致可分为军事、州治、儒学与宗教几大类,主要是军事管理机构与地方政权建制机构,体现着明代固原地方政权的性质。与军事相关的建筑群占到百分之八十左右,如总督府、总兵府、副总兵府、兵备道、固原卫、行司、左营、右营等,与军事指挥机构直接关联的机构,有神机库、杂造局、草场、粮仓。固原州地方政权建制,主要是固原州、西分司、西察院、中察院(陕西布政使的派出机构)。马政,是明代国家重要的军事战略物资。因此,固原州城内设有负责马牧的监牧厅、广宁监等。

自明代成化十年(1474)设立固原陕西三边总督,开府固原,总制延绥、宁夏、甘肃、固原镇军务,到明朝灭亡的170余年间,先后有60余位朝廷大员出任固原陕西三边总督。从履行军事指挥的权限和职能看,早在成化四年(1468)平定固原满俊暴动时,朝廷即命左副都御史项忠(1421—1502)统各路大军进剿,就是以总督的身份掌控军事,项忠应该是第一任驻节固原的陕西三边总督。此后百余年,出任陕西三边总督者尚有60余位(见明代驻节固原陕西三边总督军务文臣任职表)。

图6-9 兵部尚书石茂华立碑(拓片)

---

① 刘献廷:《广阳杂记》卷1,中华书局1957年版,第35页。

明代驻节固原陕西三边总督军务文臣任职表

姓名	籍贯	任职时间	进阶与官阶名
项 忠 （字荩臣）	浙江嘉兴人	成化四年	正统七年进士，成化四年以左副都御史平定满俊之乱，升右都御史，兵部尚书。总督原称总制，嘉靖中期之后改称总督
王 越 （字世昌）	直隶浚县人	成化十年	景泰二年进士，成化十年，陕西三边设总制成为定制自王越始，曾驻军韦州。左都御史，兵部尚书
马文升 （字负图）	河南钧州人	成化十一年代王越	景泰二年进士，以巡抚左都御史平定满俊之乱，水口、汤羊岭大捷影响较大，兵部尚书
秦 纮 （字世缨）	山东单县人	成化十四年	景泰二年进士，成化年间蒙古兵锋大寇花马池、固原、平凉，以户部尚书兼左都御史总制军务，练将兴屯，军声大振。弘治十七年五月召回任户部尚书
杨一清 （字应宁）	云南安宁州人	秦纮之后，三边总督一度空置，直到正德元年	成化八年进士，正德元年、正德五年、嘉靖四年三次出任固原陕西三边总督，治边二十余载，有政绩
才 宽 （字汝栗）	直隶迁安县人	正德四年	成化十四年进士，以工部尚书兼左都御史出任，兴武营之战，"斩虏数十级，中流矢而卒"，是唯一战死疆场的总督。李梦阳有诗追念
陈 震 （字文静）	陕西安化人	正德五年	成化二十三年进士，以兵部左侍郎兼佥都御史讨朱寘鐇，暂行总制三边事。杨一清到即取回，依附刘瑾削籍为民
张 泰 （字世亨）	直隶肃宁县人	正德六年	成化十四年进士，以右都御史任，八年卒于固原，赠刑部尚书
邓 璋 （字礼方）	顺天涿州人	正德九年	成化二十三年进士，巡抚河南，迁右都御史，总督陕西三边军务，十年致仕
彭 泽 （字济物）	陕西兰州人	正德九年	弘治三年进士，以太子太保、左都御史出任。正德十二年，再度命其陕西三边提督，但未启行
李 钺 （字虔甫）	河南祥符县人	嘉靖元年	弘治九年进士，以兵部左侍郎兼佥都御史出任，兵部尚书
金献民	四川绵州人	嘉靖三年	成化二十年进士，提督陕西等处

续表

姓名	籍贯	任职时间	进阶与官阶名
王宪（字维纲）	山东东平人	嘉靖四年	弘治三年进士，以兵部尚书兼右都御史出任，六年加太子太保
王琼（字德华）	山西太原县人	嘉靖七年代王宪（《嘉靖宁夏新志》为嘉靖八年）	成化二十年进士，以兵部尚书兼右都御史出任，十年即为兵部尚书
唐龙（字虞佐）	浙江兰溪县人	嘉靖十年	正德三年进士，以兵部尚书兼右都御史出任
姚镆（字英之）	浙江余姚县人	嘉靖十三年	弘治六年进士，嘉靖十三年以兵部尚书兼右都御史任，辞而未赴任，月余后授兵部尚书
刘天和（字养和）	湖广麻城县人	嘉靖十五年	正德三年进士，曾巡抚陕西，以兵部左侍郎兼副都御史，十六年升左都御史，兵部尚书
杨守礼（字秉节）	山西蒲州人	嘉靖十九年代刘天和	正德六年进士，曾巡抚宁夏，以兵部尚书兼右都御史出任
张珩（字佩玉）	山西石州人	嘉靖二十三年	正德十六年进士，以兵部右侍郎兼佥都御史，出任陕西三边总督
曾铣（字子重）	浙江黄岩人，一说南直隶江都县人	嘉靖二十五年	嘉靖八年进士，上疏言"收复河套谋略"，以兵部右侍郎兼佥都御史出任
王以旂（字士招）	南直隶江宁县人	嘉靖二十六年代曾铣	正德六年进士，以兵部尚书兼右都御史出任
贾应春（字东阳）	北直隶真定县人	嘉靖三十二年	嘉靖二年进士，以兵部右侍郎兼佥都御史出任，户部尚书
江东	山东朝城人	嘉靖三十三年	嘉靖八年进士，嘉靖十三年以兵部右侍郎兼都察院右佥都御史总督陕西三边军务，三十九年兵部尚书，太子少保
王梦弼	山西代州人	嘉靖三十六年	嘉靖十四年进士，以兵部右侍郎兼佥都御史出任
魏谦吉（字子惠）	北直隶柏乡人	嘉靖三十七年	嘉靖十七年进士，以兵部右侍郎兼佥都御史出任
郭乾（字孟阳）	北直隶任邱人	嘉靖三十九年	嘉靖十七年进士，以兵部右侍郎兼佥都御史出任

续表

姓名	籍贯	任职时间	进阶与官阶名
程轼（信甫）	山东临清人	嘉靖四十年	嘉靖十七年进士，以兵部右侍郎兼金都御史出任
喻时（字中甫）	河南光州人	嘉靖四十一年	嘉靖十七年进士，以兵部右侍郎兼金都御史出任
陈其学（字宗孟）	山东登州卫人	嘉靖四十五年	嘉靖十七年进士，以兵部右侍郎兼金都御史出任，本年加右都御史。寻回籍，起总督宣大军务
霍冀（字尧封）	山西孝义县人	嘉靖四十五年	嘉靖二十三年进士，以兵部右侍郎兼金都御史出任，兵部尚书
王崇古（字学甫）	山西蒲州人	隆庆元年出任，在任三年	嘉靖二十年进士，曾巡抚宁夏，以兵部右侍郎兼右金都御史，历兵部、刑部尚书，后总督宣大
王之诰（字告若）	湖广石首县人	隆庆四年	嘉靖二十三年进士，以右都御史兼兵部左侍郎出任，后升任南京兵部尚书
戴才（字子需）	北直隶沧州人	隆庆五年	嘉靖二十三年进士，以右都御史兼兵部右侍郎出任
石茂华（字君采）	山东益都县人	万历二年	嘉靖二十三年进士，屡有迁调，二次出任固原陕西三边总督。固原砖包城墙在其任上，包括建尊经阁、城南书院、置学田等。万历十一年再出任总督，卒于任
董世彦（字子才）	河南禹州人	万历五年	嘉靖三十二年进士，兵部右侍郎，陕西三边总督
郜光先（字子孝）	山西长治县人	万历六年	嘉靖三十八年进士，右金都御史；万历十一年第二次出任，兵部尚书
高文荐	四川成都右卫人	万历九年	进士
梅友松（字茂卿）	四川内江县人	万历十七年	嘉靖四十四年进士，万历十七年五月出任陕西三边总督。十八年九月，以洮州失事论罪被革职
郑洛（字禹秀）	河北安肃县人	万历十八年经略	嘉靖三十五年进士。万历十八年，鞑靼火落赤部侵洮州（今甘肃临潭），杀洮州镇副总兵，洮州告急。朝廷为郑洛加兼右都御史，经略陕西，处置洮河之变。前任总督梅友松已革职，郑洛行使的是陕西三边总督之权力，故列为一任

续表

姓名	籍贯	任职时间	进阶与官阶名
魏学曾（字惟贯）	陕西泾阳县人	万历十九年	嘉靖三十二年进士,参与平定哱拜之乱。因留固原十余日以俟之,朝廷以"玩寇"罪罢总督,叶梦熊代
叶梦熊（字南兆）	广东归善县人	万历二十年代魏学曾	嘉靖四十年进士,曾转饷宁夏。接任陕西三边总督,平息哱拜之乱有尚方宝剑,兵部尚书
李汶（字宗齐）	北直隶任邱县人	万历二十二年	嘉靖四十一年进士,兵部尚书。陕西三边总督任上十二年,是任职时间最长的总督
徐三畏（字子敬）	北直隶任邱县人	万历三十四年	万历五年进士,万历三十四年李汶卸任后,以甘肃巡抚加都察院右都御史、兵部尚书衔出任陕西三边总督
黄嘉善（字惟尚）	山东即墨县人	万历三十八年	万历五年进士,宁夏巡抚任上多年,在边陲十五载,加太子太保,宁夏立祠祀之
顾其志（字冲吾）	南直隶长洲县人	万历三十六年	隆庆五年进士,加兵部侍郎,擢总督陕西三边军务。晋南京兵部尚书。卒,赠太子太保
刘敏宽（字伯功）	山西安邑县人	万历四十二年	万历五年进士,料敌如神,有奇胜者三十余战。总督任上与兵备董国光修《万历固原州志》,以飨后人
杨应聘（字行可）	南直隶怀远县人	万历四十五年	万历十一年进士,万历四十五年晋左侍郎兼右佥都御史,总督陕西三边军务
李起元（字惺原）	北直隶南和县人	万历四十八年	万历十一年进士,四十八年晋右都御史兼兵部右侍郎,总督陕西三边军务兼理粮饷。后加太子太保,南京户部尚书
李从心（号介石）	北直隶南乐县人	天启三年	万历二十年进士,天启三年十一月,由宁夏巡抚副都御史晋兵部右侍郎兼右佥都御史,总督陕西三边,直到天启五年九月。升兵部尚书、太子少保
王之采（字心一）	山西蒲州人	天启五年	万历二十九年进士,天启元年,改任都察院右副都御史巡抚宁夏。后擢升兵部右侍郎、兵部左侍郎,出任陕西三边总督
史永安（字磐石）	山东武定县人	天启七年	万历四十一年进士。天启七年,以兵部右侍郎、左侍郎官阶出任陕西三边总督
武之望（字叔卿）	陕西临潼县人	崇祯元年	万历十七年进士,官至都察院右都御史兼兵部侍郎,总督陕西三边军务

续表

姓名	籍贯	任职时间	进阶与官阶名
杨鹤（字修龄）	湖广武陵县人	崇祯二年代武之望	万历三十二年进士，兵部右侍郎，兵部尚书
陈奇瑜（字玉铉）	山西保德县人	崇祯六年	万历四十四年进士，总督陕西、山西、河南、湖广、四川军务，时洪承畴总督陕西三边军务
洪承畴（字彦演）	福建南安县人	崇祯四年	万历四十四年进士，崇祯七年撤陈奇瑜，再任陕西三边总督，不久总督河南、山西、陕西、湖广、四川五省军务
郑崇俭（字大章）	山西乡宁人	崇祯十二年代洪承畴	万历四十四进士，崇祯初年以右金都御史巡抚宁夏，崇祯十二年，擢兵部右侍郎总督陕西三边。崇祯十四年，以失误军律罪，弃市
丁启睿（字性如）	河南永城县人	崇祯十三年代郑崇俭	万历四十七年进士，崇祯九年宁夏兵变，丁启睿捕斩杀宁夏巡抚王楫者首恶六人。出任陕西三边总督，第二年晋兵部尚书
傅宗龙（字仲纶）	云南昆明县人	崇祯十四年代丁启睿	万历三十八年进士，兵部右侍郎兼右金都御史
汪乔年（字岁星）	浙江遂安人	崇祯十四年	天启二年进士，崇祯十四年出任陕西巡抚，右金都御史，不久代傅宗龙出任陕西三边总督。次年奉命出关，与李自成、罗汝才部迎战，败退襄城。城破，被执杀
孙传庭（字伯雅）	山西代州人	崇祯十五年代汪乔年	万历四十七年进士，以兵部尚书总制三边，铸总七省之印。在围剿农民起义策略上与杨嗣昌不合而入狱。杨嗣昌之后，帝亲御文华殿问策
余应桂（字二矶）	江西都昌人	崇祯十六年十月代孙传庭出任，行至中途未到任	万历四十七年进士，官至兵部侍郎
李化熙（字五弦）	山东淄川人	代余应桂，未到任。是明代朝廷任命的最后一任陕西三边总督	崇祯七年进士，官至兵部右侍郎。改任陕西巡抚尚未到任，再改任陕西三边总督

资料来源：《明史》，中华书局 1987 年版；陈田辑撰：《明诗纪事》，上海古籍出版社 1993 年版；《乾隆宁夏府志》，宁夏人民出版社 1996 年版；《宣统固原州志》，陕西人民出版社 1992 年版；王世贞：《弇山堂别集》，中华书局 1985 年版、《延绥镇志》，上海古籍出版社 2011 年版。

总督，是特殊军事背景下地方的高级官员。明代朝廷派驻地方的总督，都冠以中央都察院各种头衔，通常以兵部侍郎兼都察院右都御史、兵部侍郎兼都察院左都御史等相称，以节制巡抚与各镇总兵。出任过固原陕西三边总督之职的官员中，大部分总督是一次经历，也有数人多次出任，杨一清有其代表性。出任固原陕西三边总督的官员，还有一个特殊现象或共同特点：凡出任固原陕西三边总督者均身兼朝廷要职或荣誉性的官衔，如兵部尚书、户部尚书、左副都御史、巡抚左都御史头衔，或以兵部侍郎兼都御史、太子太保兼左都御史身份出任。

从军事层面上看，明朝政府对西北边地军事防御十分重视，也说明固原军事地理位置的重要。从文化传播与积淀看，先后有60余位陕西三边总督驻节固原，他们的文化身份大部分是进士出身，属于高层次文化人群。在170余年时空里，往来人数多，持续时间长。固原城的总督衙门里出进的是这样一个特殊文化人群体，经历的是一个特殊的历史时空。作为城市建筑，总督衙门是固原镇城有代表性建筑群，与相关衙门共同构成了府衙建筑群；更为重要的是，推进和提升了固原多元文化的发展。这种特殊的经历，对于固原城的文化建设与传承影响都是空前的，尤其是留下了传承后人的文化遗产，如《嘉靖固原州志》《万历固原州志》等，在记载固原历史的同时，传承了固原文化。

通过多种史料梳理可以看出，这60余位固原陕西三边总督，截至刘敏宽撰《万历固原州志》之前的42位，他们均是进士出身。之后的十余位中，除陈奇瑜是进士身份外，其余没有记载文化身份，时间集中在万历末年到崇祯这个时段。此时的明朝，边患加剧，内外交困，尤其是明末农民起义遍地，明朝政权已处在风雨飘摇之中。崇祯时期，朝廷实质上已无暇顾及边地，出任固原陕西三边总督的人选，已是朝任夕改。最后的两任，虽然朝廷任命了，但由于各种原因都未能到任。这些内容，《明史》《明实录》里都有记载，《嘉靖宁夏新志》《嘉靖固原州志》《万历固原州志》等地方志书里也有不完整记载。

明朝末年，战乱与冲突加剧，农民起义烽火遍地，一省总督已不能控制势力范围内之局势，出现了统辖数省的统兵大员，称为督师、经略，仍属于高级统兵文臣，权势更重，但已无力回天。

第六节　固原州城内外建筑

儒学教育，是明代固原文化教育的中枢，承载着固原卫、固原州军民子弟的读书与科考。儒学建筑，是固原城较大的文化建筑群，也是固原城建筑规格较高的建筑群。出任固原陕西三边总督的历任大员，大多都是有进士出身经历的文化精英，他们对固原儒学教育非常重视。宗教建筑，主要有城隍庙、上帝庙、三关庙、祠堂等。

固原州城的这些不同门类的文化建筑群，一部分以钟鼓楼大街为中轴线坐落在大街东西两边，成为固原城亮丽的城市建筑景观。牌楼，是城市里一种带有装饰性、纪念性的重要建筑物，这种门道式的装饰物或四柱三间，或六柱五间，横跨大街。《嘉靖固原州志·固原州城图》总督府门前有牌楼，与钟鼓楼同处在总督府南北大街上。修建牌楼，通常是为了纪念当地杰出人物或重要历史事件。

一　钟鼓楼兴衰

钟鼓楼，原本是指城隅上置放特大型钟鼓的楼房，用以报时或警戒盗贼。佛寺所设鼓楼，与钟楼相对，建于正殿的左右，用于悬鼓报时，或于典礼时敲击。始设钟鼓楼于京城之内。往后的演变，作为一种建筑样式，钟鼓楼便与城市文化建筑融在一起，成了一种权力和地位的象征。固原钟鼓楼，自然是固原历史上的一大著名建筑文化景观。

（一）城市天际轮廓

城市形象的研究体现在多个方面，包括建筑群标志性建筑及其建筑环境等。城市标志性建筑往往直接表现着城市文化，也是城市文化的象征。钟楼和鼓楼，是我国古代在城市、宫殿、寺院中用作报时和显示威仪的建筑物，是体现中国传统文化精神的重要建筑类型之一。古人对于城市楼阁式建筑早已关注,《史记》里已有"仙人好楼居"的记载,汉武帝时期建了不少高台楼观。后世的钟鼓楼,成为古人敲击以启闭城门的信号;晨钟暮鼓,成为城市里报时的习惯。在古老的中国城市中,主要街区少不了修建钟楼和鼓楼,这两座高大的建筑物,通常占据着城市的中心或街道的枢纽位置。到了明代,许多城市的显著位置都建有高大的钟鼓楼,固原钟鼓楼就是这种文化传承的产物,尤其是作为陕西三边总督府所在的固原州城,更需要这样一种建筑物并成为军事性固原城的象征,以体现城市的地位和威仪。

明代固原州城的钟鼓楼,它既是固原城的标志性建筑,也是固原城的天际线,占据着城市的中心位置。依《嘉靖固原州志·固原州城图》看,钟鼓楼正当固原州城"三边总制府"衙门所在南北走向的大街上。"一般说来,重要的大道都会发端或相交于这两座建筑。钟鼓楼敦实的基座上贯通着城门大小的拱券,形成交通中心,城墙般高大的城台顶上才是真正属于'楼'的部分,两三层的高大楼阁通常由木柱和填充的梁柱间砖块共同构成框架……而钟鼓楼屹立其间,使古老的力量与尊严得到了完美的展现。"[1] 这是外国人眼里观察与感觉到的钟鼓楼建筑样式。

固原城钟鼓楼的修建,从明代状元康海所写的《固原镇鼓楼记》中,可看出它修建的时间和建筑格局。《嘉靖固原州志·固原镇鼓楼记》载:明代正德五年(1510),都察院右都御史张泰署任固原陕西三边总督伊始,就观览和考察固原城墙及城中文武府衙,包括年久失修的镇鼓楼。考察固原镇城之后,张泰慨然兴怀曰:"敝者不更,则来者毋视,非所以作军威、明节制、广教习之道也。"考察所见,"以钟鼓楼岁久颓敝,不可独废弗理,属指挥施范因旧而增其基,去坏以新其制"[2]。张泰提出对旧的钟鼓楼进行翻修扩建,由兵备按察

---

[1] [瑞典]喜仁龙:《北京的城墙与城门》,邓可译,北京联合出版公司2017年版,第9页。

[2] 康海:《固原镇鼓楼记》,《嘉靖固原州志》卷2,宁夏人民出版1985年版,第103页。

司副使景佐主持修筑。

　　修建后的钟鼓楼，高二丈七尺，台基与鼓楼通高五丈六尺，台基周围二十三丈，"皆以砖石围砌"，"东悬鼓"，"西悬钟"。修建始于正德壬申（1512）秋，工期一年，其建筑形制宏大，雄伟壮观，为固原镇的一大建筑景观。张泰自己也认为可以安靖边隅，"壮镇城耶"！固原镇钟鼓楼的修建，不仅仅是城市的一大建筑景观，还有鼓舞士气、提升军事防御的作用。正因为与军事有关，钟鼓楼建成后，杨一清曾题名"镇西楼"。因此，钟鼓楼也称镇西楼。

　　梁思成先生在他的《中国建筑史》一书里，将明代大同城钟楼建筑造型的照片收入书中，并附考察文字说明："平面三间，正方形，高两层，檐三重。上层周围绕以腰檐平坐上作九脊顶。下层斗拱单杪重拱，每间补间铺作一朵；平坐双杪重拱，上檐单杪昂重拱，当心间用补间铺作一朵，稍间。腰檐斗拱特小，单杪重拱，每间补间铺作两朵，志称钟楼建于明，今考其全部结构手法，与城楼诸多相同，想当时所建也。"明代大同、固原二镇，皆为九边重镇。借梁思成先生对大同钟楼的考述，旨在参照说明固原钟鼓楼建筑文化背景。《嘉靖固原州志·固原镇鼓楼记》，记载了明代固原钟鼓楼的修建与扩建的历史。同时，也较详尽地记载了钟鼓楼的建筑形制。固原钟鼓楼，坐落在固原镇城三边总督府门前的中轴线上，正当南北十字大街交会处，是整个城市的制高点。钟鼓楼建筑台基高大，建筑物雄伟壮观，既提升和彰显了镇城的军事意义，也映衬着城市的天际轮廓。钟鼓楼台基设计独特，凸显了"共鸣墙"的效果，敲击时发出的声音洪亮而悠远，大"振军威"。同时，也成为明清两代文人借以表达思乡壮怀之地方。

　　（二）钟鼓楼诗

　　（1）杨一清

　　杨一清（1454—1530），字应宁，号邃庵，又号石淙，安宁（今云南安宁）人。成化年间进士，授中书舍人，迁山西按察佥事，以副使督学陕西，弘治时期以都察院左副都御使身份督理陕西马政。曾于正德元年（1506）、正德五年（1510）年、嘉靖三年（1524）三次出任固原陕西三边总督，总制西北地区沿边军务，是陕西三边总督杰出的代表人物，更是谙熟西北马政和军事防务的军事家。同时，他是明代的著名政治家和文化人，有《石淙诗稿》等传世，也是官至内阁首辅的朝廷重臣，他出将入相，为四朝元老。

杨一清三次出任固原陕西三边总督，是明代署理陕西三边总督次数最多的一位总督。这期间，他写下了不少描写明代宁夏战争风云和自然地理环境的诗文，留下了不少描写固原历史遗迹、山川风光和战争场面的诗作，著有《西征日录》《车驾幸第录》并传世。他"出将入相"，"畅晓边事"，巡边极陈战守之策，修长城以固边防，增加卫所以壮边戍，经理宁夏以安内附，整戢韦州（今宁夏同心县韦州镇）以遏外侵，其作为极具战略眼光。同时，后勤保障、军士训练、将士的选任等都紧而不懈。戍边军队"旌旗戈甲耀原野，士饱马腾，欢呼动地。虏闻，俱远徙，不敢入寇"①。这是明代人对杨一清治军的评价。杨一清在陕西前后约15年时间，包括督学陕西、督理马政在内，尤其是督理陕西三边军务期间，为西北边备的强化做出了积极贡献；移民招商屯田、马政建设、草场的保护等，尤其对固原的文化教育、城市建设、社会发展做出过积极贡献。

嘉靖时期重修固原镇鼓楼，时间在1524年。"固原重建钟鼓楼，当城之中央，俯视四野。予为题之曰镇西，赋得三律，然未足以尽楼之胜也。"②钟鼓楼重修后，杨一清写了《题固原鼓楼》诗（三首），《嘉靖固原州志》有记载，但只择取前两首。《万历固原州志》题名为《固原重建钟鼓楼》。

一

西阁风高鼓角雄，南来形胜依崆峒。
青围睥睨诸山绕，绿引潆渼一水通。
击壤有歌农事足，折冲多暇虏尘空。

---

① 焦竑：《玉堂丛话》卷2，中华书局2007年版，第62页。
② 杨一清：《石淙诗稿》卷19《题固原鼓楼》，国家图书馆出版社2018年版。

登楼不尽筹边意，渺渺沙龙一望中。

二

设险真成虎豹关，层楼百尺枕高寒。
重城列戍通三镇，万堞缘云俯六盘。
弦诵早闻周礼乐，羌胡今着汉衣冠。
分符授钺知多少，谁有勋名后代看。

三

千里关河入望微，四山烟雨翠成围。
蒹葭浅水孤鸿尽，苜蓿秋风万马肥。
圣主不教勤远备，书生敢谓认戎机。
狂胡已撤穹庐遁，体国初心幸不违。

杨一清第三次出任固原陕西三边总督，面对新修建的钟鼓楼，写下了《固原重建钟鼓楼》诗。他说："予为题之曰镇西，赋得三律。"第一律，既从鼓楼建筑的审美视角来观照，又从军事意义上来描写，极写鼓楼的高耸奇险。"西阁风高鼓角雄，南来形胜依崆峒。青围睥睨诸山绕，绿引潺湲一水通。"青山绿水环绕固原城，钟鼓楼雄居城中，自然景观映衬着雄伟高大的楼身，景色相融，景物互衬。在诗人眼里，这里是一处游览的好去处。御边之余，在戎马倥偬的间隙审视和享受眼前的景色，再现了诗人瞬间的审美胸怀。"登楼不尽筹边意，渺渺龙沙一望中。"瞬间愁绪依旧涌上心来。

第二律，是从军事层面上来写钟鼓楼的。陕西三边总督张泰认为钟鼓楼台不但能"壮镇城耶"，而且可安靖边地。作为三边总督的杨一清，极写钟鼓楼的高耸奇险。"设险真成虎豹关，层楼百尺枕高寒。重城列戍通三镇，万堞缘云俯六盘。"这里将高耸的钟鼓楼与雄伟的六盘山连在一起，将固原镇城与延绥、宁夏、甘州三大军镇连在一起，彰显的是固原陕西三边的军事中枢地位。

嘉靖三年（1524），边境多有战事，朝廷谏官言："臣谓今内阁可无一臣，而三边不可无一清。"这里的一清，即杨一清。明世宗朱厚熜诏杨一清以太傅、太子太傅改任兵部尚书、左都御史前往固原，第三次出任陕西三边总督，尽管杨一清以年迈多病为由两次上疏恳辞，但仍未得到皇帝准允，第三次出任固原陕西三边总督，再次踏上了大西北的征程。这一年，杨一清已是七十有一的老人。长诗《开府行》，是杨一清20年间3次驻节固原的时空变化和对人生去若朝露的感慨，同时也描写了三边制府固原的边塞风光——雄壮和苍凉。"当年从公至关道，我是壮夫今已老"，当年正处盛年，而今已成老翁，山河依旧，自己却两鬓霜染，伤感悲凄从心中生。"部将生儿还拜将，部卒亦复称将军。"难怪边镇将士们听说杨一清要回来了，个个欢呼雀跃。

第三律，借《题固原鼓楼》诗抒写御边报效国家的情怀。河山、孤鸿、苜蓿等意象，再现的是六盘山东西的地域特点。将烟雨、秋风、孤鸿作为描写的对象，它们分别代表着不同季节的景象。描写景物的瞬间笔锋一转，"狂胡已撤穹庐遁，体国初心幸不违"。御边的功绩，使他感到欣慰。杨一清三次出任固原陕西三边总督，效忠国家的初心不改。

（2）王琼

王琼（1459—1532），字德华，号晋溪，山西太原人，曾于嘉靖七年（1528）提督陕西三边军务。驻节固原期间，他曾陪寇中丞登固原钟鼓楼，留下了《偕寇中丞登固原鼓楼》诗。

> 陇北新州地势雄，城南百里峙崆峒。
> 秦关农父供输困，河朔单于堠火通。
> 春尽荒山围四野，天高寒日堕晴空。
> 徘徊不尽登临意，世态相忘一醉中。

登钟鼓楼始能感悟固原城的雄壮，也抒发了诗人的家国情怀。"秦关农父供输困，河朔单于堠火通"，边地无休止的战争和常年用兵，苦了输送粮饷的农人，而北边的战火还不能停歇。春天将尽的固原，四野仍是荒山颓芜，寒意四起的时空，满眼的世态使登楼之人悲从中起，流露了对无休止战争的深深忧虑。登斯楼而徘徊不尽的万古愁肠，只有在沉醉中暂时忘却。

（三）钟鼓楼诗

重建成的钟鼓楼，尤其是杨一清钟鼓楼赋诗，影响着固原陕西三边总督的继任者和后世文人，因钟鼓楼而留下不少传世的诗文。万历时期，出任陕西三边总督的石茂华，也写过《秋日登镇西楼》[1]："年来边障燧烟休，况有兹楼足眺游"。镇鼓楼，同样成为寄托和倾泻诗人情绪与壮怀的地方。此外，还有陕西三边总督唐龙的《嘉靖乙酉登镇西楼》诗，喻时的《元夜镇西楼观烟火有感》，写元宵夜楼上的观感，既写了固原正月十五元宵夜灯火的繁盛绝艳，也由灯火联想到世事的飘忽和短暂。"琼树瑶花锦一丛，纷纶光焰片时风。乾坤事事皆飘忽，不必劳心觅楚弓。"流露了诗人心境的寂寞和对官场的冷淡。

清代，钟鼓楼已失去明代固原陕西三边重镇的象征，军事象征意义大为减弱。作为固原州城的一处著名的文化建筑，逐渐成为地方大员登临抒怀、念古追昔的地方，依旧是人们登临感怀的去处，"边庭卧鼓谁之功，功与此楼同不朽"[2]。追念前朝有功于国家的人，钟鼓楼的文化信息得到了延伸和传承。欧阳震的《登固原镇鼓楼》诗里，有"壁间诗句好，怀古一登楼"[3]句。可见，钟鼓楼里尚有前人题写的诗，后人读来增加了怀古之情。王恩培的《登固原镇鼓楼》诗："此楼距今五百年，巍然矗立萧关前。岂少登临贤豪客，茫茫云树含苍烟。"五百年前的钟鼓楼，历代修缮延续，屹然矗立供后人登临。

民国早期，钟鼓楼还在世人的视野里。1920年海原大地震，钟鼓楼未能幸免。邑人徐步升的《登楼》诗："鼓楼自昔号边楼，石镇凯歌战绩留"；"尤羡名人题句好，奈因地震付东流"[4]。矗立了数百年的钟鼓楼因大地震而塌毁，登楼怀古的时代随之逝去。钟鼓楼不存了，前人写钟鼓楼的诗就成了永远。

---

[1] 《宣统固原州志》卷8《艺文志》，陕西人民出版社1992年版，第468页。
[2] 王恩培：《登固原镇鼓楼》，清代《宣统固原州志》，陕西人民出版社1992年版，第488页。
[3] 《宣统固原州志》卷8《艺文志》，陕西人民出版社1992年版，第483页。
[4] 民国《固原县志》，《诗词》，宁夏人民出版社1992年版，第1182页。

(四) 北宋大铁钟

民国《固原县志·金石》记载，固原城中心之钟鼓楼，悬挂有一口巨大的铁钟，铁钟高九尺，周围1丈3尺，为北宋靖康元年（1126）所铸。其铭文曰："固郡城南，旧有葛公祖师庙，我等之所祖述而神明者也。欲感神明之格，必有金声之振，以供俎豆之馨。"固原博物馆编《固原文物精品图集》收录了这口铁钟的照片，并有详细测算。铁钟高2.36米，口径1.7米，重约6吨，较民国《固原县志》记载相对准确。铁钟纽由两个高浮雕龙头背向组合而成，肩部为圆弧形，其上铸有覆莲瓣纹和如意纹，分布有4个直径11厘米的圆孔。腹部分上、中、下三层布局，再分成方格，每个方格内都铸有文字。上层方格内的铭文为佛教文化的内容，如南无达摩耶、南无佛陀耶；中格内的铭文为祝福皇帝、祈盼民安、歌颂盛世太平的内容；下层为铸钟时间的铭文，大宋靖康元年岁次丙午八月中铸成，会首秦州助教任晟。口部为莲弧形。

这口北宋时期的铁钟，经历了宋元战争的烽烟，又与明代固原城钟鼓楼结缘，伴随着明代固原州城，直到明清替代，民国鼎革，新中国建立。近千年间，它目睹了固原城的变迁。至今，仍静静地悬挂在固原博物馆里。《嘉靖万历固原州志》记载，鼓楼大钟稍南还"树二丰碑"，其一是《平定宁夏露布碑记略》，石碑在东；其二是《松山纪绩碑》，石碑在西。[①] 第一块碑文的内容，是记载万历二十年（1592）宁夏镇平定哱拜之乱的经过，为陕西三边总督叶梦熊奏立。第二块碑文记载明代万历二十六年（1598），收复大小松山（今贺兰山以西，甘肃景泰、永登、天祝、古浪一带）后，万历四十二年（1614）由兵部尚书黄嘉善所撰。这在明代后期，是发生在西北地区的两大重要的军事事件，故立碑于固原陕西三边总督衙门之前，同样增加了总督府的威严。作为记载重大历史事件的两块碑记，同样与钟鼓楼形成一种军事威慑力。

明代固原钟鼓楼，就典籍记载看，自创建到扩建先后有过3次修

[①]《嘉靖万历固原州志》上卷，宁夏人民出版社1985年版，第146页。

建。第一次在成化年间，为兵备佥事杨冕所修建。杨冕是四川安邑人，进士出身，成化五年（1469）以按察司兵备佥事身份出任固原。第二次扩建，是在三边总督张泰任上，由陕西按察副使、固原兵备景佐（山西蒲城人，进士，正德六年固原兵备）修建。第三次修建，是在陕西按察副使、固原兵备成文任上修建。

（五）牌楼

明代固原州城，多处都建有装饰性、纪念性的建筑物——牌楼①，这种门道式的装饰建筑物，四柱三间或五柱四间，横跨整条街道。立柱置放在石制的须弥座上（有的装饰石狮），柱与柱之间横跨着两三根宽阔的枋木，镶嵌着敬刻有颂词的匾额。牌楼的顶部都有飞檐挑出，架在斗拱之上，覆盖着琉璃瓦或筒瓦。牌楼的建筑样式，包含了中国传统建筑中诸多元素。牌楼的修建，是为了纪念当地的杰出人物或重要历史事件。从文化建设的意义上，明朝是固原城文化较为发达的时期。牌楼建筑，不仅增添了固原城市景观，城市的格局与影响力足以衍生出样式不同的牌楼建筑。

二　康海与固原城

（一）康海与杨一清

固原镇城这座雄伟的钟鼓楼建筑，与明代大学者、状元康海结下了情缘。弘治十五年（1502）二月，京城礼门会试，取进士300名，康海为第179名。三月十八日殿试，擢进士第一，成了状元。十九日，礼部宴请。二十一日，受朝服冠带。二十二日，率诸进士上表谢恩。二十三日，诣孔子庙，授翰林院修撰。②

康海（1475—1540），字德涵，号对山，陕西武功人。弘治十五年（1502）状元，授翰林院修撰。明代古文运动"前七子"之一，与杨一清有师生之情谊。弘治十六年（1503）七月六日，康海作序送杨一清，叙述师生之情甚笃。《康对山先生集》卷29《送邃庵先生

---

① 《嘉靖万历固原州志》上卷，宁夏人民出版社1985年版。
② 张廷玉等：《明史》卷286《康海传》，中华书局1987年版，第7348页。

序》记载:"于戏!某所以为某,皆先生之为之也。某惰不知学,先生勉之,使有所造。既稍知乡方,为乡试,又深发其所秘,率之急进于理。先生被诏来京师,闻之,私心固其甚,而又乃去耶!……今乃远别于先生者,子于父母之怀也……"① 次年十二月,朝廷擢升杨一清为左副都御使督理陕西马政期间,康海曾往平凉看望杨一清。

弘治十七年(1504)二月,康海谒杨一清于平凉行台,杨一清有《翰撰康德涵谒予平凉行台》诗纪其事:"一疏承恩出禁闱,入关人道状元归。光生梓里明宫锦,春溢慈颜坐暖晖。盛代科名真不忝,平生忠孝莫相违。瓣香绿野凭君问,遗绪谁寻一线微。"② 另一首为:"当年剑气欲横秋,高价深藏不待求。冀北千金收骏骨,关西多士有龙头。板舆华发自春色,白日锦衣非夜游。最是相过重相别,一樽何惜更淹留。"康海亦写有《送安平凉序》,记载了他在平凉的经历。同时,称赞平凉知府安维学(山西临汾人,成化二十年进士。由平凉知府擢升宁夏巡抚,死于安化王朱寘鐇之乱)治理地方之政绩。

早在1491年,杨一清以提学副使的身份为官陕西时,创建正学书院,选拔各地书院优秀学生来这里读书,并亲自督教。八年之后,杨一清离任至京城为官。康海正是杨一清提学陕西时期,在正学书院最受教益的学生。嘉靖三年,杨一清还在固原陕西三边总督任上,成文之请,实则杨一清之请。杨一清请康海撰好《固原镇重建鼓楼记》碑文之后,准备邀请康海到固原相叙,以游览宁夏山川景观。杨一清为邀请康海来固原,曾写有《与康德涵》短札,大意是说:起初与桑宪副(固原兵备副使)已说好,令其转请德涵您到固原会叙一月,以畅叙平生之情谊。岂料,到了年底情况发生了变化,朝廷诏杨一清还京,再次以吏部尚书兼武英殿大学士衔入阁,起用致仕兵部尚书王宪入驻固原提督陕西三边军务。杨一清回告康海说:正欲遣使奉邀来固原,而"行取之命忽下,败兴而止"。封建社会的官吏,接到调离

---

① 《康海年谱》弘治十六年,复旦大学出版社1993年版,第70页。
② 杨一清:《石淙诗稿》卷17《翰撰康德涵谒予平凉行台》,国家图书馆出版社2018年版,第253页。

圣旨是要马上离开原任地的。

康海收到杨一清给他的信札时，已离开陕西武功北上，正在往固原而来的路上，杨一清已知康海到了陕西陇县（当时称陇州）。但无奈之下又约康海在陕西乾县（当时称乾州）相会。杨一清于农历岁末即腊月二十日左右离开固原，二人于正月初在乾县相见。这瞬间的变化，对于康海来说，游走固原便成了永远的话题，也成了他们师徒二人之间一段美好的佳话。数百年之后，当后人们重新追述杨一清与康海的交游时，这段经历和传世的故事早已成了地方历史文化的财富。后人们在解读固原历史与文化的同时，就会追念这位曾经要来固原而没有成行的状元康海。

考察古代文化，地方重要建筑或重大文化活动凡载入史册者，大都邀请当代有声誉和地位的文化名人，撰写碑文或其他纪念性文字，《固原镇鼓楼记》就是这样写就和传世的。

（二）康海《固原镇鼓楼记》

康海状元的《固原镇鼓楼记》碑文如下：

固原者，陕西西北大镇城也。唐为故原州，宋为镇戎军，元氏废军不制。国朝景泰中，始设守御千户所，以为苑牧。成化初，满四乱，因升为固原卫。后累置文武重臣守备，故又设固原州，而总制大臣居此以镇，凡榆、夏、甘肃诸镇皆听命焉！

正德庚午（1510），总制右都御史张公来，不数年，兵练事宁，军多暇日，因便览城雉及文武之署，慨然兴怀曰："敝者不更，则来者毋视，非所以作军威，明节制，广教习之道也。"于是与总兵官具位，杨公英谋诸文武将佐，咸务丰新，不侈近欲，不废后观；而兵备按察司副使景君实任其事。诸既即绪，乃以钟鼓楼岁久颓敝，不可独废弗理，属指挥施范因旧而增其基，去坏以新其制，作为重楼七楹，东悬鼓，西悬钟，规摹（模）扩然大矣。公曰"斯不利民望，壮镇城耶！"于是，士大夫军民父兄以学生徐尚文将币来，请记其事，刻之坚石，将贻永久。

夫军府大事，非愚所及知也，其钟鼓之节，凡陈皆统之司马，以告候省期，盖所当至急而无缓者。州县之吏能使更鼓分明，尚验其善治，况雄军大镇枢辖要系之地乎！景君恢弘拓广，不劳力费财而又兴其所宜兴；张公以经略大臣，凡所可为者，巨细皆至。由其微以觇其著，则所以安静边隅，克张戎服，固非偶然也，愚又安以辞为哉！

楼崇二丈七尺，台如之而广二十三丈，厚五丈六尺，皆以砖石围砌。其悬者又靖康时古钟焉。工起于正德壬申（1512）秋，至此才一年已落成矣。亦不足以视民乎！

张公名泰，字世亨，肃宁人。景君名佐，字良弼，蒲州人。正德癸酉冬十月十又九日癸丑浒西山人康海记。①

康海《对山集·固原镇鼓楼记》②的文字，与《嘉靖固原州志·固原镇鼓楼记》里的文字，个别地方有不尽相同处，包括落款文字。《万历固原州志》下卷《艺文志·记》载，与《嘉靖固原州志》文字亦略有差异。一是冠名为《固原镇鼓楼记略》；二是碑记文字略少于《固原镇鼓楼记》，但基本内容都一致；三是碑文有落款。

《固原镇鼓楼记》为康海所作，出自陕西三边总督张泰任上。1510年，张泰出任固原陕西三边总督，1512年秋动工修建钟鼓楼，一年之后的正德八年（1513），固原镇鼓楼重新修扩建工程竣工。为将修建钟鼓楼这一盛事传之后世，张泰遣人呈文于康海，希望他撰写鼓楼落成碑文，旨在"请记其事，刻之坚石，将贻永久"。呈请文字是由康海的学生徐尚文送达的。早在张泰出任固原陕西三边总督的1510年八月，发生过一件震惊朝野的大事：大宦官刘瑾事败被诛杀。明代中叶，宦官专权，党争剧烈，康海为人耿直，敢于直言，却"义不附党"，他的陕西同乡、权奸刘瑾数次请他出山委以重任，他都直言拒绝。然而，为营救户部郎中、他的挚友前七子领袖李梦阳，他却义无反顾地找刘瑾为其陈述冤屈之情，希望刘瑾能网开一面。李梦阳

---

① 《嘉靖万历固原州志》卷2《记》，宁夏人民出版社1985年版，103—104页。
② 康海：《对山集》卷26，金宁芬点校，社会科学文献出版社2016年版，第340页。

是得救了，但刘瑾案发后，有人上折弹劾康海与刘瑾为同党，因受陷害而被落职回乡。据《康海年谱》记载，《固原镇鼓楼记》是康海贬官后，于1513年10月19日在故乡的浒西别业撰写而成的。

正德八年（1513）十月，撰写《固原镇鼓楼记》碑文，康海《对山集》卷26有记载。《固原镇鼓楼记》末署："正德癸酉冬十月十又九日癸丑浒西山人康海记。"[①]《固原镇鼓楼记》文字，是康海在他的浒西别业完成的。

（三）康海《固原镇重修鼓楼记》碑文

正德初，河中景君良弼以按察副使治兵固原，即作鼓楼与郡城，垂十有余载，为嘉靖三年，台圮楼敝，视听瞀矣。山阴成君质夫，以是官治兵是地，见而闵之。曰："前人之作系诸后观，失今罔葺，嗣将焉赖？"于是命工鸠材，遴美图远，即其旧址，聿怼往躢（读 tan，同毯音）。期年，而工用遂讫。严丽靡忝于先，坚致可垂于后。于是以书抵予求记岁月。

予惟晨夜之令，古昔所慎，况交冲远控之枢，辐辏钤辖之地。申教苟疏，以喻终鲜。是以虽当抚绥作奋之初，而垣墉金鼓在所必先。何也？所以一视听限闻域也。今君之意盖若是者，宜其民之从事亟趋若归。

夫上之人逸道，使民虽劳不怨，则固不止于田里一事而已。况固原夷夏要枢，制臣巨公开府于此，以总辖三边之务，是不但一面之会也。此其使诸民者，又孰有逸于此者、曩者壬申中夏，猘房深寇于泾、邠，百姓皇皇然弃庐舍，躅老弱，挈资负壮散于原野，至尼肩郭门。方是时，受钺恭讨之臣，冠着相望也，独不能夷丑弭怼者，非智虑弗及，而攻守靡闲也。用之于有事之后，而未备之于未衅之前。夫何为而不若是者？回想乙丑、丙寅之间，我邃庵先生居制府时，殆天渊矣。予闻君缮墉深堑，百废俱兴，有先生之风焉。使后之继君者，亦殚心极虑如君，壬午之寇

[①]《康海年谱》弘治十六年，复旦大学出版社1993年版，第130页。

可千万世勿复肆也。后之君子以予言为何如哉？

是役也，协谋于君者，镇守署都督佥事郑铭、守备都指挥同知刘文，其指挥某、知州某又承委而董役者也，因并记之。

嘉靖四年乙酉春三月十又八日丁丑记。①

《固原镇重修鼓楼记》碑文，《嘉靖固原州志》《万历固原州志》都没有收录，《康海年普》有记载。明正德年间，修建固原镇钟鼓楼。十余年之后的嘉靖三年（1524），固原镇重修鼓楼，主持修建者是时任陕西按察副使、固原兵备成文。新修建的固原镇鼓楼，仍"其旧址"，"其年，而工用遂讫"。成文"以书抵予求记岁月"，请康海为新建成的钟鼓楼题写碑记，遂有《固原镇重修鼓楼记》传世。

《固原镇重修鼓楼记》，追述了修建的背景和原因；修建的军事意义，"予惟晨夜之令，古昔所慎，况交冲远控之枢，辐辏铃辖之地"，"而垣墉金鼓在所必先"，"固原夷夏要枢，制臣巨公开府于此，以总辖三边之务，是不但一面之会也"。同时，盛赞杨一清在固原治边的功绩，成文治边的功绩，尤其是修建钟鼓楼对后世的影响力。

《嘉靖万历固原州志》里只记载了成文出任固原兵备的大致信息和功绩。成文（山西山阴人，弘治十五年进士）于嘉靖二年任固原兵备，"政尚平恕，人咸德之，历升右副都御使，巡抚辽东"②。康海《对山集》卷26收录了《固原镇重修鼓楼记》，为固原留下了又一笔与固原城密切关联的文化遗产。

由《固原镇重修鼓楼记》可见，一是康海写过两篇"固原镇钟鼓楼记"，二是固原镇钟鼓楼在正德与嘉靖年间，有过两次修建。嘉靖初年修建的钟鼓楼，"严丽靡忝于先，坚致可垂于后"，不但坚固，而且外表较为华丽。

---

① 康海：《对山集》卷26，金宁芬点校，社会科学文献出版社2016年版，第339—340页。

② 《嘉靖万历固原州志》卷1《整饬固原兵备宪臣》，宁夏人民出版社1985年版，第36页。

（四）康海与迎诏亭

明代嘉靖年间，固原城南建一处特殊的亭子，名为迎诏亭。《嘉靖固原州志》里没有记载，清《宣统固原州志》里也没有记载。状元康海的《对山集》里，有一篇《固原南郭迎诏亭记》，这个信息告诉后人，明代固原城南还修建过名为"迎诏亭"的亭子。

《固原南郭迎诏亭记》碑文如下。

> 此亭固原故未有，自陕西按察司副使山阴成君文治固原始有之。九经之道，严于宾旅，况制诏及境乃独草草然绵鞠而则区，非所以尊册命崇观听也。成君以书谓予曰："亭小而系重，尚为我记之，以诏来者。"予因书以贻君，刻诸壁石。
> 亭垣延一十几寻，广几寻，有大门、中门。由中门及凳道进露台及亭。亭三间，傍为厢房各三间。嘉靖乙酉（1525）正月肇工，四月工讫落成。又越月甲子，浒西山人康某记。①

诏，含义有三，一是告、告语，二是教导，三是天子颁发的命令文告。由迎诏亭的命名看，应该具有多重意蕴，包括诏书、朝廷各部的相关文书等。迎诏亭修建于固原城南，也暗含着迎接朝廷各类文书的意思。在当时，迎诏亭，是固原城南一处高规格的建筑。清代固原知州迎接朝廷大员，都到固原城南二十铺官道候迎，这与明代固原城南修建迎诏亭的理念一致。迎诏亭毁于何时，地方志书里没有记载。康海《固原南郭迎诏亭记》，为明代固原城的建筑文化，留下了一段特殊的历史文化信息。

三 庙学与庙学建筑

（一）秦纮首创庙学

明朝固原州、县所设立的学校，称为儒学，并设儒学教授、学正、教谕及训导等，以教诲学校所属生员，实际上就是官办的书院，

---

① 康海：《对山集》卷26，金宁芬点校，社会科学文献出版社2016年版，第348页。

这是地方文化建设的根本所在。明代固原设有州县地方政权建制，也是陕西三边总督驻节之地，负有调遣延绥、宁夏、甘肃、固原四镇兵马、驻防和抵御北方蒙古兵锋南下之重任。在充分体现固原乃至西北军事防御的同时，驻节固原城的历任陕西三边总督都非常关注地方文化教育发展。

《嘉靖固原州志》里称儒学为庙学。庙学，是将孔子祭祀与儒学教育有机结合起来的一种办学模式。自唐代实行庙学合一的体制以后，庙学建筑始终是地方教学与祭孔的重要建筑载体。庙学教育作为我国古代地方官学的一种主要形式，在我国教育发展史上发挥过重要作用，产生过重要影响。

明朝弘治十六年（1503），固原陕西三边总制秦纮，在固原州城创建固原州儒学。① 《嘉靖万历固原州志》有一幅《固原州城图》，图上明确标注着"儒学"所在的位置和建筑样式（线图）。儒学所在的位置与"总制府"相邻，在非常显眼的地方。这是固原最早的官办学校。依当时的设置模式，固原州儒学设有学正和训导。依《嘉靖固原州志》《万历固原州志》看，这些负责儒学教育者皆为外籍人士。为了办学经费，秦纮还通过与商人以"愿求外城之内城为居室、铺暑，听输银入官"（固原州城是"回"字形内外城，故有外城之内城的说法）的居住方式来募集商人的资金，"所得价银甚富"，"以前所入之银，易城中之地为庙学之基"，作为修建庙学的基础。再将筹措到的经费用来修建"庙学"，为生员创造和提供学习的场所。

作为陕西三边总督的秦纮，他用商业化的集资运作方式换得庙学用地以修建学宫，"建大成殿八楹，崇五寻；戟门、棂星门各三间，崇二寻；两庑各二十五间，崇二寻。殿后起明伦堂五间，东西斋各六间；堂后作师舍四所；斋后作生徒舍四十间。戟门右作神库三间。生徒舍左作馔堂五间；生徒所右作廪庚三间……正殿则覆以琉璃，栋梁

---

① 《嘉靖万历固原州志》卷1，宁夏人民出版社1985年版，第19页。

榱题则黝垩丹漆，间以金饰户牖。"① 固原儒学建筑规格高，设施完整。太子太保王恕撰写《固原增修庙学记》，记载了庙学修建过程，对秦纮全力兴办地方文化教育十分推崇。

张泰出任固原陕西三边总督后，亲往考察固原州庙学，"环顾周视，曾无寸石片言"留下。询问衙属官吏，学官李宗义提供了当年学宫建成后"高君"首创留下的文字。张泰看见这些文字，即嘱兵备副使景佐，"命工砻石镌而立之"②。为此，张泰写了《固原州增修庙学记后》，说明勒碑刻石的过程。万历时期，陕西三边总制黄嘉善、固原兵备董国光都曾增修③庙学建筑以发展教育。

（二）王宪重修庙学

王宪出任固原陕西三边总督，在驻固原的历任总督中，任职时间相对较长。他在任期间文化建设之一，就是重新修建固原庙学，并请状元康海撰写《固原重修庙学记》。庙学记碑文，也传递了王宪重视固原文化教育的心声。

《固原州重修庙学记》内容如下：

> 太子太保兵部尚书王公，以提督军务开府是地，谒庙视学，颓敝尽矣，谓兵备副使桑君曰："夫民易使而难令也，苟不示以方向，则孰知尊君亲上之义哉！学校之设，所以明乎是者。今敝而不治，生则何居？士无居所，肆将焉藉？"桑君曰："唯。"于是出府库之羡，责工求善，量费计支，不逾年工用告成。固原师生属生员沈宗尧来请述兹事，刻之坚珉，以永久公与桑君之惠。

> 予惟固原北镇三边密迩要害，学校之教，自前尚书秦公开创以来，当涂君子或有不逮乎是者，固非以作兴为未务也。见与不见心虽同，而迹顾异耳。唯公承明命秉节钺，凡兵事之倚状，士

---

① 《嘉靖万历固原州志》卷2《固原增修庙学记》，宁夏人民出版社1985年版，第100—101页。
② 《嘉靖万历固原州志》卷2《固原增修庙学记》，宁夏人民出版社1985年版，第102—103页。
③ 刘光华等点校：《乾隆甘肃通志》卷12，兰州大学出版社2018年版，第518页。

气之强弱，振作既严，条格斯当，故灼知学校彝伦之教有益于人，而与桑君兴行如此。所以重本训兵，其义远矣。故民之趋事惟恐或后，岂声音笑貌者能之哉？为固原之士者，当绎思公与桑君之意，奋速激昂，求必无负其所教，俾君臣父子之道，大明于边围。使凡固原之人得以观感兴起，则战思勇，忿思难，风俗日厚，勇敢日作，敌王之忾，遵王之义。诸镇之人咸又望风效法，远迩画一。岂非学者之至愿，斯人之懿行乎？否则，群居终日，无所用心，不但自负于公与桑君之望，并与天子所以生乎我者，暴弃之矣。岂所以自待耶？

是役也，提调则知州赵承祖，综理则指挥王佐、千户郭完、张凤，学正李鹍，专司出纳则训导朱崇易。工始于某年月日，讫于某年月日。而殿庭门庑以及堂斋号舍，坚固壮丽甲于中州者云。①

王宪（1464—1537），字维刚，号荆山，山东东平人，弘治三年（1490）进士，嘉靖五年三月驻节固原，以兵部尚书总制陕西三边军务，嘉靖七年二月离开固原。其间，"问疾苦，汰冗懦，齐法令，谨烽堠，不逾年而士马充斥，馈饷饶裕，乃人人思战矣"②。初到固原，即深入民间问疾苦；裁汰不作为的冗员，严格法令；尤其是视察沿边，重视烽堠等防御设施建设。嘉靖六年六月，蒙古铁骑千余人由花马池南下入侵固原。王宪之前已调榆林等处兵二万人，分布固原境内，与各路兵合击，"斩首三百余级。捷闻，降敕奖励，加太子太保"③。这可能是明代御边过程中，取得辉煌战果较多的一次。在文化建设方面，提出重修固原庙学，由陕西按察副使、固原兵备桑溥具体负责。重新修建庙学后，请状元康海写《固原州重修庙学记》。《固原州重修庙学记》落款，没有书写年月。依王宪总制固原陕西三

---

① 康海：《对山集》卷26，金宁芬点校，社会科学文献出版社2016年版，第349—350页。
② 康海：《对山集》卷33，金宁芬点校，社会科学文献出版社2016年版，第441页。
③ 《嘉靖万历固原州志》卷1《总制边务大臣》，宁夏人民出版社1985年版，第30页。

边总督时间看，当在嘉靖五年或六年（1526或1527），距秦纮修建庙学时间已在二十余年之后。《固原州重修庙学记》叙述了康海的教育理念和文化思想，作为陕西三边总督驻节之地，文化教育不仅与人的"君臣父子之道"的修养有关，也提升人的精神状态，"敌王之忾，遵王之义"，更与地方文化积淀密切关联，可使"风俗日厚"。新修建的庙学，"坚固壮丽甲于中州者"，建筑坚固而华丽的程度，不亚于中原内地的庙学。这在当时的固原州城内，是一处引人观览的建筑景观。

《嘉靖固原州志》没有收录康海撰写的《固原州重修庙学记》，也没有王宪重修固原庙学的记载。康海《固原州重修庙学记》不但记载和留下传世的明代固原学校教育发展的历史，也记载了王宪驻节固原时期对固原文化建设的卓越贡献。

王宪在固原陕西三边总督任上的作为，康海很感念，还专门写了一首《王总制维纲凯还歌》来赞颂。

> 秋风清，秋草黄，胡马横飞瞯河梁。材官奋击胡马尽，幕下生致月氏王。忆昔先皇全盛时，六龙结驾亲出师。朔方健儿佩金虎，人人思夺胡马骑。胡来潍潍，其旋如雷，万夫发弩，不能一摧，岂知神武本不杀，喜功不至胡为哉。吾闻天子之守在四夷，爪牙之士皆熊罴。朝中但有荆山老，莫怕边风叠鼓鼙。①

王宪修建固原城庙学之后，陕西三边总督的继任者，对固原州儒学建筑都有过修缮和扩建，还修建了坊碑。② 隆庆四年（1570），修建了尊经阁，"储书籍，以便诸生肄习"。有了藏书的地方，有了藏书，为生员们阅读提供了便利条件。此后，尊经阁曾被焚毁过。万历初年，石茂华出任陕西三边总督时，重新修建尊经阁③，对地方文化

---

① 康海：《对山集》卷9，金宁芬点校，社会科学文献出版社2016年版，第106页。
② 《嘉靖万历固原州志》上卷，宁夏人民出版社1985年版，第144页。
③ 《嘉靖万历固原州志》上卷，宁夏人民出版社1985年版，第144页。

建设与智力投资都非常重视。明代固原儒学，为地方培养了人才，为后来学校教育奠定基础，这些与教育相关的建筑，增加了固原州城市文化建筑景观。

《嘉靖固原州志》记载，将固原州儒学归入"文武衙门"，儒学建筑位置在城内大街西，与钟鼓楼相邻。《万历固原州志》将固原州儒学列入"公署"，后任三边总督郜光先（1533—1586），曾于万历六年、万历十一年两次出任固原陕西三边总督。他在任期间，"肇开云路，黄公嘉善，兵宪董公国光大开云路，建坊牌三座，庙貌益伟矣"①。万历年间，固原州儒学建筑进一步拓展，建筑更为宏伟。清代康熙初年，盐茶同知李旐重修儒学，固原知州高必曾修建牌坊②，固原州儒学建筑格局更加宏大，文化教育根脉得以传承。

（三）庙学教育

明朝固原儒学，是官办学校的模式。明代正德、嘉靖年间，书院教育开始复兴，但固原州处于边地，多体现军事防御的特点，当时学校教育仅以"儒学"的形式出现，还没有形成一定规模的书院教育体系。明代出任固原的数十位陕西三边总督，他们都是著名的文化人，对固原学校教育的影响力极为深远。清代，固原州城书院普遍建立，办学模式开始发生根本性变化。

明代固原卫、固原镇属军事建制，之所以没有设儒学，与固原州城设立庙学有关。弘治十四年（1501），秦纮总制陕西三边军务，驻节固原。第二年筑固原外城，奏升开城县为固原州，十分关注学校教育。在秦纮看来，之前庙学草创简陋，他设法"易城中之地为庙学之基"，扩大庙学空间，按照庙学修建的传统要求，建成大成殿、戟门、棂星门、明伦堂等相配套的校舍建筑，包括师舍、生徒宿舍、食堂等，修建"生徒宿舍四十间"。弘治十六年（1503）七月开工，十八年（1505）九月落成。③ 弘治十四年之前，固原已设有庙学，但规模

---

① 《嘉靖万历固原州志》上卷，宁夏人民出版社1985年版，第144页。
② 刘光华等点校：《乾隆甘肃通志》卷12，兰州大学出版社2018年版，第518页。
③ 《嘉靖万历固原州志》卷2《固原增修庙学记》，宁夏人民出版社1985年版，第101页。

较小，容纳生员有限。弘治十六年落成的儒学，学校规模扩大，设置齐全，奠定了明代固原儒学教育的基础。

《万历固原州志》记载各类生员数字，进士2人，举人17人，武举4人，贡生146人①，固原儒学培养了一大批优秀学生。明代卫所体制下的学校教育，军籍子弟入学有两个渠道，即如果军镇、卫所与府、州、县同治一城，军籍子弟皆进入地方府、州、县学校读书，伙食和学杂与大家都一样；如果军镇、卫所独治一城，皆立"卫学"，军籍子弟入卫学学习。② 固原州已设立规模较大的儒学，固原军镇、卫所的军籍子弟，皆入固原州儒学学习。

四 固原州城内建筑

明代固原州城寺庙文化较为兴盛，寺庙宫观建筑物较齐全。作为宗教文化建筑的寺庙宫观，其内容指向是清晰的。庙是奉祀祭祖、神佛或前代先哲的地方；寺是佛教僧侣供佛和聚家修行的场所；宫观是道教祀神和做法事的场所。作为一种宗教信仰，民间祭祀对此并没有严格区分，经常把错综复杂的神仙系统纳入其中，笼统称为寺庙。因此，作为一种文化景观的寺庙建筑及其宗教文化活动，俗称为庙会。庙会有其形成和发展的过程，其演进的过程积淀着丰富的文化内涵。记载固原历史文化的地方典籍，元代的《开成志》已佚失，传世的现在能看得到的固原最早地方地书是明代《嘉靖固原州志》。

《嘉靖固原州志》卷首，绘有一幅《固原州城图》，其中内容之一就是固原州城寺庙建筑的方位，如上帝庙、圪塔寺、城隍庙、三官庙、兴福寺等。《万历固原州志》对固原州城寺庙的记载更为详尽，而且列《祠祀志》专题记载，如山川社稷坛（城北里许）、风云雷雨坛（城南里许）、厉坛（城北里许）、文庙（在儒学西）、武成王庙（城西廊）、城隍庙（州治东）、玉皇阁（城南里许）、禹王庙（东门外）、关将军祠（南门月城内）、制府专祠（府右）、道镇祠（南门月

---

① 《嘉靖万历固原州志》下卷《人物志》，宁夏人民出版社1985年版，第204—216页。
② 陆容：《菽园杂记》，中华书局2007年版，第74页。

城内)、马神祠（教场内）、上帝庙（城中东北隅）、文昌祠（东门外）、东岳庙（在东山三里许）、三清宫（州治东）、火神庙（南门外）、雷神庙（南门外）、八腊庙（南门外）、太白庙（城北五里）、圪塔寺（城中）、白衣观音寺（东门巷）、弥勒庵（城中西南隅）、睡佛寺（南门外）、石佛寺（南门外以东）、十方寺（城西北隅）、牛王寺（北门外）、地藏庵（西门外）、磨针观（北关内），共有坛、庙、阁、祠、宫、寺、庵、观等各类宗教寺庙文化建筑近30处之多，大多属于明代中后期所建，可以看到明代固原镇城宗教祭祀文化之兴盛。

由以上所见，固原州城中除了钟鼓楼外，还有不少具有宗教文化意义的建筑。这些宗教建筑物，有一些在城内，有一些在城外。最精美的佛教寺庙，一般不会建在拥挤的城市中心，而是选择风景宜人的山水间，如东岳山。对于城池来说，城隍庙至为重要。这里结合明代固原社会状况，就其要作些简略叙述。

(一) 城隍庙

城隍，是我国民间广泛信仰的神祇。明代城隍庙修建，自京城至府、州、县城，都建有城隍庙，它是每一座城池的保护神。城隍，原本是上古宗教中年终腊祭八神里的"水庸神"。水庸，指护城河的沟渠；庸即城。后来，就演化成了城市的守护神。城隍除了守护本城池外，还掌管当地的"水旱疾疫，以致其祷；吉凶祸福，以显其应"，目的是崇祀护佑地方，甚至士人的科名挂籍，"实际上成了直接对上帝负责的地方最高神"。明朝是隍神崇祀最盛行的时代，朱元璋说过："朕立城隍神，使人知畏，人有所畏，则不敢妄言。"[1] 当时规定，天下所有府、州、县都要建造城隍庙，规模和本地的官府一样。地方官赴任，必先拜谒城隍。[2]

清代赵翼《陔余丛考》记载："城隍之名见于《易》……城隍之祀盖始于六朝也，至唐则渐遍。"可见，祭祀城隍之风俗由来已久。

---

[1] 余继登：《典故纪闻》卷3，中华书局2011年版，第47页。
[2] 金良年编著：《民间诸神》，《城隍》，上海三联书店1991年版，第41页。

《续文献通考·群祀考》载:"明洪武二年正月封京都及天下城隍,帝谓中书及礼官曰:'城隍神历代所祀,宜新封爵。'……府为鉴察司民城隍威灵公,秩正二品。州为灵祐侯,秩三品,县为显祐伯,秩四品……二十年京师改建庙,诏曰:'朕设京师城隍,俾统各府州县之神,以鉴察民之善恶而祸福之,俾幽明举不得幸免。'"明朝不但大力提倡修建城隍庙,而且以"封爵"的形式暗示"鉴察"的层级,从另一个层面上期待能起到监察的作用,主要是文化与心理层面上的一种警示。明代从京城到地方县一级,必须修建城隍庙。固原州城隍庙的修建,是明代政治文化背景的产物。

固原州城隍庙始建于明代,《嘉靖固原州志·创建固原城隍庙碑记》记载详尽。明景泰二年修筑固原城之后,已考虑城隍庙的修建,"乃以城池既完,非立城隍庙"不可。主持固原州城修筑的都指挥同知荣福等人"捐己俸以倡其端",修筑城墙的军队官员带头募捐,地方士人积极响应,固原州城隍庙建起来了。"左司右司,六曹分列东西,后为寝堂,前揭庙榜,圣母土地,秩然而有序。"建筑格局完整齐备,包括香案炉瓶等呈设"莫不极其精备"。

固原州城隍庙建筑规模较大,建筑样式精致,从传承的照片和地方文献资料也看得出来。城隍庙门的麒麟大照碑毁于民国时期,工艺雕刻精湛的图案造型,传承的照片里清晰可见,是城隍庙建筑的代表性组成部分。依《宣统固原州志》卷首图看,清代固原州城城隍庙建筑空间分为三进式。大门前依次是照壁、牌楼,第一进为钟鼓楼并其他建筑,第二进、第三进皆为双门两进的建筑群。旧时城隍庙中一般有两座城隍像,一座是泥塑的,一座是木雕的,后者可以抬着出巡。清明节及七月十五日上元节是城隍出巡日,俨然如同地方官出巡一样,届时要举行盛大的庙会。[①]

明代固原州城,已是人群聚集活动的场所,类似于现在的广场。城隍庙前就是固原城的广场,每逢重大节日或宗教活动,都要在城隍庙前举办庙会,唱戏酬神,商贩们设摊摆点,杂技、变戏法之类的民

---

① 金良年编著:《民间诸神》,《城隍》,上海三联书店1991年版,第42页。

俗活动亦来助兴。庙会实际上已融入了商业活动，生活气息热闹而浓烈，是固原州城的一大文化景观。

（二）马神庙

"国之大事在兵，兵在马。"马政，伴随着整个封建社会。它不仅是历代社会生产和生活的主要畜力，更为重要的是军事战略物资。驿站与交通，马匹也承担着重要任务，历代统治者无不重视马政建设。固原是历代马牧的重要地区，明代同样是国家军队马牧养殖基地之一。明代陕西三边总督驻节于固原，明朝对固原的经营完全服从于军事目的，马匹畜牧就是重要的军事任务之一，有多个监苑分布在固原境内，从头营到八营都是重要的监苑地，包括彭阳、隆德等都是国家马牧之地。正是由于这样一个特殊的背景，固原州城修建了马神庙，反映了人们对牧马业繁荣的期待心理。作为马文化，在固原的历史文化中也具有代表性。

马神，亦称马明王。《周礼·夏官》载："校人掌王马之政。春祭马祖，夏祭先牧，秋祭马社，冬祭马步。"汉代人郑玄注释说："先牧，始养马者。"可见，马神祭祀历史悠久，特别是与军队装备有关的马匹畜牧。《北平风俗类征》也记载："马王者，房星也，凡营伍中及牧养四马人家，均于六月二十三日祭之。"这种祭祀风俗与"夏祭先牧"相一致。因此，在明代北方府、州、县城，多有马神庙的神位，明代固原城马神庙，也是一种马文化的传承，但前后称谓有差异。《嘉靖固原州志》里称"马神庙"，《万历固原州志》里称"马王祠"。明代初年，固原已设置了管理马政的监苑机构，已修建有马神庙。固原州城不但有马神庙，各守御千户所城堡皆建有马神庙，如西安州（今海原县西安镇）守御千户所、镇戎守御千户所都建有马神庙，有的称马王庙。西安州城的马王庙一直传承了下来，马王庙里的"竹叶碑"还在，成为固原马政文化的见证。

（三）八腊庙

明代，八腊庙是北方分布地域较广的一种庙宇。明代蝗灾泛滥，老百姓为祈祷并防范蝗虫造成的灾害，遂有了八腊庙。陈正祥先生在他的《中国文化地理》一书里，专门论述了八腊庙的缘起与演变过程。八腊庙，原本是为祭祀农作物害虫而设立的综合性神庙，但后来演变成为专门祭祀管理蝗虫神位的刘将军庙。八腊庙与刘将军庙还有传说：起初建八腊庙是祭祀农作物害虫的，当这种祭祀依旧没有任何作用时，人们就借我国古代传说中的一位勇敢的刘猛将军的威名，希望他能驱除蝗虫，为老百姓解忧赐福。在蝗虫严重的地区，八腊庙与刘将军庙是同时并存的。① 固原州城建八腊庙，说明明代固原也是受蝗灾严重侵害的地方。

固原八腊庙建在固原州城南，地方志书没有记载它的建筑规模及建筑样式。从宗教文化意义上说，八腊庙很重要，它与老百姓的祈祷与期待是一体的。传统中国是农业社会，西北黄土高原是靠上天吃饭的地方，灾荒让老百姓将希望都寄托在八腊庙上，既期盼风调雨顺，粮食丰收，也希望避免蝗虫灾害。因此，祈祷八腊庙，也祈祷刘将军。这种心态，如同干旱少雨以祈求天降甘露一样。而今，在固原一些乡村，仍祭祀刘将军庙（泾源县蒿店镇蒿店街道有一处小庙，祭祀刘将军），蝗灾没有了，但这种文化传承还在。

（四）固原州仓

固原州仓与永宁驿，《嘉靖固原州志》归入"文武衙门"之列。仓储位置在城内西北，设置之初隶属于陕西布政使。嘉靖八年（1529），改属于固原州。设大使、副使各一员，兼管草场。

明代陕西三边总督驻节固原，地理位置十分重要。这里有充足的兵员，储存有西北诸镇的部分边饷，有固原州库物资贮藏等，军事战略意义重大。及明朝末年，驻固原军队人数陆续增加，边饷也随之激增。固原州库，是粮料与饷银集中存放的地方。崇祯元年的固原兵变，就是以"抢州库"开始的。固原兵变发生于崇祯元年（1628）十二月，"是月，固原兵变"②。《绥寇纪略》记载兵变的具体时日，是十二月二十四日。③

---

① 陈正祥：《中国文化地理》，生活·读书·新知三联书店1983年版，第51页。
② 《明通鉴》卷81，中华书局2013年版，第3198页。
③ 《明通鉴》卷81，中华书局2013年版，第3198页。

兵变的直接原因是边兵缺乏粮饷所致。兵变后，"乱卒劫固原州库，遂入贼党"。兵变期间，陕西三边总督武之望在任。参加兵变的士兵劫取固原州库粮饷财物后，即转攻陕西泾阳、富平、三原等县，明军的游击官被俘虏。整个兵变持续时间不长，大部分起义者数月时间就被分化，投入农民起义军行列。余部直到崇祯三年还在陕西耀县等处抗击明军，洪承畴合兵万余人也未能将他们覆灭。

罗洪先《广舆图》载，明代固原镇马步官军 28830 人，骡马 8673 匹。崇祯十二年六月，明朝政府曾抽练各镇精兵。中枢辅臣杨嗣昌定议，"延绥、宁夏、甘肃、固原、临洮五镇，兵十五万五千七百有奇：五总兵各练一万，总督练三万，以二万驻固原……东西策应"①。《明史·食货志》记载：固原屯粮料三十一万九千余石，折色粮料草银四万一千余两，地亩牛具银七千一百余两，民运本色粮料四万五千余石，折色粮料草布花银二十七万九千余两；屯田及民运草二十八万八千余束，淮、浙盐引二万五千余两，京运银六万三千余两，犒赏银一百九十余两。凡延绥、甘肃、宁夏各镇兵饷，有屯粮、有民运、有盐引、有京运。从三镇粮饷看，均不及于固原，犒赏银就固原有。明代边军除正饷外，另有赏银。

固原州库处在三边总制所在地，粮饷储存基本统管三镇。清《宣统固原州志·万历中重修固原州库记》载："州库岁纳盐、茶、马、谷各币既繁且巨，而悉由陕征运，计口授食，为军需备，顾敢玩视乎哉！"②明代固原州库物资储存，关乎沿边驻军的后勤保障。陕西三边总督武之望奏固原兵变，兵变的直接原因是无法供应粮饷所致。参与兵变的军队，被称为"边贼"，这部分人有精锐的马队，有较好的武器装备。《明通鉴》卷 81 载："时边兵缺饷，乱卒乘饥民之起，相与哗噪……乱卒劫固原州库，遂入贼党。"哗变的军队，已经融入农民起义队伍之中。

崇祯六年（1633），"陕西贼攻隆德，杀知县费彦芳。分守固原

---

① 《明通鉴》卷86，中华书局2013年版，第3395页。
② 王学伊：《宣统固原州志》卷8《艺文志》，陕西人民出版社1992年版，第396页。

参政陆梦龙战于隆德城下，死之"。应该也有固原兵变的影子。整个兵变史料记载简略，但兵变本身的作用及其影响很大，它不仅对明末农民起义产生过直接作用，而且对崇祯二年勤王兵变，也有直接影响。追溯固原兵变，主要是想展示固原州库及其饷银军需之储存。

（五）永宁驿

永宁驿，是固原州城内承载政府公文传递、接待等的专门机构。驿馆起源很早。《周礼·地官》记载：凡国野之道，10里有庐，庐有饮食；20里有宿，宿有路室，路室有委。明代陈设更为完善，人口流动频繁，是明代城镇的特点，但驿站不连接每个县治地，而仅贯通省会及州府的治地。明代驿站，服务于运送信函、行政官员和来访的外宾等。驿站相隔60—80里，是一个官员一天所走的路程。马匹、食物、饮料、卧具等一切需要，驿站都能提供。明代的固原州城，是陕西三边总督驻节之地，是固原镇总兵驻节之地，是固原卫指挥使驻节之地，也是陕西巡抚依季节驻节之地，因而各个层面上的行人频繁出入往来，再加上官员和朝廷的各类钦差、各类公文的传递等，都需要有驿馆、铺舍和客店来承接。明代有一套完整的驿递制度，分为驿站、递运所、急递铺三个门类，分别对接不同的服务对象。驿馆中有驿丞、攒典等官吏，也设有馆夫、房夫、门子等人员，以便为往来相关人员服务。

永宁驿，负责宣传政令、飞投军情、接待各路使节之类人群往来。驿站设有铜铃，遇到紧急公文，将铃悬在马上，飞骑传递。前方驿站听到铃声，随即准备接应，传递公文者以符牌为身份证件。嘉靖三十七年（1558），改用内外勘合和制，符牌不再使用。固原州城内的永宁驿馆舍，是负责固原州驿站的总站，南通陕西行省，北达宁夏镇城。成化七年兵备佥事杨冕建，嘉靖五年副使桑溥重修，设驿丞与随员。①

（六）监牧厅与监苑

监牧厅，是固原州制下的一个管理畜牧的专门机构。《嘉靖固原

---

① 《嘉靖万历固原州志》卷1《文武衙门》，宁夏人民出版社1985年版，第19页。

州志·文武衙门》记载,"添设平凉府监牧通判一员"。《万历固原州志·公署》记载,"监牧厅,在道西"。位置在州城鼓楼大道以西,与"兵备道"相邻。

固原镇境内,有政府设置的地域范围广大的养马基地,有苑马寺衙门和监苑设置。长乐监下辖三苑:开城苑、广宁苑、黑水苑。监设监正,苑设圈长,管辖范围覆盖宁夏中南部地区,也包括甘肃平凉、巩昌、临洮等地,草场多,马圈多,马房多。祭祀场所,有"苑马行寺马神庙"[1]。明代后期,马政管理更为细密,不但设有监牧厅、广宁监,统一负责马政,而且在校场内修建了"马神祠"[2],可见政府的重视程度。

陕西、甘肃行太仆寺,太仆寺设置于明代洪武三十年(1397),寺衙门治所在平凉府(今甘肃平凉市),固原马政皆隶属于陕西行太仆寺。明初固原已有马牧设置和苑马寺衙门。永乐四年(1406),当时每寺设二监,每监设二苑。陕西苑马寺监是长乐监、灵武监,此二监地当现在固原和灵武。长乐监统开城、安定二苑;灵武监统清平、万安二苑。永乐六年(1408),设全了6监24苑。即每个苑马寺统管6监,每监管辖4苑,属陕西苑马寺管辖。粗略估算,陕西苑马寺所辖大约有十几万匹马;草场133777顷左右,养马军队规定1220名。[3]宁夏境内有长乐监、灵武监、威远监3监。

管理苑监的机构有苑马寺、监和苑三级,各苑马寺隶属兵部,设卿一人,从三品;少卿一人,正四品;寺丞无定员,正六品;主簿一人,从七品。每个苑马寺通常设六监,每监设监正一人,正九品,监副一人,从九品。每监额设四苑,各苑设有圈长一人,从九品。圈长率牧马军丁50名,每名军丁牧马10匹。苑马寺所属固原有长乐监,监衙门也设在固原,统开城苑、黑水苑、广宁苑。开城苑,分管固原及其以北至海原县韩府境内的苑马,在二营内设有苑马行寺。广宁

---

[1] 《嘉靖万历固原州志》卷1,宁夏人民出版社1985年版,第26页。
[2] 《嘉靖万历固原州志》上卷,宁夏人民出版社1985年版,第154—157页。
[3] 陈子龙等:《皇朝经世文编》卷114;杨一清:《杨一清文集·为修马政事》。

苑，分管今甘肃境内巩昌、青州、临洮、平凉境内苑马。黑水苑，分管同心境内的苑马。①威远监，监衙门设隆德县境，在六盘山以西，统武安、陇阳、保川、泰和4苑。各苑都有划定的草场、水泉，各苑草场都有四至边界。

  根据草场的大小，条件的差异，苑监分为上、中、下三个等级，牧马数量多少也不一样。上苑牧马1万匹，中苑牧马7000匹，下苑牧马4000匹，分别由恩军（充军的罪犯）、队军（由卫所军人内选拔）牧养。当时各苑马寺"每寺所蓄官马，不下二三万匹，足供各边之用"②。平凉苑马寺马牧，主要是指固原苑监。

  明代正统年以后，是西北马政的衰退期，固原马政开始走下坡路。正统初年，甘肃苑马寺被裁撤，仅存的马匹和牧军全部转迁到陕西苑马寺固原黑水苑。全国只剩陕西和辽东两个苑马寺。宣德年间裁革四监（威远、同川、熙春、顺宁）十六苑，在宁夏的长乐监和灵武监虽然被保存下来了，但其所属八苑被裁掉了三个（弼隆、定边、庆阳）。正统四年（1439），因灵武监辖清平、万安二苑，地理位置"逼近胡虏"，马匹常被掳掠，便将此二苑改归于开成县③，归并于长乐监。成化年间，巡抚都御史余子俊奏请，正式将前次裁革的甘肃苑马寺划归陕西苑马寺，另设黑水苑。弘治后期，杨一清以督察院左副都御史的身份来陕西督理马政时，曾亲历两监六苑，考察草场面积与马政得失之后，给朝廷的奏折中谈到苑监的裁并："其后陕西苑马寺不知何年，将原设监、苑裁省，止存长乐、灵武二监。"④

  成化年间，甘肃苑马寺裁撤，省并的马政集中在固原。《嘉靖固原州志》记载：当时苑马寺所属坐落在固原州境内的苑监有一监三苑，即长乐监，在州城东北隅，设监正一员，录事一员。所属3苑：

---

① 《嘉靖万历固原州志》卷1，宁夏人民出版社1985年版，第26—27页。
② 《明孝宗实录》卷24，弘治三年四月丙申，台湾"中研院"历史语言研究所影印校勘本。
③ 《明英宗实录》卷52，正统四年闰二月己丑，台湾"中研院"历史语言研究所影印校勘本。
④ 《杨一清集》卷1《马政类》，中华书局2001年版，第9页。

开成苑，在头营，圈长三员，领八营马房，草场六所，草场、马圈13处；二营内置有苑马行寺，南北长126里，东西阔180里。这里出现一个问题，《杨一清集》里记载开成苑衙门设在头营，《嘉靖固原州志》记载开成苑设在二营。广宁苑，在州城内监衙西，圈长二员，领四营马房，草场四所，草场、马圈36处，东西长100里，南北阔50里。黑水苑，在州北90里处黑城，圈长二员，草场、马圈9处，内有苑马行寺衙门。每个苑的圈长几人，前后记载不一样，有的苑圈长一名；有的苑圈长二至三名不等。杨一清所说的长乐、灵武2监共辖开成、广宁、安定、清平、万安5苑，再加上黑水苑，共6苑。这样，当时在宁夏境内的马牧基地就是2监6苑。弘治后期，杨一清又恢复原威远监的武安苑，隶属灵武监。这是陕西苑马寺所属长乐、灵武2监7苑的基本格局。从地域上看，这些苑监基本集中在固原镇和平凉府一带，主要在固原镇广袤地域上。这种监苑布局，延续的时间较长，为军队装备提供了大量的马匹。

《嘉靖固原州志·文武衙门》里有"广宁苑""长乐监"，却没有"广宁监"；《嘉靖固原州志·固原州城图》里标有"广宁监"，却没有"长乐监"。《万历固原州志·公署》里载有"广宁监，在城中东北"。二志记载有相抵牾之处。

（七）神机库与兵车厂

神机库与兵车厂，是固原州城与军事有关的机构。神机库，在州城内大街北。正德二年，都督曹雄所建。兵车厂，在州城南门月城内，嘉靖五年，副使桑溥所建。这两处军工厂，《嘉靖固原州志·文武衙门》里都有记载，但在《固原州城图》里没有兵车厂，有"杂造局"，位置在城内西北。《万历固原州志·公署》记载，只有神机库，没有"杂造局"，也没有"兵车厂"，可能不同时期称谓有变化。

明代，是中国火器生产最为发达的时期。兵器生产和组织，由中央和地方都司卫所两级来负责。在中央层面，兵器制造由工部和内府监局主管，下辖军品局、后仗局等部门。宣德以前，火器制造只能由以上二局负责制造，明英宗正统十四年（1449）开始，打破了这种严密的统制格局。授权各省制造铜铳、手铳之类的火器，其余器械都

第六章 明代砖石包砌城墙

由各军镇生产。固原镇军事机构生产的一是战车，二是兵器。神机库，是贮放大型武器的地方。兵车库，主要生产双轮大厢车。明正统以后，战车的制造和使用逐渐多起来，尤其是属于进攻型的战车。正统十二年（1447），已有"用火车备战"的建议，"言战车者相继"[1]在一些军镇制造。固原镇兵车厂制造过不同型号的战车，而且战车制造不断创新。

弘治十五年（1502），时任固原陕西三边总督秦纮主持制造一种新车，名为"新造车"的战车面世，也叫全胜车。车"长一丈四尺，上下共六人，为冲敌阵"[2]，是一种进攻型战车。全胜车还有一种形式，放铳者2人在下推车，并放铳者4人，遇险4人扛车，车上下前后全用布、甲遮矢石。[3] 这一时期主要是实验阶段。

嘉靖十五年（1536），固原又生产出一种"单轮战车"，也称为全胜车。车的左、前、右三面放置盾牌，车上安放火器、弓弩以备杀敌，然后两车相连以掩护士兵。实验成功后，朝廷允许成批量生产，九边（北部沿边九镇）之地多用这种战车。[4] 正统、弘治以后，战车生产不断改进，到嘉靖时期进攻型战车其攻击性能已经成熟，再造全胜车一千辆。车战有其法，由5人执五色旗，其余列阵以待，还是"以火器取胜"。这是一种特制的炮车，发射的弹丸，都是铅子、铁子和石子，杀伤力较强。

明朝中叶以后，引进了西方的先进火器，明代的火炮技术发生了重大改进。嘉靖时期（1522—1566），是明朝大规模制造战车的时期。固原镇，是当时战车制造的主要产地，战车的构造形式与地理环境有直接关系。在战略布局上，骑兵、步兵、战车有机组合，这是明代中后期宁夏御边军队的基本结构。在美国汉学家费正清的眼里，成吉思汗的后人——蒙古兵是这样的：由于部队主要以抢劫为生，故前方潜在的粮草基地成了他们不断扩张的刺激物。"作战过程中，蒙古

---

[1]《明史》卷92《兵四》，中华书局1987年版，第2266页。
[2]《明史》卷92《兵四》，中华书局1987年版，第2267页。
[3]《明孝宗实录》卷187，台湾"中研院"历史语言研究所影印校勘本，第3449页。
[4]《明孝宗实录》卷187，台湾"中研院"历史语言研究所影印校勘本，第3449页。

·199·

人利用骑兵纵队旋风般地包围、压缩敌军,就像他们在草原的狩猎场内围猎一般。他们的重弓比欧洲的长弓力大百倍,杀伤范围足有600码。他们常常巧使骗局,让敌人来追赶,而后迅速反身包围和歼灭敌军。马可·波罗这样描写到,'在这种战斗中,敌手仿佛觉得已经胜利在握,但事实上,他已经失掉了这场战役'。另一种战术,以重兵隐蔽于两翼,诱敌深入,然后突然出现在敌人的侧面。通过流动作战和互相策应,将有毁灭性的武装集中起来,攻击敌人的某一个薄弱环节。这样,在火枪产生之前,蒙古人将其攻击力量提高到了最高峰。他们也掌握了间谍战与心理战。"① 明代北方九边军事防御,多处于被动状态,防不胜防。一是蒙古人长弓的杀伤力,二是骑兵快速运动,三是蒙古人的攻击谋略。这是固原镇的军事防御所必须面对的。固原镇制造的战车,主要是承载着火铳来发挥火器的作战功能,提高对骑兵的杀伤力。

明代初期,朝廷不允许镇卫自造兵器,而是由布政使司安排制造军器,军匠赴布政使司杂造局做工。洪武二十二年以后,卫所可以置局,所用材料丝、铁、筋、角、皮、革、颜料之类,皆由官府提供。《嘉靖万历固原州志》记载,在固原州城建有神机库、兵车厂②,制造一种新型的战车,用于北方沿边九镇。③ 依相关史料记载看,固原镇城杂造局,主要制造头盔、披簑、甲、腰刀、弓、箭、长枪、弦、铳、箭头、刀鞘等常用武器装备,所用材料诸如硫黄、焰硝等,皆京师运来或陕西布政使司运来,常用的兵器和弹药都可以生产。④

此外,相关的军事机构还有兵备道、左游击衙、右游击衙,急递铺等,它们的衙署与办公之地,都是固原州城较为典型的建筑样式。以上由军事指挥中枢到兵器生产工厂,由固原州治到监牧、苑监管理机构,军事与地方政权机构设置多,支撑着固原州城的城市建筑文

---

① [美] 费正清等:《东亚文明与变革》,黎鸣等译,天津人民出版社1992年版,第165—166页。
② 《嘉靖万历固原州志》卷1,宁夏人民出版社1985年版,第21页。
③ 《明史·刘天和传》,中华书局1987年版,第5293页。
④ 《万历朔方新志》卷2,中国社会科学出版社2015年版,第149—150页。

化，凸显的是其军事特色。

五 固原州城外围建筑

固原州城外围的一些文化景观和建筑，是为官固原的文化人不断打造的，体现着他们的文化视野和审美理念。建筑物虽然在州城之外，但与州城内的文化密切关联。这种山水文化，是对固原城传统文化建筑的一种互补。依《嘉靖固原州志》《万历固原州志》记载看，围绕着固原州城内外的建筑物，较为著名的有南池子、暖泉等。

（一）南池子

《万历固原州志·地理志》记载：固原州城南三里处建有景观，名为鱼池，明代文人的诗里称为南池子。池上建有亭子，名"后乐亭"。明朝嘉靖十四年（1535），陕西三边总督唐龙在池上建后乐亭三楹，碑楼一楹，皆取南向；清风亭三楹，取北向。凿池引水，水周回流于台下；架两座浮桥连通水系，以济池外。南面建对泉亭三楹，东面建待月亭，西面建迎晖亭。由建筑布局及建筑样式看，实乃景色相宜的一处水上公园风格，成为固原州城南一处绝佳的胜景。"后乐亭"建成之后，唐龙写了《后乐亭记略》。

《后乐亭记略》详细记载了造亭、布局与名为南池子的渊源过程，尤其是唐龙与"后乐亭"的亲近关系。"后乐亭"之名取意于宋人范仲淹"先天下之忧而忧，后天下之乐而乐"的名句，意在体现唐龙勤心于政务，抵御外夷，护佑中华的抱负。三边总督刘敏宽主持撰写《万历固原州志》时，此亭仍是人们观览赏景的去处。

《万历固原州志·艺文志》记载，由兵部尚书唐龙所写，名为《后乐亭记略》。《万历固原州志·地理志》列入"山川"一类，冠名"鱼池"。两处都有侧重性的记载，文字表述内容大致一样，都以"后乐亭"相称，时间均在嘉靖十四年。"其原昀昀，中有阜，纡余而起"，亭台、楼榭、小山点缀其间，有渠引水而注之池。只因岁月滋久，"榛芜并障，潢潦旁集"，环境大为影响观瞻。唐龙遂命固原地方官"疏治之"，同时建亭一楹，再添新景。

赵时春（1509—1567），是唐龙的门生。唐龙以三边总督身份驻防固原，南池子园林建筑修整完成之后，赵时春作《后乐亭记》以贺其事。

> 共相孔乐之宇，得城南废沼，濬其汙斋以为渊，隆其阜崇以为丘，圬其庑饰以为亭，地不加辟而瞻眺用饶。公暇而适焉，坐小舸，燕息楹突之间，景接乎目，则动与象适；物感于心，则神与意会；声入于耳，则静与理谐。宾旅之往来，公挟而与游，曲踊盾轮之徒，执盖而从者，畏途边愁之思以消，而趋事赴公之意跃如也。咸请于公，名之曰"后乐"，盖取意于先正范公仲淹之语云。①

赵时春，字景仁，号浚谷，甘肃平凉人。明嘉靖五年（1526）会试第一，选庶吉士，得户部主事，不久转入兵部。嘉靖三十三年擢佥都御史，巡抚山西。撰写《平凉府志》13卷，文集《浚谷集》17卷。赵时春不但写了《后乐亭记》，还写了《固原南池泛月》诗：写夏日雷雨后南池的山水，写南池月夜撩人的美景，但诗人并未醉心于南池之景，而是笔锋一转，倾注了诗人希冀社会安定，为官要造福于万民的民本思想。由月夜美景联想到晋代书法大家王羲之兰亭禊事。"君看南池泛月夜，岂减兰亭修禊年。"禊，是古代春秋两季在水边举行的一种祭祀方式，以消除不祥，祈求平顺。诗人虽泛舟月下，但未忘却身居的职位与身上的责任。此外，他还写过《固原南池月夜陪刘松石尚书》《重九总督高公同饮南池》等诗。由赵时春写"南池"诗看，明代固原城南水榭亭阁之地——南池，是地方大员泛舟赏景的地方，也是他们宴饮对酌所在。

（二）北鱼池

固原州城北五里许，有一泓广袤"可数十亩"的水域，水中有鱼，俗称北鱼池。在地理方位上与南池子遥遥相对，是明代固原州城外围南北两处著名的建筑文化景观。这里地当清水河谷地西岸，北有

---

① 杜志强整理：《赵时春文集校笺》，天津古籍出版社2012年版，第139页。

山峰遮蔽，自然地理环境尚好，冬不结冰，名为暖泉。北鱼池水域面积大，水深处丈余；池中有小岛，岛上建有亭轩。盛夏时节，纳凉于亭轩中，听四面莺歌鸟语，赏池四周景致，湖光山色相拥，情趣皆在其中。

明代《万历固原州志·地理志》记载：固原陕西三边总督石茂华任总督期间，对暖泉修整重建。建有亭子，名曰"乐溥堂"。此建筑落成于明代万历五年（1577）冬，石茂华为记此事，写了《乐溥堂记略》，对"乐溥堂"的修建过程、建筑规模及布局有详细记载和描述：正堂三楹，堂后为小亭；水中有洲，小亭建于洲上。在石茂华看来，这里是"谓非一胜地哉！"万历初年，边境相对安静，驻节固原陕西三边总督石茂华有心力在这里修建文化设施，为军民、商人等提供了一处憩息赏景之地，"其乐也不亦溥乎！"缘此，时人把这里的水域和建筑物与神话传说中的蓬莱仙阁相比，再经文人贤达之提炼点睛，便有了一个"蓬莱听莺"的名字。清代，"蓬莱听莺"成为固原八景之一。

石茂华重新修建的北鱼池，除了他的《乐溥堂记略》外，似乎没有留下描写池景的诗作。以"北鱼池"为题赋诗者，始于后任陕西三边总督的刘敏宽（生卒年不详）。刘敏宽，字伯功，山西安邑（今运城）人。万历五年（1577）进士，万历四十二年（1614），以兵部尚书出任固原陕西三边总督。他对固原文化建设有重大贡献，是《万历固原州志》的编纂者。他写有《北鱼池》诗传世：

> 山下蒙泉壮塞头，凭高一揽入清幽。
> 濯缨可是沧浪曲，瀚俗何须闻苑州。
> 特地风云神物待，漫天星斗瑞湍收。
> 圣明应借银湾润，涤荡妖氛亿万秋。

明代北鱼池，正处在固原州城通往宁夏镇大道西侧。这里山水相连，为通衢大道。北鱼池人文建筑与自然地理环境相融，是一处非常诗意的景观。诗人对北鱼池一往情深，当"凭高一览"时，但见四野寂静,池水广袤,北鱼池如同镶嵌在山间的碧玉。"濯缨可是沧浪曲,瀚俗何须阆苑州。"沧浪,原本指水色浩渺碧青之象。晋代陆机的《陆士衡集》卷六《乐府·塘上行》里,有"发藻玉台下,垂影沧浪泉"的诗句。这里的沧浪曲,实由沧浪泉而来。瀚俗,即"三瀚"。唐朝的官制里规定,官吏十日一休息沐浴,故一月有"三瀚"。阆苑,当为仙人所居之地。在刘敏宽看来,北鱼池就是沧浪泉,环境与景色如仙境一般,官吏们的"三瀚"不一定非要到阆苑去洗濯。以传说中阆苑之仙境,来映衬北鱼池的幽静和奇妙。

"特地风云神物待,漫天星斗瑞湍收。圣明应借银湾润,涤荡妖氛亿万秋。"由写北鱼池之秀美转向政治抱负。满天星斗都能映落在这山间的池水里,"边地"风云有这神泉可待而吸收。取意于韩愈《昌黎集》卷10《夕次寿阳驿题吴郎中诗后》诗,"风光欲动别长安,春半边城特地寒"。这里明写北鱼池,却暗含其深层意蕴,即借北鱼池这个特定的地理环境来抒写自己整军经武戍边的政治抱负。

董国光,山东滕县人,进士出身,曾任固原兵备道、陕西右布政使兼副使。万历四十一年(1613),出任固原兵备道,其十分重视固原书院和地方文化建设,与陕西三边总督刘敏宽一道辑撰《万历固原州志》,颇有政绩。他曾陪司马刘公等游览北鱼池,写有《仲夏望日同祁冠军陪司马刘公观鱼池时苦旱》诗三阕,仅录前两阕,以体悟古人的心思。

北郊谁为辟芳塘,一鉴澄澄贝阙傍。
原上山光极目迥,座中潭影逼人凉。
乱流时见凫鸥狎,断岸风来芦荻香。
好景天呈共啸咏,侧闻司马赋濠梁。

碧波浩渺拥兼葭,神物若凭盈日华。
润世何当为澎雨,洗兵直欲静胡沙。
龙宫近锁潜虬宅,鱼穴遥通泛海槎。
我自临渊念遗子,云雷怅望起天涯。

第六章 明代砖石包砌城墙

在诗人眼里，固原州古城北郊的池水，碧波荡漾，如一鉴明镜，是达官显贵消闲游走的地方。盛夏时节，诗人陪同朝中大员往北鱼池游观，坐于洲中亭上，但见"原上山光""座中潭影"；水中有"凫鸥狎"，风来"芦荻香"，诗人忘却了暂时的烦恼，相互唱和歌咏："好景天呈共啸咏，侧闻司马赋濠梁"。濠梁，出自智者游山乐水的典故。庄子《秋水》篇记载，庄子与惠施游于濠梁之上，出游观鱼从容，尤其是二人辩论鱼之知乐与否，后人便以濠梁之上特指逍遥闲游之处。

神游唱和之后，从人文与大自然的世界里又回到现实之中。"碧波浩渺拥蒹葭"的北鱼池，引发诗人对西北沿边军事防御雄心壮志。"润世何当为澎雨，洗兵直欲静胡沙"，志在彻底击败屡屡犯边的蒙古兵锋。以龙宫暗示朝廷不招贤纳才，有识之士如同海上泛舟找不着靠岸的地方，诗人的内心是矛盾的。一方面，希望朝廷常有"澎雨"滋润，让戍边者建功于疆场；另一方面又临渊而自怜，"我自临渊念遗子，云雷怅望起天涯。"孤独、失望与惆怅涌上心头。

清代光绪年间，北鱼池仍然是游人常往的地方。在这里，或亭轩小憩，或池中泛舟，情思与乐趣自在其中。文人们游走其中，总要有诗文留下来传给后世。清人刘继铭曾写有《蓬沼听莺》诗。

芳塘十亩北城隈，无限岚光到眼来。
且喜青骢行款短，时开黄鸟语低徊。
香清蔬圃饶诗味，影落蓬峰入酒杯。
四面荻花三面柳，斯游合纪小蓬莱。

清末民国初年，战乱与自然灾害频发，延续了数百年的一处人文景观逐渐淡出了人们的视野，留给后人的是沧桑雨雾中的追忆。正是"南朝四百八十寺，多少楼台烟雨中"。民国初年，似乎"北海"的名字取代了"北鱼池"。梁文铁的《北海》诗："一湖冬水一荒台，漫数前踪忆将才。龙虎风云何代少，雪天独咏小蓬莱。"诗人凭吊前朝蓬莱盛景，与眼前一幅清冷荒凉的世界形成鲜明对照。那些经营过北鱼池的固原陕西三边总督们，后人还是非常感念的。李希贤的《北池纪游》诗，写得更为细腻，苍凉与伤感融入其中。"浴波鸥鸟如相识，绕岸菰蒲自向荣"；"疏柳烟寒映水碧，方塘似镜照天明。重来不尽沧桑感，赖有中山酒满罍。"似曾相识的鸥鸟，沧桑巨变的鱼池盛景幻境，使诗人由景观的盛衰联想到了功名利禄。"倒影青山水一泓，薰风不起此心清。放怀碧落无纤芥，纵眼红尘尽利名"，向往于田园山林。

明代的固原州城，城市文化繁荣，文明程度相对较高。军政衙门、钟鼓楼、庙学、南池子、北鱼池等，是固原州城内与城外著名的建筑景观与山水文化相融之杰作。这一切虽已成为历史，但文人们笔下的奏议、碑文、记略、诗文等，却折射着那段历史。传世的诗文大多出于著名文化人之手，是书写固原城历史和文化的精华，也是文献里记载下来的丰厚的历史文化遗产。

（三）昭威台

昭威台，修筑在固原州城东南城墙上，明代万历年间总督石茂华主持修建。"环甃以砖，有阶可循，盖筑以望烽堠也。今台虽渐圮，而登高一观，觉固境山川尽在吾目中矣。"[①] 昭威台，是明代固原城的一大阁楼式高层建筑景观。登临台阶虽有坍塌，但仍可登高远眺。清代人张华龄写有《登固原昭威台》诗："昭威台上延清秋，昭威台下环河流。将军功烈在霄汉，此台高镇陇山头……我来台上一纵观，清风爽爽随征安。王郎高谈惊四座，酒酣漏尽不知寒。"[②] 既写固原州城东侧的清水河，也写修建昭威台的先哲、三边总督石茂华，并推崇清末固原州知州王学伊的智慧和才华。

民国《固原县志》所记文字与宣统《固原州志》相同，民国初年的昭威台与清末相似。1920年海原大地震，昭威台坍塌，逐渐淡出人们的视野。民国文人笔下，已经没有写昭威台的诗。

---

① 《宣统固原州志》卷2《地舆志》，宁夏人民出版社1985年版，第75页。
② 民国《固原县志》，宁夏人民出版社1992年版，第1177页。

第七章　清代固原城

固原古城经历了明代长期驻军与城镇建设发展，也经历了驻军哗变与明末农民起义的冲击，包括自然灾害的侵蚀，但明朝万历时期修筑的固原砖包城完整地被保存了下来，随着朝代的更替，固原古城承担过沉重的压力。清代初年，陕西三边总督仍驻节固原。康熙平定三藩之乱、噶尔丹之乱后，西北地区大规模的军事行动逐渐完成，社会治理趋于稳定。尤其是清朝统治者与蒙古贵族实行政治联姻后，北方军事防御威胁逐渐解除，军事背景发生了根本变化，但清政府并未因此而放松对城垣的修缮和保护。"国之有城有池也，所以扞寇而卫民"，军事防御意义上的城池，其安全感仍在继续发挥着作用，城池的修筑与保护仍在延续。

第一节　清代修筑固原城

一　康熙年间修筑固原城

固原筑城史发展到明代，城的规模与形制已定型。明代修筑的固原州城，规格高，规模大，清代相沿袭。清代人戴东原对传承于周代的《考工记》作了补注，书名为《考工记图》。写到城墙与城门时，记载明清时期县级城池每面只开一个城门。[①] 固原州城"回"字形城池的形制，10 道城门的格局，远远超越了《考工记图》里的规制。

---

① 彭林、齐吉祥等总纂：《中华文明史》，《先秦》卷，河北教育出版社1994年版，第278页。

这与固原历史的特殊进程有密切关联,也是固原军政建制高层级的折射。

清代初年固原城,仍是陕西总督驻节之地,在军事层面上依旧特殊而重要。清初西北用兵,固原驻军层级高,统辖的兵力雄厚,如平定王辅臣之乱。清代陕西总督,节制全省提镇,是一个大军区的统帅。军事战况特殊时,可节制数省兵力。清朝顺治初年,置陕西总督,驻节固原,最初节制陕、甘两省,称陕甘总督。之后,兼辖四川,又称川陕总督。据《清史稿·兵志二》记载:陕西总督节制二巡抚、三提督、十一镇,统辖提标五营,统辖总兵额居全国第二。清代陕西总督源于明代固原陕西三边总督,历时13年之后,于顺治十四年(1657),移总督府于汉中,康熙初年再移驻兰州,清代在固原设置最高军事武官的时代结束。

清代初年,陕甘总督驻节固原,明代固原州城总督衙门得以充分利用。同时,固原城也得到了有效保护和利用。依时间顺序看,康熙时期固原城有过修葺。民国《固原县志》记载,清康熙四十九年(1710),镇绥将军潘育龙修缮过固原城,并建大小楼房24座,城池功能更为完备。《宣统固原州志》没有记载,这可能是清朝第一次修葺固原城。此后,在陕甘总督那彦成主持下,固原州城大规模修筑过一次。

二 那彦成修筑固原城

(一) 清政府倡导筑城

明代,是帝制中国修筑城池的高峰时期,一大批州县治所在这一时期新筑了城垣,许多原有土垣城墙的城池也改筑砖城或石城。这种现象说明,一是由于明代中期以后北方沿边控制力下降所致,二是沿边军事防御的实际需求。固原筑城属于后者。清代,统治者同样重视城池的修筑,督促地方官员修筑城池,并且建立了相应的奖惩制度,《大清会典事例》中收录了不少与筑城有关的诏令。如"(康熙)十五年题凑,城池不预先修理以致倾圮者,罚奉六月"。"(康熙)二十四年题凑,各省倒坏的城垣,令督抚稽查,速行修筑坚固,寻数报部,如仍漫不修理,将该督抚交部议处"。乾隆初年,要求更为细致,

"各处城垣遇有微小坍塌，令地方官于农隙时修补。如有任其坍塌者，即行参奏。其坍塌已多，需费浩繁者，该督抚分别缓急报部，有必急修者，一并妥议具题"。① 雍正以后相对有所下降，但仍非常重视。乾隆年间类似这样的诏令有数十次之多，下拨国库修城帑金也是最多的时期。

清代修筑城池，按照工程量大小有一个基本规则。如一千两银币以上的工程，申报获准后，以"以工代赈"的方式实施。一千两以下的工程，"令州县分年修补"。费用在三百两以内的工程，"概令地方官设法办理，不得率行请帑"。对于工程概算有多报、瞒报或有谋私之嫌者，也有处查机制。重大工程的实施，既有勘验评估机制，也有监督措施。

清代初年，全国很多城市的城垣或是由于战争破坏，或是受自然灾害的影响，物理损坏都亟待重建或修缮。城垣重建与修缮，实际上象征着地方政权重建乃至国家政权重建，是其重要组成部分。清朝中前期，各地城垣得到了广泛的修缮。一是从清廷到民间社会都非常重视城垣的重建和修缮，而且有一套行政保护措施。如康熙朝规定，凡捐修城垣、敌楼、炮台等与城池修缮相关的工程，地方官员要亲力亲为，若三年内塌坏者，督工官员降三级调用，督抚降一级留任，甚至要督工官员与督抚自掏腰包赔修。二是城池政策性的修筑与修缮持续的时间长，自康熙至乾隆时期，范围遍及省城、府（州）城及部分县城。三是城墙修建资金来源渠道多且有保障，政府专款、自筹与民间捐献并举。这是清朝中期以前城池修筑的基本背景。因此，无论那彦成对固原城的大规模修筑，或是此后政府多次对固原城进行修葺加固，或者是小工程式的维修，都会得到不同层面上人群的支持。因此，但凡城池出现坍塌时，政府或社会贤达人士总会以各种形式及时组织人力进行维修加固。

嘉庆年间固原城的修筑是特大工程，由《重修固原州城碑记》记

---

① 《钦定大清会典事例》卷665《工部·城垣·直省城垣修葺移建》，光绪二十五年刻本。

载的筑城费用看得出来。城池的修筑过程，由立项到实施是有严格的管理程序的。那彦成任陕甘总督期间，主持修筑固原城，是清代国家防御政策在筑城方面的体现。

（二）《重修固原州城碑记》

清代近270年间，固原州城有过较大的筑城经历，自然灾害与战乱造成过几次严重的损坏，但地方官吏都能及时修缮和加固，包括民间自发的修缮。从传承保护的角度看，功不可没。清代对固原州城的修筑，从留存下来的文献看，清嘉庆十六年（1811）的修筑规模较大。清《宣统固原州志》记载："洎乎国朝，嘉庆十六年，陕甘总督那文毅公因年岁荒旱，人民饥困，而城垣倾圮，难资防御，奏请以工代赈。奉旨允行，遂发币五万余两，役工近万人。阅一载始蒇厥事，益称完善。"[①] 清嘉庆十六年，距离明朝万历三年修筑固原砖包城，已过去了286年，坍塌程度严重，亟待修缮。

那彦成（1763—1833），字绎堂，满洲正白旗人。乾隆五十四年（1789）进士，历任内阁学士、工部侍郎、户部侍郎、工部尚书、礼部尚书、陕甘总督、吏部尚书、刑部尚书等职。那彦成主持修筑固原州城，未记载其他原因，只说固原州城垣倾圮，以"卫民"为先。时任陕甘总督那彦成奏请朝廷，以工代赈修缮一新，并留下了那彦成的《重修固原州城碑记》立碑和文字。依《固原历代碑刻选编》收录的文字看，石碑刻成后矗立在固原城武庙门前，民国时期拓展街道时移碑于武庙院内，"文化大革命"时碑身被毁。《重修固原州城碑记》碑头，现藏于固原博物馆，包括民国时期《重修固原州城碑记》拓片。固原博物馆编的《固原历代碑刻选编》里收录的碑文拓片，是清代修筑固原城珍贵的实物资料，便于后人了解和研究二百年前的固原州城（图7-1）。

《重修固原州城碑记》记载，此碑分碑首和碑身两部分，青石质。碑首高82厘米，宽82厘米，厚13.5厘米。碑身长方形，通高192厘米，宽82厘米，厚13.5厘米。圭行碑首，额题阴刻篆书"重修固

[①] 《宣统固原州志》卷2《地舆志》，陕西人民出版社1992年版，第62页。

图 7-1 那彦成《重修固原州城碑记》碑

原州城碑记"。碑文为阴刻楷书，文字共 17 行，满行 48 字。碑刻于嘉庆十七年（1812），刻碑者为陕西富平人仇文发。碑文撰写与碑刻书丹，皆出自那彦成之手，极具文物价值与文献价值。

《重修固原州城碑记》碑文如下：

兵部尚书兼都察院右都御史、总督陕甘等处地方军务兼理粮饷、管巡抚事兼理茶马那彦成撰并书。

兰郡以东，形势莫若陇；陇之险，莫若六盘。六盘当陇道之冲，蜿蜒而北折，有坚城焉，是为固原州治。州本汉高平地，即史所称"高平第一"者也。北魏与此置原州，以其地险固，因名固原。城建自宋咸平中。明景泰三年重筑，疑就"高平第一"旧址为之。今年远不可考，然观其城内外二重，内周九里，外周十三里许，规模宏阔，甲于他郡，国初特设重镇。康熙庚寅，乾隆己卯，修葺者再。岁久日倾圮，有司屡议修而未果。

　　嘉庆庚午，余奉命再莅总制位，甫下车，有司复以请。时州苦亢旱，民艰于食，余方得请赈贷兼施，为之焦思彷徨。颁章程，剔赈弊，俾饥民沾实惠，顾敢用民力修作致重困。既而思之，城工事固不可缓，且来岁青黄不接时，民食仍未足，奈何？莫若以工代赈，为一举两得计。会皋兰亦给赈，情形相同，因并缕陈其状以闻，得旨如所请。行已，乃遴员董工役，相度版筑。以十六年闰三月兴工，次年秋工竣。计是役募夫近万人，用币五万余金，民乐受顾而勤于役。向之倾者整，圮者新，垣墉屹然，完固如初。

　　方余之议重修也，或疑为不急之务。谓是州之建在明，时套虏窥伺，率由此入，惟恃一城以为守御。州境延袤千里，北接花马池，迤西徐斌水，诸处又与敌共险，无时不告警。当时之民惫甚，故城守不可不讲。若我国家中外一统，边民安享太平之福百有余年，城之修不修似非所急。余曰不然。夫城郭之设，金汤之固，本以卫民，体制宜然。犹人居室，势不能无门户。守土者安可视同传舍，任其毁败，致他日所费滋多。使其可已，余曷敢妄为此议。况地方每遇灾祲，仰蒙圣天子轸念痌瘝，有可便吾民者入告，辄报可，立见施行。民气得以复初，欢欣鼓舞，若不知有俭岁者。兹非其幸欤？救荒之策既行，设险之谋亦备。从此往来陇西者，登六盘而北眺，谓坚城在望，形势良不虚称矣！虽然在德不在险，保障哉，无忘艰难。余愿与贤有司共勖之。是为记。①

清朝嘉庆十六年，是1811年。这年的闰三月固原城修筑动工，第二年秋天竣工，修筑城池时间约一年有半，修筑的方式以工代赈，

---

① 宁夏固原博物馆编：《固原历代碑刻选编》，宁夏人民出版社2010年版，第189页。

"发币五万余两，役工近万人"①，花费国库白银五万余两。由筑城时间、用工人数、花费银两看，这次筑城在清代应该是规模最大的一次修筑。尤其是修筑工艺，要与明代砖石包裹的城池相一致。修筑后的固原州城，"向之倾者整，圮者新，垣墉屹然，完固如初"。固原州城雄姿如初，依旧固若金汤，传承并延续了明代固原州城砖石包砌的雄伟壮观的景致。

由《重修固原州城碑记》文字，我们知道了在那彦成嘉庆十六年修筑固原城之前，清代还有过两次筑城经历，一次是康熙庚寅年，即1710年；一次是乾隆己卯年，即1759年。康熙修筑固原城近50年之后，乾隆朝又有过修筑，再过50余年，嘉庆朝便有那彦成时期的修筑。这三个朝代修筑固原城，间隔大约都在50年左右。以此类推，那彦成修筑固原城之后还应该有筑城的经历，主要是修缮。

《重修固原州城碑记》里也有表述不准确的地方。一是固原的得名，那彦成认为"北魏与此置原州，以其地险固，因名固原"。固原的得名是在明代，即重新修筑并利用"故原州城"之后，改"故"为"固"，才有了固原的名字。二是建城时间。那彦成明确写到汉"高平第一"城，但又写"城建自宋咸平中"。咸平，是宋真宗赵恒年号。让后人容易理解为固原城建于"宋咸平"时期。三是明代初年修筑固原城的时间，碑文里写到"明景泰三年重筑"。明代初年修筑固原城的时间，文献与出土文物皆明确记载为"景泰二年"修筑固原城，前文已有叙述。

兰州城的修筑，在时间上与固原城修筑近乎同时。在《重修固原州城碑记》文字里，已经写到"会皋兰亦给赈，情形相同，因并缕陈其状以闻，得旨如所请"。那彦成《重修兰州城碑记》里，也写到了修筑固原城的事。当时的兰州，为陕甘总督驻节之所在。"庚午春，仰膺简命，重莅此土，有司复以请。会固原州城亦议重修，核心其事诚不可缓……乃建议乘时修补城垣，以工代赈，奏入得旨俞允。"固原城与兰州城的修筑，都用同一种办法——"以工代赈"。两块碑的

---

① 《宣统固原州志》卷2《地舆志》，陕西人民出版社1992年版，第62页。

刊刻时间，均在嘉庆十七年。

《重修兰州城碑记》，碑刻于清嘉庆十七年（1812）八月一日。西安碑林博物馆藏有《重修兰州城碑记》碑，碑文楷书，正文共16行，满行48字，余行6—43字。1993年，《兰州古今碑刻》一书主编薛仰敬先生给西安碑林博物馆写信请求帮助，得到了西安碑林博物馆的支持，将西安碑林所藏碑文拓片邮寄给兰州博物馆收藏。拓片高1.87米，宽0.77米。那彦成撰并正书，陕西人仇文发镌刻。《重修兰州城碑记》碑，略小于《重修固原州城碑记》碑。[①]《重修兰州城碑记》《重修固原州城碑记》，成为那彦成留给清代西北两座城市文化积淀的双峰。

《重修固原州城碑记》洋洋洒洒约一千六百字，文笔优美，史论兼备。固原的筑城史，包括清代的几次修缮、请筑固原城过程中朝臣的不同意见、城池的保护，尤其是以工代赈修筑固原城等，从多个层面彰显了地方高级官吏那彦成对文化遗产保护传承的国家视野、为民亲民的儒家思想。最为重要的是，那彦成笔下的精彩文字为固原城的历史画了像，留下了一份宝贵的文化遗产。

第二节　清代固原州城建制

一　固原镇与固原城

清代固原州城，仍为西北重镇，雄姿依旧。清代陕甘总督迁出固原城后，陕西提督移驻固原城，直到清末。由高层驻防看，固原州城在清代的位置依然十分重要。陕西提督设置于顺治二年（1645），驻西安府。陕西提督移驻固原城后，改称为固原提督，所统辖兵额在陕西为最多，节制三镇（延绥镇、汉中镇、河州镇），辖标营13个，协营9个，营65个，总兵额3万余人。

固原镇，设置于清顺治二年（1645），顺治十一年裁撤。乾隆二

[①] 薛仰敬主编：《兰州古今碑刻》，《兰州文史资料选辑》第21辑，兰州大学出版社2002年版，第127页。

十九年（1764），固原提督移驻西安后，将河州镇总兵官移驻固原，复设固原镇。乾隆四十六年（1781），陕西提督又从西安移驻固原，固原镇再次裁撤，河州镇总兵官回驻河州。由固原提督的移防、固原镇反复设置与裁撤看，固原的军事地理位置十分重要，陕西提督驻防固原近乎是整个清代。清代康熙年间陕甘分省后，固原州划归甘肃省管辖，但陕西提督一直驻节固原，是固原州城里的一个特殊的军事存在。

清代是固原州城修筑的延续期，是在明代城墙基础上的修缮和加固。那彦成修筑固原州城之后，持续时间较长。清代同治年间开始，由于社会、政治等多重原因所致，社会动荡不安，严重影响到了固原城的防御，称为"靖朔"门的北城门封闭。清代光绪时期，提督雷正绾、知州张元瀁在任时，遇有坍塌者，均随时动用劳力修葺。清光绪三十二年（1906），固原州城东门南隅坍塌30余丈，外城垛口残缺者400余座，修补工程浩大。固原直隶州知州王学伊与陕西提督张行志协商，商定两次修筑固原城。清代固原城虽然多次出现塌毁，但都得到了及时修葺整治，使其基本保持了城池原貌。

清代固原州城，由于战乱与自然灾害等原因影响较大，尤其是中后期修复次数较多，遇有坍塌者皆随时修葺。从城池保护的意义上看，维护的功绩仍不可没。

二　固原直隶州与固原城

（一）固原直隶州

固原直州隶的建制，始于清代同治年以后。在清代，凡不设府，而仍辖有属县的州，则隶属于布政使司，为直属州，其制同府。直隶州虽然同府，但也有差异之处，即直隶州无倚郭之县，其所治州城地方以知州行知县之事。① 在层级关系方面，直隶州知州为正五品（清乾隆三十五年改），与知府一样，但属州知州则为从五品。清代同治年间，提升固原州的建制为固原直隶州，直接隶属于甘肃布政使所

---

① 刘子扬：《清代地方官制考》，紫禁城出版社1994年版，第105页。

辖，是知府一级的地方行政建制。

(二) 固原城

清末固原城的规模与建筑格局，百年前的《宣统固原州志》有详尽记载。内城：周围九里三分，高三丈五尺，垛口一千零四十六座，炮台十八座。外城：周围十三里七分，高三丈六尺，垛口一千五百七十三座，炮台三十一座，壕深、阔各二丈。东城门三道（内城加瓮城），明代万历时建。冠名者有二，曰安边，曰保宁。南城门四道（内外城加两道瓮城），明代万历时建，冠名者有二，曰镇秦，曰兴德。西城门二道，明代万历时建，冠名者一，曰威远。北城门一道，明代万历时建，曰靖朔，清代同治时期兵乱封闭。[①] 瓮城、马面、垛墙、城楼俱全，这是清代末期固原州城的建筑格局。

明代万历年间修筑的固原砖包城，是固原城的最后定型。清代战乱、自然灾害对固原城的毁坏，都有及时修复保护，基本保持着明代城池的格局。《宣统固原州志·固原州城图》（图7-2），完整地再现了清代固原州城的格局，内城与外城相环扣。内城没有北门，东门有瓮城，有两道城门；南门有瓮城，有两道城门；西门一。外城有北门，但封闭，东门一；唯南门有瓮城，为两道城门；西门一。这样，仍保持了北一，东三，南四，西二的城门格局。与清代修复的湖北荆州古城相比，固原城仍显得特殊。荆州古城有6座城门及瓮城，固原城有10座城门及瓮城。荆州古城正在申报世界文化遗产，固原古城却在"文革"动荡年代被毁掉了。现在，万幸中留下的西北角这部分砖包城墙，也算留住了古城的一些"记忆"。

清代固原城，是在明代万历年间筑城基础上的修缮和加固。从传承与保护的视角看，仍然是功不可没。那彦成时期筑城，是对固原城的大修缮；康熙与乾隆时期，是对固原城的小规模修葺。清代光绪三十二年（1906），固原城墙有过一次坍塌，东门南隅坍塌30余丈，外城垛口残缺者400余座，维修工程浩大。《宣统固原州志·城池》只记载了坍塌的程度，没有记载坍塌的原因。固原知州王学伊商请驻陕

---

① 《宣统固原州志》卷2《地舆志》，陕西人民出版社1992年版，第63页。

第七章 清代固原城

图 7-2 清代《宣统固原州志·固原州城图》

西提督张行志，决定再度修葺。这次修缮费用，似乎是由一家金融机构出资。由于获取的资金有限，只修筑了坍塌的城墙和城墙上的垛口，"惟堞楼尚待补葺耳"，堞楼没有修葺，留待以后的机会。这一留待就成了永远，但城池的原貌没有受到太大的影响。

　　固原城位于清水河西岸的台地上，台地由西南向东北倾斜。因此，固原州城城墙的修筑在东南两边呈不规则形，城门洞开的地方也不是居中而取，外城北门就开在城墙的东北角。东城门三道，南城门四道，尤其是四道南城门，皆取城墙东南方位，没有居中开启城门。多增加一道城门，就多一道防御屏障；多一道瓮城，就多一道城门。固原州城城门的格局是非常特殊的，明清时代县级城池每面只能开一个城门。[1] 从后人的眼光审视，固原城门突破建制格局。以这个标准看，固原州城的城门太多，超越了规制。明代陕西三边总督驻节固原，包括固原镇总

---

[1] 彭林、齐吉祥等总纂：《中华文明史·先秦卷》，河北教育出版社1994年版，第278页。

兵，还有临时移驻的陕西巡抚，层级之高与省制无异，甚至特殊时期如同省制。站在明代的时空上审视固原州城的格局，就可以理解固原城东城三道城门，南城四道城门的规制。

《宣统固原州志·城池》里的清代固原州城格局，就是明代万历时期修筑的模式。石茂华《毅庵总督陕西奏议》记载，主要是修筑固原砖包城所需要的各类材料和花费的银两，包括城池的女墙、垛口等外在样式和格局。《宣统固原州志·城池》，对东西南北城门、城门的命名等作了详尽记载，两个文本互补描述，城池的格局更为清晰。正是从这个意义上，明代固原州砖包城墙的修筑，奠定了固原城之格局，数百年延续不变。

固原州城，承载着总督、提督、巡抚、固原镇、固原州等军事与地方政权衙门，固原州城的防御与城池的维护与以上这些机构的设置是一体的。政治管理与军事控制是城市的两个重要职能，而各级衙门等官方建筑体现了城市的格局，自古皆然。城市的官署衙门既是各级官员办公与居住的场所，也是各级政府的驻地，象征和代表着政权的威严，因而衙门就具有了象征意义。因此，城市的经济功能受政治影响居次要地位。[1] 固原的地理位置与军事驻防的层级，正迎合了这种城市布局与理念的官僚政体与集权象征。不同层级的城市，设置不同等级的官僚群体，形成不同层级的衙门建筑群。"有政而后有公焉，有官而后有署焉。公署者，民之望也，位之表也。"[2] 明清固原文武军政官署的建制层级高、管辖地域广，作为统治权力象征的官署，成为众多建筑群布局的必然。

明代后期，城市的功能悄然发生着变化，尤其是近代以来。商业的作用日益凸显，尤其是商业空间的拓展逐渐突破了城墙的制约，开始向城外发展。清代中期以后，固原州城城墙内的商业布局向南城门外发展，城内人口尤其是商业人口向城外移出，这里逐渐发展成为市场，形成了新的商业贸易区，如固原城南门外安安桥商业区，拥有了

---

[1] [德] 马克斯·韦伯：《儒教与道教》，洪天富译，江苏人民出版社1997年版，第19页。
[2] 《广东通志·公署志》卷17，乾隆四十七年刊本。

能代表商品属性的专业市场，例如山货、布匹、杂粮等市场。由于商业的繁荣发展，这里出现了两处新的建筑群，一是修建了安安桥，将固原城与城外商业区连接起来；二是修建了财神楼，迎合了商人们发财致富之心理。《宣统固原州志》，承载着清代固原政治、经济和文化（图7-3）。

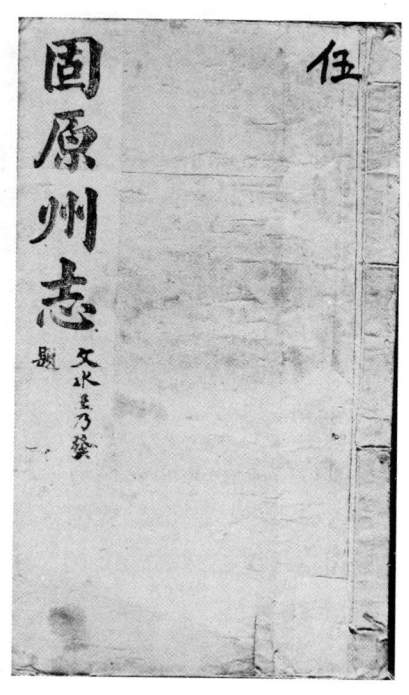

图7-3　清代《宣统固原州志》（石印本）

清代城市园林建筑有了长足的发展，包括城市环境治理。明代人开渠引西海子水进入固原城，城市环境发生了重大变化，城市园林有了不同程度的发展，清代虽经历过战乱与自然灾害的破坏，但城市治理与园林景观建设在不断推进和发展。依《宣统固原州志·首卷图》看，固原州城内的重要建筑物及其周围都有园林式绿化，有些建筑物门前有渠水流淌而过，绿树碧水共同点缀着城市环境，滋润着城市文化发展。

固原古城

图7-4　固原城南门

第三节　军政机构与重要建筑

固原特殊的地理位置，凸显军事地理特点。历史典籍里，固原许多重要历史人物和重大历史事件，大多是从国家层面上说的。清代地方志书，对固原城的历史记载更加详尽，反映着社会经济状况和文化发展脉络。

一　固原军政机构

明清政府衙门及官方建筑，在布局方面重视中国传统文化的传承，体现出"居者为尊"，"王者必居天下之中"的传统思想观念。衙门建筑布局，是由其属性、功能以及地理环境共同决定其处于城市的中心地位或某个重要位置。明代固原城衙门建筑布局主要是由十字大街构成城市的主要框架，以钟鼓楼建筑为其标志，由南北中轴线布局。清代固原城布局大致是明代的格局，但也有不少变化。南北大街冠名为提署街，偏重于军事建筑；东西大街名为县府街，偏重于行政建制。重要的军事建制如总督府、总兵府、提督署、固原州等军事与行政建制，都处在提署大街与县府大街的重要位置，实际上军事与行政衙署都处在不同的中轴线上，从而形成了城市的"中心"，也就是"居中为尊"，体现出官方建筑象征统治权力的尊贵和威仪。"民非政不治，政非官不举，官非署不立"，这是历代统治者设立官署、规划城市建筑空间布局的基本理念。

清代固原城的格局与明代大体一样，但军政衙门与明代相比发生了很大变化，尤其是军事机构大为减少。清初，陕西三边总督驻节固原城，固原总兵、固原卫军事建制尚在固原城。康熙初年，陕甘总督迁往汉中，陕西提督移驻固原城，固原总兵迁往河州，察院、卫、行司等机构先后裁撤，监牧迁往海喇都（海原县）。康熙朝以后，固原城重要的军事机构只有陕西提督署，重要的地方政权建制为固原州，此外还有固原道等。明代的总兵府、副总兵府、兵备道、固原卫、行司、察院、神机库、杂造局等均已不存在。提督署，驻明代陕西三边总督府，州治仍在鼓楼以东，利用明代固原州治，城内学校与宗教建筑多于明代，如文庙、武庙、文昌宫、城隍庙、中学堂等最为著名。南城门外发展较快，商业区基本都分布在这一带，以城南过店街、财神楼、火神庙、安安桥、龙王庙这个片区最为繁华。

（一）州署衙门

1644年，明朝终结，清朝称为顺治元年。不久，清政府设立固原州，隶属于陕西省平凉府。康熙四年（1665），陕甘分省，固原州隶属于甘肃省平凉府。清朝同治中期，升格为固原直隶州，领海城（今海原县）、平远（今同心县）二县；设立固原州判，驻硝河城（今西吉硝河）；设县丞，驻打拉池（今甘肃省白银市平川区）；设立巡检司，驻同心城，这是清代固原州管辖地域范围。固原知州衙门，为清朝同治年间知州廖溥明主持修建。

清代中期以前，全国大多数城市的衙门和相关的官方建筑都得到了重修。在这个过程中，城市空间布局形态得到了进一步完善，重要建筑集中于城市的主要街道。实际上，明代以后，固原州城的官署建筑布局基本标准化、定型化，它完全是遵照中国传统城市规划与设计理念进行空间布局的，清代不但充分利用了固原城内明代的官署建筑，而且沿着这个传统理念推进。固原城市建筑空间布局主要集中在提署街和县府街，这是清代固原州城重要建筑的大致格局。

衙署建筑，包括相关官方建筑，是中国古代官吏办公和居住的主要场所。衙门建筑主体多为坐北朝南，正是应了"天下衙门朝南开"的俗语。整体建筑群以正堂为中轴线对称，主从有序，两侧为厢房，形成了一个前堂后寝、庭院组合式的空间布局模式。其建筑群特点，就是将官署与家居合为一体。前堂后寝建筑正当衙门整体建筑的中轴线上，这种建筑格局既是儒家礼法原则的体现，也是皇宫建筑格局的一种文化折射。正如冯友兰先生所说："故宫和一座衙门在格局、体制上是一致的，县衙门是一个具体而微的皇宫，皇宫是一个放大了若干倍的县衙门。"① 从建筑文化的意义上，衙门的传承背景与它的威严神圣及其关系，以比喻方式说得清晰而贴切，便于我们理解固原州署衙门（图7-5）。

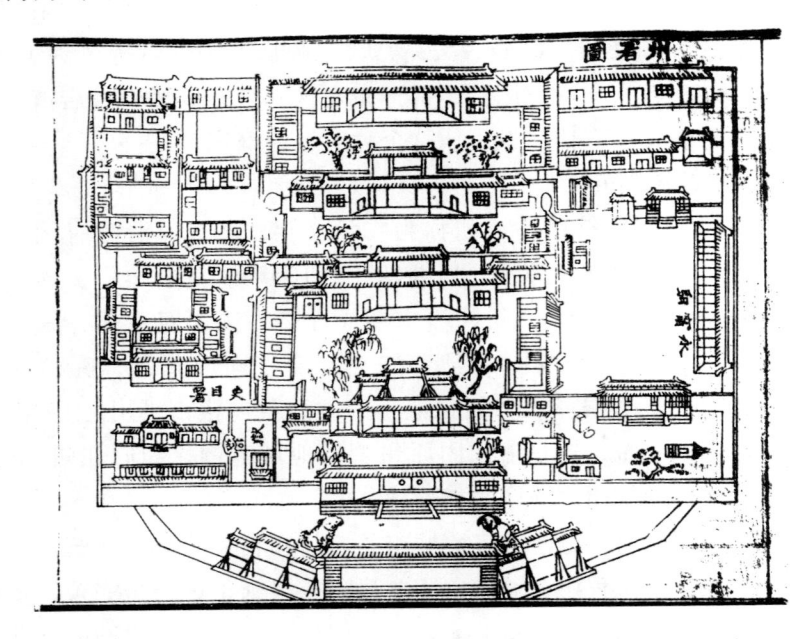

图7-5 清代固原州署建筑线描图

---

① 何一民主编：《近代中国城市发展与社会变迁》，科学出版社2004年版，第11页。

清朝建立后，固原城官署的重要建筑大部分仍沿用明代，建筑形制没有多大变化。依《宣统固原州志·州署图》看，提署、州署、鼓楼、城隍庙等这些明代重要建筑仍在被使用，只是将明代总制府改成提督署，固原城南门外商业发展较快。固原州衙门的修建样式特殊，门前是一个半圆形的装饰，整个造型如同城门的瓮城。中间是大照壁，照壁左右两边分别是四柱三间的牌楼，还有一对石狮子。主院四进：第一进空间较小，西面为监狱，严格意义上这一进不算主院。第二进才是主院，进门有四柱三间的牌楼。主院两边有侧院，修建的房子较多。吏目署，在西侧院；永宁驿，在东侧院。固原州署衙门建筑，是固原州城重要的建筑群。

清代260余年，固原州署衙门知州文职官员共44任。[①] 第一任名迟士玉，进士出身，顺治四年（1647）选授知州，说明清代固原州建制始于这一年。最后一任为山西文水县人王学伊，进士出身，由刑部主事改任固原州知州。44位知州中，在任最长者达10年之久，个别知州有过连任。在任期间，除治理社会、服务民生外，部分知州主要做了两件事：一是兴书院、修义学，复兴文化教育，"生徒济济，大振文风"。二是以捐廉银修建寺庙道观，倡导乐善之举，传承民间民俗文化。乾隆十二年（1747），出任固原州知州的周克开，被称为廉吏，深得社会推崇，为民间所仰望。

学正、吏目，也属于文职官员类。清代固原州学正先后有15位，个别时期为知州所兼任，如王学伊既是知州，也兼学正。学正设置，最早起始于清顺治五年，但中间有断代。正如《宣统固原州志·官师志》记载："同治以前诸公，以迭经兵燹，档册无存，仅于残碑断简中稽其姓氏，采其政绩，以为纪实。"故而有遗漏之处。

（二）提署衙门

提署，即陕西固原提督署。提署衙门位置在固原州城中央偏北，与明代陕西三边总督府原址大致同位。清朝同治初年，提督雷正绾修建。依《宣统固原州志·提署图》看，提署门前有照壁、四柱三间

[①]《宣统固原州志》卷3《官师志》，陕西人民出版社1992年版，第116—119页。

牌楼，还有两对旗杆，一对石狮子，照壁前有渠水流过。提署大门左侧，修建有城墙一样的方形砖砌墩台。主院为三进格局，两旁还有侧院，屋舍修建近乎环整个空间。提署前立赏门一座，位于照壁之前，楼阁极为宏阔，据说明代犒赏军队时都在这座楼上，因此称为赏门。提署衙门，是武职人员办公的地方，是固原城里最具规模的建筑群之一。

此外，城内驻军的各类建筑，也是清代固原州城的重要建筑群。提标中营参将署，在白米市西；左营游击署，在小南寺巷；右营游击署，在王字街熊公祠东；前营游击署，在小南市巷；后营游击署，在南关；城守营游击署，在城西南隅；中营守备署，在城中鼓楼北；左军守备署，在大南市巷；右营守备署，在城守营游击署以西；前营守备署，在白米市秦晋会馆左侧；后营守备署，在白米市秦晋会馆对过；城守营守备，在小南市巷前营游击署间壁。此外，还有火药局、修炮局等分工较精细的军事建筑及其军用场地。

《宣统固原州志·官师志》载，清朝驻固原陕西提督共有41位。第一位是甘肃靖远人王进宝，顺治时出征湖南、贵州，因战功擢升西宁镇总兵。康熙十四年（1675），参与王辅臣之乱的平叛，出奇制胜，授陕西固原提督。"提督移驻固原，自将军始。"最后一位提督，是陕西蒲城人张行志。清代陕西固原提督，在其军务之余，一些提督参与地方文化建设，如捐资修建东岳山道路，或者捐资修建庙宇，或者捐廉银培植书院，或者修理城堞，他们任内皆有功绩于地方，赢得世人推崇与怀念。

陕西固原提督之外，尚有参将35人，多为驻防固原城的军事机构的大员和统兵将领。其中有副将、参将、游击等衔，多数为参将。固原州城的城市与文化建设，他们是直接参与者，也是有功绩者。

清代的电报局，属于固原城内新设的机构，位置在提署街路东。《宣统固原州志·地舆志》记载，当时还没有修建办公专用房舍，"赁民房"暂用。

二　宗教文化建筑

（一）文庙

固原州城文庙，由明代陕西三边总督秦纮所创建。清朝康熙初年，盐茶厅同知李旆重修。清朝同治兵燹后，平庆泾固道魏光焘（1837—1916）重建。《宣统固原州志》卷首里有一幅《文庙图》，位置在州城西隅，内容涵盖了清代固原文化教育的全部。从文庙建筑布局看，它由两大部分四大板块构成。第一部分是文庙的外在建筑样式，一是万仞宫墙照壁，二是照壁后面的四柱三间的牌楼。东角有门曰"礼门"，外墙嵌有一长方形石条，上刻"文武官员至此下马"字样。西角门曰"义路"。第二部分是文庙主体建筑，由两进院落构成：第一进院落主要是社会教化的内容，东厢房为忠孝、名宦，西厢房为乡贤、节烈；院落中间是半圆形石砌泮池，池上有桥，泮池两边为树木。第二进院落是文庙主体建筑，有四柱三间牌楼棂星门，高台阶门亭，门亭两边有侧门。文庙大成殿建在高台上，正殿祭祀至圣先师孔子。大成殿东西两边的建筑群，东曰东庑，西曰西庑，祭祀孔子弟子和历代名儒，大约一百五十余位。文庙祭祀，自清朝光绪三十四年（1908）开始升列为"大祀"，即享用太牢，所有祝文、祭品、祭祀环节等，都按照大祀的程式进行。清代同治年以后，固原州政权建制升格为固原直隶州。文庙祭祀活动层级的提升，可能与升格后的固原直隶州有关。

文庙后面是学正署，也是一处完整的建筑群。《宣统固原州志·文庙图》里标识为"学署"。固原直隶州学正，属于固原直隶州的"文职"官员。学正署，建于同治初年。除门前有照壁外，也是两进院落，与文庙相邻。学正署，主要是管理各类生员及文武学童的州署教育行政机构（图7-6，文庙）。

文庙东侧建筑，是文庙建筑群的第三部分。这里有两大建筑，一是尊经阁，二是崇圣祠。明《嘉靖固原州志》卷首有一幅《固原州城图》，在州城西北文庙的位置上标有"祠堂"字样，说明它是文庙一类的文化建筑。明代嘉靖九年（1530），在大成殿后立启圣祠，清

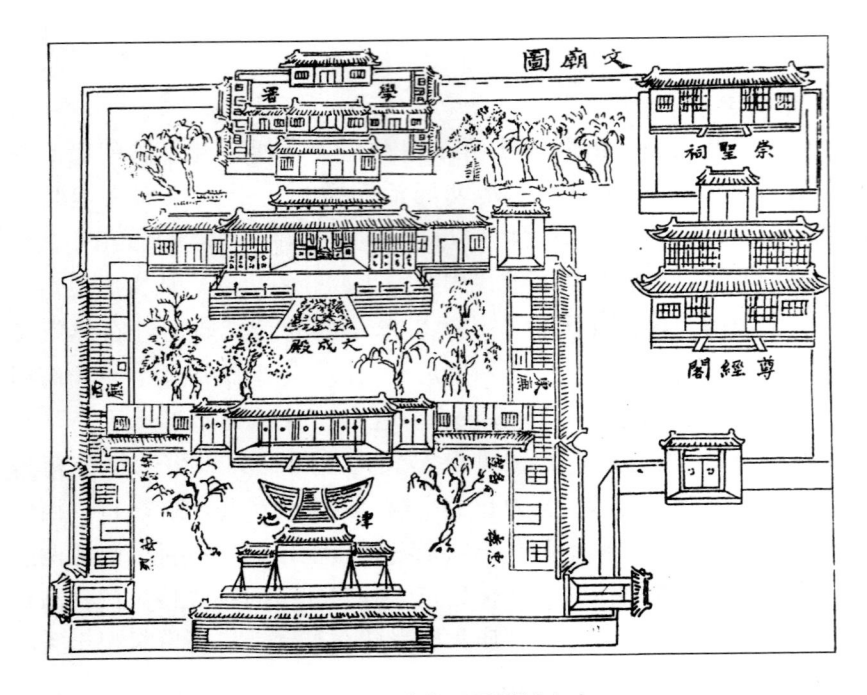

图7-6　清代固原州城文庙

朝雍正元年（1723），更名为崇圣祠。① 实际上，这是自明代至清代以后崇圣祠的变迁，历时久远。

尊经阁建筑两层，是庋置经典的地方，与大成殿、学正署、崇圣祠等建筑群融为一体，是固原州城传统文化建筑体现最为集中的地方。

（二）武庙

武庙，位于固原州城南三道城门东侧，大致即现在固原市原州区第二小学的位置。武庙，也称关帝庙。武庙坐东向西，门前有两块碑，一块是那公碑，为纪念清朝嘉庆年间主持修筑固原州城的陕甘总督那彦成而立的碑。因其对固原文化建设有功，故后人立碑怀念。一

---

① 《宣统固原州志》卷5《学校志》，陕西人民出版社1992年版，第162页。

块是雷公碑，为纪念清朝同治时期驻守固原城的陕西提督雷正绾立的碑。除这两块碑之外，武庙门前还有一对铁旗杆，旗杆的底座上分别有两头相向而视的狮子。

进入武庙的门楼在台阶上，门靠西南角。武庙建筑可分为两大部分：第一部分类似于四合院，东西南北建筑对称。民国时期为政府的办事机构，东面是巡警局，北面是同仁局，西面是戒烟局，院子里有两根旗杆，有花坛，有树木。第二部分建筑靠北，是一个独立的院子，即武庙。武庙的院子里，还有一处三圣宫建筑。

巡警局，是一个全新的称谓，成立于清朝光绪三十二年（1906），系固原直隶州知州王学伊为推进固原城社会治安而捐廉银试办的军警机构。巡警总局设在武庙，固原城南关龙王庙设立东南巡警分局，南关火神庙设立西南巡警分局。由设立巡警局及其位置看，清末固原城的商贸活动及其城市繁华地段都集中在州城南关一带。

同仁局，是知州王学伊设立于光绪三十一年（1905）的慈善机构，面对的是贫困生活无着落的游民。如施散药丸于病人，散发寒衣于无法过冬者，备舍棺木于极贫或乞丐病死者，保全孤贫者等。此外，还散发一些启蒙书籍，如《朱子家训》《孝经》《弟子规》《劝戒录》等，让民众尽可能了解一些传统文化方面的知识，旨在和睦家庭，友好相邻，和谐社会。

戒烟局，也是知州王学伊任上所设立的戒烟机构。鸦片之毒害，在中国久矣。清朝光绪三十三年（1907），朝廷有令戒烟，国家力图自新自强。王学伊设立戒烟局，一面清查吸烟者，一面捐廉银五百两，配制戒药丸，再依照清查人数发给。清末社会鸦片毒害至深，救助吸食者并改善因鸦片而积贫积弱的社会现状，是为政地方官员的功德所在。王学伊不但自己捐廉银以推进戒烟，而且利用社会资源戒烟。董福祥（1839—1908），是清代甘肃固原人。清政府与八国联军议和过程中的"祸首"，在中外势力的挤压下，被清政府"革职"。董福祥过世后，其孙董恭请固原直隶州知州王学伊为其祖父写了《墓志铭》。为表达感谢之情，董恭亲往府衙送上"湘平银"八百两。王学伊"辞受两难"，最终选择了接受，但却用于慈善。以三百两为

"寒衣之需"，以五百两为"烟丸之用"①，即将八百两白银分别用于社会救助和戒烟。

王学伊设立巡警局、同仁局、戒烟局，是推动社会进步的表现，社会治安与社会善举同步推进，却没有花费政府的钱，而且是通过捐廉、筹措的形式获取。即使在百年后的今天，他的做法仍让后人钦佩。

武庙地域空间宽阔，建筑规模较大。在布局上，南半院为政府相关机构，北半院为武庙。从建筑物所在位置看，它靠近城南，且与固原城相对繁华的大南市巷、小南市巷为邻，属于较为繁华热闹的地方。武庙门前的铁旗杆，不但是固原城里的一大景观，而且是很有观赏价值的文物。这对铁旗杆高3丈许，圆周5寸；铁旗杆上有两个铜斗，"冠以铜顶，大如木瓜，光辉耀目"。就是这样一对铜铸的大如木瓜、光辉灿烂的铁旗杆铜斗，却于1931年的某一个晚上被人盗窃而去。庙内还有一口铜钟，高4尺，周围2尺9寸。铜钟上铸有宋朝景德元年（1004）的字样，"可知铁旗杆亦宋时物也"。②这些近千年的铜钟与铁旗杆，是固原城里的宝贝。铁旗杆上的铜斗被盗之后，地方士绅曾多方追寻过，但没有结果。对于固原城来说，留下的自然是一段非常遗憾的故事。

（三）文昌宫与魁星楼

明代修建的固原州城的宗教文化建筑，经过清朝同治年间的战乱大为受损。建于明代的山川社稷坛、风云雷雨坛、厉坛等，皆毁于清朝同治年间战乱，成为一处处废墟。1906年，固原直隶州知州王学伊重新修建，但仅是将以上所毁损的多处建筑合建为一处，统称为"列祀坛"。即便这样，也是好景不长，之后又毁于1920年的海原大地震。社会动荡，加之自然灾害，天灾人祸吞噬着文化遗产。民国时期，固原县县长万保成主持重修，但建筑风格发生变化。由于受西方文化的影响，建筑物"门窗略具西式"，而且"规模更小"，已与此

---

① 王学伊：《筹提戒烟、同仁两局公费牍》，民国《固原县志》，宁夏人民出版社1992年版，第809页。
② 民国《固原县志》卷10《艺文志》，宁夏人民出版社1992年版，第1246页。

前的建筑不可同日而语，却融入了外来建筑文化元素，承载着一个时代的建筑样式。

文昌，原指北斗魁星前呈半月形的6颗星。汉代以前，人们把文绪、仕进、老幼、灾咎等人事，分别视为文昌诸星的管辖范围。经过数千年的传承与发展演进，其内容逐渐变得单一，民间传承的文曲星，即为文昌星。清代固原州城的文昌宫（又称文昌祠），即明代的"圪塔寺"，位置在州城中部布店街。清朝同治中期曾进行过改建，砖砌瓮门，镌额题写"凌云阁"，阁之上建有"奎星楼"。"奎星"，是二十八宿中的奎宿。东汉时期，已有"奎主文章"之说法，后来因科举高第者称为"奎"，民间祈求吉利，便改"奎"为"魁"。[1] 明代固原城已建有高阁魁星楼，主要是为了崇祀魁星，"以启文明而振边鄙也"。而实际上是"尚武功，而文教则漠焉弗讲。以故奎星祀典，春秋疏阙，而阁之椽瓦木石，又为风雨所剥落"[2]。这是清代人眼中的奎星阁的衰落景象，而古人认为"人杰"源于"地灵"，而"地灵"的文化根由就在于魁星。

清代嘉庆年间，陕西澄城人石生玉在固原从武20余年，固原风土人情皆洞悉于怀，固原父老子弟皆视他为故人。清代道光乙巳年（1845），他由湖南提督调任固原提督，讲武之余重视文化建设，"思非重建神阁不可"。于是，他捐献俸金，遣僚属设计，备材开工，以砖石包砌，一个月而告成。石生玉主持修筑的魁星阁，共建3层，有台阶可登，有梯子可攀缘。阁之下有方台，高2丈4尺，仍其旧址。台四围原阔5丈6尺，新修后阔至8丈余。[3] 清代魁星阁的修建，在明代魁星阁的原址上，但台基比原址大了许多，而且冠名"重修固原提署魁星阁记"的名字。虽然是捐俸银所修，但仍加上了"固原提署"的字样。"奎星阁"建筑在各地不断衍生，是民间"魁星"信仰的民俗文化传承。清朝道光以后，对魁星阁没有记载，依传世的魁星

---

[1] 金良年编著：《民间诸神》，《文昌帝君》，上海三联书店1991年版，第54页。
[2] 《宣统固原州志》卷8《艺文志》，陕西人民出版社1992年版，第401页。
[3] 《宣统固原州志》卷8《艺文志》，陕西人民出版社1992年版，第401页。

固原古城

楼的方位看,道光时期修建的魁星阁可能毁于清朝同治兵燹。

清末,固原直隶州知州王学伊任上,再次修建魁星阁(图7-7),选址固原内城城墙东南角(今原州区城关第二小学院内)。民国时期,称魁星阁为"文渊阁",著名书法家于右任先生为固原图书馆题写了"翠接文渊阁,瑞应须弥山"[①] 的对联,将文渊阁与须弥山两处不同类型的文化遗存融会在一起。

图7-7 魁星阁

---

① 民国《固原县志》卷10《艺文志》,宁夏人民出版社1992年版,第1234页。

第七章　清代固原城

　　清代固原城的凌云阁，就其建筑形制看，应该是当时固原城较为壮观的建筑物（图7-8）之一，民国《固原县志》以"颇崔巍"来描述阁楼的宏阔。清朝时期，每年仲春二月初三日，是文昌帝君圣诞祭日；七月七日，为魁星之祭祀日期。清末以来，魁星阁成为民间祭祀活动的重要场所。民国时期，或人为破坏，或自然灾祸损毁，凌云阁淡出了人们的视野。清末，魁星楼的移位重建，反映了人们的心理——振兴文化教育。翰林安维峻（甘肃秦安人）曾主持固原书院讲

图7-8　凌云阁

学，他以为固原地方广袤数百里，历史上出生在这片黄土地上的"良将材官先后相望"，而重文学并以科举起家者却"落落如星辰"。而"魁星阁"的重建，延续了明清以后固原文化人的一种虔诚的期待，也寄托着他们振兴固原文脉的厚望。

（四）城隍庙

城隍庙建筑，大约是固原宗教文化建筑规模大、传承时间最长的建筑文化景观之一。明代修建的城隍庙，清代同治兵燹毁为灰烬，后经邑人张国桢、郑希珍等劝募筹划，始重新修建。城隍庙位于固原州城县府街，建筑规模较大。依宣统《固原州志·城隍庙图》看，最前面为大照壁，其后为四柱三间的牌楼门。由这里往里分为四进。第一进门前，两边分别是一对飞龙旗杆，还有相向而视的一对铁狮子左右蹲护。狮子高5尺，为明万历十八年（1590）铸造①（图7-9）。右者前腿胯抱着一个小铜猊，民间戏称为铁抱铜。在制作工艺上，铜铁相融，故以此为奇迹，观览的游人总是喜欢触摸小铜猊的头部。时

图7-9　城隍庙门前铁狮抱铜幼狮

① 民国《固原县志》卷10《艺文志》，宁夏人民出版社1992年版，第1247页。

间长了，被游人触摸得锃亮，"灼灼耀目"。进入第二进，中间建有乐楼，东西两边为钟鼓楼，建牌坊一座。第三进为献殿三楹，左右以海城（今海原县）平远（今同心县）二县城隍神相配。清代海城、平远二县隶属于固原直隶州管辖。第四进正中为城隍寝宫，东为子孙宫及神厨，西为道房（图7-10）。民国以后，这里逐渐冷清，20世纪40年代，城隍庙一度成为第八战区仓库①。战乱年代，城隍庙成了战时仓库。

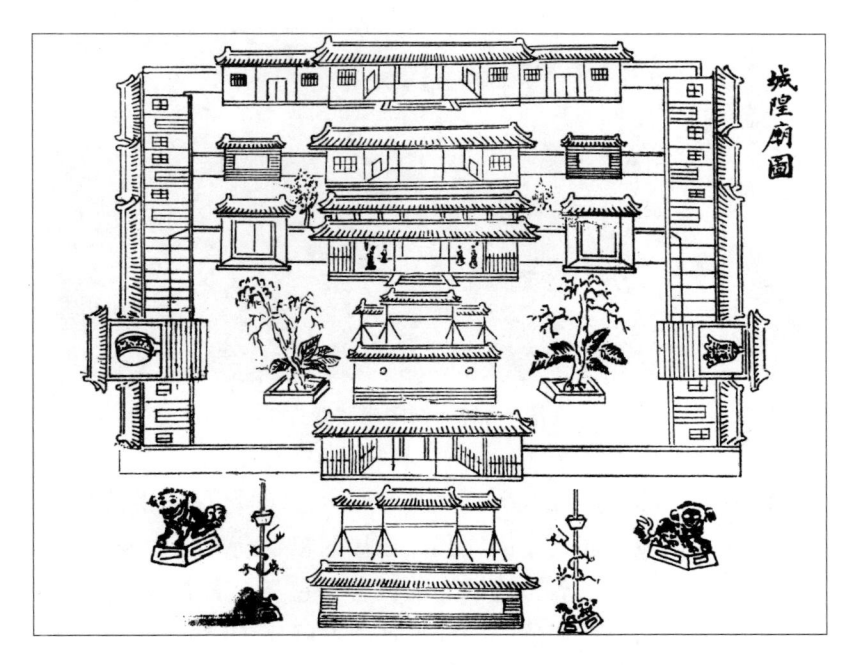

图 7-10 城隍庙图

城隍庙门前的麒麟大照壁（图7-11），制作工艺精湛，深得世人称赞。在这里，照壁、牌楼、旗杆、狮子，分别构成城隍庙外围的景观。进入城隍庙大门，又是照壁、牌楼、钟楼、鼓楼、乐楼、献殿等，建筑布局齐全，游人拜祀如织。最为后人传诵者，莫过于蹲守于

---

① 民国《固原县志》卷5《建置志》，宁夏人民出版社1992年版，第358页。

城隍庙门左右两侧的那对铁抱铜狮子和大照壁。

图 7-11 城隍庙照壁

重修后的城隍庙，延续时间较长，经历民国，百余年传承下来。新中国成立后，城隍庙成了固原县商业局的粮食仓库，大殿和东面侧房反而得以保存下来。后人为了加固，曾在它身上布有铁钉，但经历了历史风雨之后的沧桑痕迹，同样见证着城隍庙曾经的辉煌。

（五）马王庙

马王庙，在固原州城衙署东永宁驿院内。马王庙与城隍庙一样，经历了相同的社会变迁和战乱，直到民国年间。在这个过程中，马王庙称谓有变化，庙址也有过迁徙变化。马王庙，又名三圣庙。据清宣统《固原州志》载，清代马王庙建在固原州城北隅，毁于地震；后经邑人募缘重建，冠名为三驿马王庙，庙址迁移在州城东永宁驿院内。重建后的马王庙，供奉神祀牌位有了变化，除祭祀马王神之外，还增加了菩萨神位，说明清代后期，马政在固原已经式微。据民国

《固原县志》记载，旧有三圣庙七所，马神祠一所，今皆湮没无所考。民国时期的马王庙，早已湮没无从考稽。

（六）财神楼

财神，是中国民间普遍供奉的善神，历史久远，供奉形式丰富多样。在古代中国社会，财神是各阶层人群普遍信仰的神灵。但不同时代、不同地区的人群，对财神的认识并不完全一致，崇奉财神也因时因地而异。① 主要的财神有赵公明，俗称赵公元帅；五通财神，宋代以来民间所奉财神，有五显神和五通神之说；财帛星君，即太白金星，其全称为"都天致富财帛星君"，也被附会为财神。经历代祭祀演变，近代以来形成了文、武财神，文财神为殷代忠臣比干，武财神为关羽。文武财神、各路财神、小财神、地方财神，共同组成了财神谱系，并形成了中国独有的财神文化。② 固原财神楼的修建，是数千年历史延续和祭祀固化的建筑载体。由于固原特殊的历史经历，财神楼的修建应该是一个综合性、多元一体的财神信仰的体现。

固原财神楼，在州城南门外过店街南口（图7-12）。过店街，是清代中期以后在固原城南逐渐形成的商业街区。这里商号云集，市容繁华，是清末民国时期固原城的重要商业区，山西、陕西、四川等地商人在这里经营着坐地生意。财神楼的修建，成为这里商业繁华的象征。明代中期以后，城市商业发展的走向由城内向城外延伸，尤其是清代以来，固原州城的商业发展突破了城墙的束缚，向南城外清水河西岸发展。清代中期前后，城市的商业空间已经完全突破了城墙的隔阻，并向城墙外的开阔地延伸。③ 固原城的商业这一时期快速向南城门外发展，再加上南门外清水河西岸宽阔的滩地，为商业店铺在这里发展提供了理想的地理环境，包括便利的交通条件。清末，固原城的主要商业区已在南城外。财神楼的修建及其位置所在，不但表明这里是固原城的商业区，也表明财神楼已成为商人祭祀之所。《宣统固

---

① 金良年编著：《民间诸神》，《文昌帝君》，上海三联书店1991年版，第57页。
② 徐迅：《财神》，岳麓书社2012年版，第1页。
③ 何一民：《中国城市史》，武汉大学出版社2013年版，第442页。

原州志》记载，财神楼已被列入"祠宇"之列，以供人们祭拜。

图 7-12　财神楼

在财神楼以南，建有一座南北走向的石桥，连接南北两岸，名为安安桥。它既是这个商业区的连接纽带，也是这一片商业区的防洪水道，更是固原州城以南商业区的一大景观。财神楼建在一座砖砌的高台基上，台基下有城门一样的圆拱形门洞，车马可穿行而过。建筑样式类似于城门洞一样，台基底层用数层石条为基石，其上为青砖砌就。门洞正上方坐落着财神楼，为歇山式屋顶建筑，由一条正脊、四条垂脊和四条戗脊构成，四角翘檐。与财神楼相连接，还有一座卷棚顶建筑。财神楼建筑，应该是固原城里留下来的清末的唯一建筑群。

财神楼经历了百余年的风雨，也经历过 1920 年的海原大地震。近年有过修缮，虽然老建筑的韵味未能原汁原味地得到体现，但仍是在原址且尽可能地凸显其建筑样式及其风格。

（七）安安桥

安安桥，在固原州城南门外，"明时所建。桥上廛市林立，下有瓮洞，遥而望之，形势凌虚。土人以'南桥''北坛'为兵燹前之佳境。今桥则巍然，而坛圮壁"①。这里的"兵燹"，指清代同治年间的社会动荡和战乱造成的灾难。《宣统固原州志·卷首图》标注，固原州城以南建筑物较多，东面有龙王庙、火神庙等建筑；安安桥为拱形，桥下有流水穿过，桥南还有一些建筑物。由于修建时间较早，《宣统固原州志》已将"安安桥"列入"古迹类"。民国年间，安安桥似乎没有再修缮，成了一处遗迹。近年虽有修缮，但已没有了古朴的造型和古色古香的沧桑感。

（八）火神庙

清代固原州城商业区，主要分布在城南门外。这里店铺云集，商贸发达，逐渐形成了龙神庙、火神庙、财神楼之类的宗教寺庙文化建筑群。

火神庙，一名火神祠，在固原州城南门外。清朝同治兵燹后重修，依《宣统固原州志·州城图》看，建筑规模不大，为两进院落。第一进，庙门一座，向东乐楼一座。第二进，向北有高台，建重门三间、正殿三间，东厨房、西庙房各两间。1920年海原大地震后，乐楼坍塌，其余建筑亦受到影响。地震之后，这里的建筑物再没有被修复。随着时间的推移，已逐渐淡出人们的视野，但火神庙的名字传承了下来，坊间以"火神庙滩"相称，空间范围较大。实际上，火神庙滩的名字成了固原城南商业区的一个缩影。

清代固原州城的建筑样式，以上仅摘其要而叙述。依《宣统固原州志·州城图》看，除以上所叙述者而外，尚有一些建筑规模较大且在当时有影响的建筑群未曾涉及，如宗教文化建筑万寿宫、上帝庙等，各类文化建筑群相对保存完整，各类文化建筑共同拱卫着文化遗产积淀丰厚的固原古城。

---

① 《宣统固原州志》卷2《地舆志》，陕西人民出版社1992年版，第75页。

（九）清代会馆

会馆，是在关帝庙基础上延伸的有一定规模的建筑物。这里的建筑空间，是经商者寄托心灵的地方。关公文化的财神崇拜，有其深远的影响。因为诚实守信的商业伦理，在关羽身上承载着一个"信义"的伦理符号。出于商业发展的需要，商人们敬仰关公，崇拜其神灵，借他的神威庇护，用他的忠、信精神结义抱团经商。明清以来，全国各地建有不少山陕会馆，商贾往来于其间。会馆所在之处，就形成商贸集散地。关公文化里的"诚"与"信"，不但成为连接商人们的精神纽带，而且成为他们经商必须遵循的人格信条。

会馆，承载着一种特殊的使命。它是旅居异地的同乡人，是异乡人在客居地相聚的地方，为联络同乡而结成的民间社会组织，与商业文化发达密切关联。现知最早的会馆为明朝永乐年间芜湖人俞谟在北京建立的芜湖会馆[1]。创建会馆的目的，在于"以敦亲睦之谊，以叙桑梓之乐，虽异地宛若同乡"。会馆发展演进的过程，既体现着时代发展的阶段性，又包含着地域发展的差异性。[2] 对于商人而言，会馆必须在对内实行有效整合的同时，不断谋求和开拓与外部的联系，提供务实的商业信息，拓展新的商机渠道。清代康熙、雍正、乾隆年间，会馆发展到顶峰，全国各地有一定规模的城市近乎都建有会馆。"现今清国通商之市场，会馆、公所莫不林立"[3]。

会馆的修建，大部分为商号出资，也有官商合建者。山陕会馆多建于清代康熙以后。经济越发达的地方，会馆修建越多。清代以后，随着西部经济的开发，会馆建筑物亦迅速发展起来。清代以来，客商不断本土化，即客商生意延伸到某个地方，他们就逐渐在某个城市设立庄号，在这个城市占籍，不断土著化，如固原的陕西商人、山西商人、四川商人等。陕西商帮经常被人们与晋商并称，是因为他们经常联合建立会馆，通常称为山陕会馆。其建筑形制，包括山门、戏楼、

---

[1] 何炳棣：《中国会馆史论》，台湾学生书局1966年版，第13页。
[2] 王日根：《中国会馆史》，东方出版中心2007年版，第30页。
[3] 彭泽益：《中国工商行会史料集》，中华书局1995年版，第90页。

钟楼、鼓楼等，是一个庞大的建筑群。与固原经商关系密切的会馆，还有一种称为"秦晋会馆"（或称秦晋书院）。

《宣统固原州志》将会馆列入"祠宇"。秦晋会馆，位于固原州城米粮市直西，前营守备署西侧；四川会馆，位于固原州城大南寺巷。① 民国《固原县志》记载略有变化。秦晋会馆的位置在"县城白米市"，四川会馆的位置仍称"在大南寺巷"。此外，还有了"四川旅祀祠"② 的名字，且进行过重修（图7-13）。

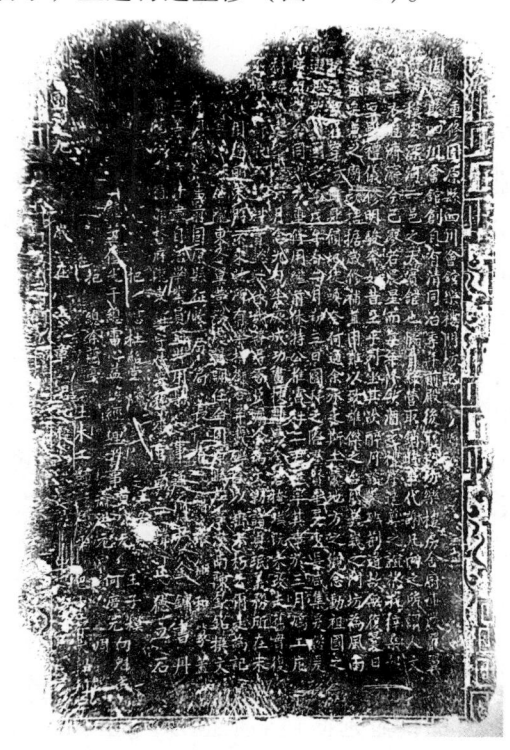

图7-13 重修四川会馆乐楼门坊记（碑阴拓片）

会馆的出现，与移民也有关系。移民虽然摆脱了传统的"安土重迁"的观念束缚，但面对举目无亲的陌生环境，故土情结与会馆有着

---

① 《宣统固原州志》卷2《地舆志》，陕西人民出版社1992年版，第69页。
② 民国《固原县志》卷5《建置志》，宁夏人民出版社1992年版，第364页。

千丝万缕的联系，他们会在乡土文化的背景下结成一种自发而松散的联合。因为他们语言相通、习俗相同，思维方式也颇有一致性，这一个个的联合便构成了一个个亚文化群体，承载这种特殊关系或者情感的载体，就是各种名目的会馆。

清代会馆，是固原州城里的另一种建筑样式。秦晋会馆、四川会馆、山陕会馆，皆修建于固原城商业区。清代固原州城的会馆，不仅是固原州的一种文化建筑，也是城市商业文化繁荣的象征。

（十）消失的文化建筑

固原州城文化建筑，除以上简略叙述者而外，还有不少宗教文化建筑，诸如东岳庙、禹王庙、火神庙、赞化宫、太白庙、三清宫等。这些宗教文化建筑物，或为明代所建，毁于清末兵祸，民国初年又逢重建；或为清初所建，毁于清末，民国初年重建；或明代所建，清代重修，民国初年彻底废弃。具体表现如下。

一是传承的过程中，建筑形制在发生变化。由于重新修建，建筑样式有变化，建筑格局逐渐变小。如风云雷雨坛、先农坛、厉坛，三坛合一；文庙由原为九楹，重建后改为五楹。太白庙，创建于明代万历年间，"画栋雕梁，殊为壮观"，但毁于清代同治战乱。民国时期虽然重建，但正殿仅三楹，"余尚不能复厥初之万一"[①]，建筑规模缩小了很多。

二是由于天灾人祸所致，民国时期，明清大部分宗教文化建筑已经销声匿迹。据民国《固原县志》记载，固原州城内废弃的有普救寺、凌云寺、真慈庵、大悲寺、兴福寺、弥勒庵、磨针观、地藏寺、白衣堂、白衣观音寺、十方寺、睡佛寺、牛王寺、朝阳庵等。如果将清末已经消失的、民国初年能看得见的所有宗教文化建筑总括起来看，明清两代，包括民国早期，固原州城内外的宗教建筑文化遍布于州城内外的数量是空前绝后的。现在，只能在传承的地方志书里去寻觅和追溯。

---

① 民国《固原县志》卷5《建置志》，宁夏人民出版社1992年版，第347页。

三 清末书院与学堂

书院，是宋、元、明时期私人或官府设立的高于蒙学、不列入国家学制的教育机构，书院得名最早始于唐代。在中国古代文化史和教育史上，书院占据着重要的地位。科举，是中国历史上选拔优秀人才的基本途径。书院，是私人或官府设立的藏书和聚徒讲学的场所。书院源于唐朝，兴盛于宋元。清代雍正年以后，书院渐趋再度兴盛。清代光绪二十七年以后，书院改为学堂。书院或者学堂，既是固原州城独有的文化建筑，也是文化人相聚并授徒讲学的地方。依地方志书记载看，清代固原书院设置时间较早，固原知州与固原提督中的不少官员对地方文化教育很关注，且以捐廉银的形式给予直接支持。战乱和自然灾害，虽然给书院的繁荣与发展带来不同程度的影响，但总体上仍是一个不断发展的趋势。

（一）文昌书院

文昌书院创立较早。依《宣统固原州志》记载看，清朝顺治年间固原就设有书院，这应该是清代固原创立过的最早的书院。其后固原州城修建的文昌宫，实际上就是书院的形式。清代中期的书院，逐渐官学化，大多演变成为科举预备考试的场所。清代后期，尤其是清末新政之后，近代教育体制逐渐取代了旧式教育体制。民国《固原县志·学校》记载：清代道光年间（1821—1850）创立过文昌书院，位置在固原州城南郊，但记载太简略，看不出文昌书院与地方科举的关系。作为地方书院，文昌书院为固原基础教育及其文化建设服务，功在千秋。

（二）五原书院

清代同治以后，固原州升格为固原直隶州，设固原直隶州学正一员，负责地方文化教育。固原书院设立较早，但经历了同治年间的兵燹之后，书院"今倾圮，拟改修"[①]。战乱毁坏了书院。清代光绪十七年（1891），驻固原陕西提督雷正绾捐资创修书院，始冠名为"五

---

① 《宣统固原州志》卷5《学校志》，陕西人民出版社1992年版，第159页。

原书院"(图 7 – 14)。

图 7 – 14 清代固原州五原书院碑记(碑阳拓片)

固原"五原书院",延聘当时的著名文化人为"山长",如安维峻、孙尚仁、王源翰等。安维峻(1854—1925),甘肃秦安人,光绪中进士,是清代著名的学者,也是著名的谏官,官至福建道监察御史。中日甲午战争之前,因连续给朝廷上奏折反对慈禧太后卖国而被革职,安维俊是五原书院的第一任"山长"。孙尚仁,甘肃皋兰籍进士,官至刑部主事;王源翰,也是甘肃静宁籍进士。他们都是著名的文化人,五原书院有幸!

正是由于安维峻身上的正气，他被当时官场称为"铁汉御使""陇上铁汉"。他阅历丰富，见识过人，对固原的历史谙熟且深有研究。出任五原书院"山长"后，写过一篇《整顿书院义学记》①的文章，民国《固原县志》记载名为《五原书院暨义学经费》②，对学校与人才、学校与地方经济文化的发展等析论极为深切透彻。他指出"从来人才之盛衰，视乎学校之兴废。无以培植之，犹不耕而欲其获，无米而使之炊也"。对于固原历史上的学校教育，他认为"良将才官，后先相望，独文学中以科举起家者落落如辰星。岂山川形胜宜武不宜文欤？毋以培植之方犹未至也"③。高屋建瓴，指出了文化教育薄弱的症结所在。"关东出相，关西出将"，固原历史上出了不少武将，相比之下文化人的确凤毛麟角，原因在于学校教育滞后所致。固原书院虽然创建得晚一些，但它对后来固原的文化教育影响较大。

（三）固原中学堂

清朝光绪二十七年（1901），清朝政府推行新政，颁布细则通令全国："人才为庶政事之本，作育人才，端在修明学术……初京师已设大学堂，就行切实整顿外，著将各省所有的书院，与省城均改设大学堂，各府厅直隶州均改设中学堂，各州县均改设为小学堂，并多设蒙养学堂。"④将书院改为学堂，这是中国教育史上的大事件，延续了上千年的书院，退出历史舞台。"所谓书院改制，不仅是改掉书院之名，其实就是废止书院制度，教育的重心从中学转为西学。书院改制、科举停废……都是东西方文明冲突的结果。"⑤正是从这个意义上，书院改为学堂影响深远。

清代同治中，固原升格为直隶州，按照清政府书院改学堂的政策要求，直隶州书院改为中学堂。固原作为一郡之地，书院改中学堂也在时代的推进之中，但毕竟是教育相对落后的地方，真正推进"书

---

① 《宣统固原州志》卷8《艺文志》，陕西人民出版社1992年版，第407页。
② 民国《固原县志》卷10《艺文志》，宁夏人民出版社1992年版，第1006页。
③ 《宣统固原州志》卷5《艺文志》，陕西人民出版社1992年版，第407页。
④ 《光绪宣统两朝上谕档》，广西师范大学出版社1996年版，第175—176页。
⑤ 刘海峰：《书院与科举是一对难兄难弟》，《华南师范大学学报》2011年第6期。

院"改为"学堂",已延缓到了清政府通令改制六年以后的光绪三十三年(1904)。这一年,固原直隶州知州王学伊一面择地定基,一面筹集经费,"始克兴修"新的学堂。新学堂落成后,名曰固原中学堂。招收的生员除固原州城外,还有海城(今海原县)、平远(今同心县)、硝河(当时为固原直隶属州分州,今西吉县硝河)的生员,入中学堂读书。

固原州中学堂,位于提署街,坐西向东。清朝光绪三十二年(1906),固原直隶州知州王学伊创建。固原州中学堂建筑群主要由两大部分组成,主体建筑为讲堂、礼堂,南北两边皆环以建筑群,北面依次是研究所、北斋、书库,南面依次是南斋、传习所。辅助部分主要是操场,紧邻中学堂北面,另有门户出进。此外,还有高等小学堂。

清代《宣统固原州志》首卷,有一幅中学堂线描图。由这幅图可看出固原中学堂修建规模较大,设施较为齐全。中学堂大门为东向,与固原州城东对面的东岳山为对映。门前有照壁,门堂三楹,讲堂三楹;左右分列研究所和传习所,中列屏门,再往里就是礼堂、书库、教习、憩所等;左右分别为北斋和南斋。操场在学堂外东边,有独立的门户。宣统元年(1909),固原中学堂建成。① 学科设置相对齐全,管理体现着当时最时新的特点。一是学堂设教习一人,监堂一人,职责是兼稽查各学科功课。二是设校长一人,还兼职会计。三是聘任教习的人选条件,多为举人(乡试录取者)身份。

清代固原州学、化平厅学、海城县学、隆德县学,官学生员有定额,贡生(清代科举取士,选拔府、州、县学品学兼优的生员秀才,举荐到北京国子监读书,肄业者称为贡生)择取不到10人,廪生(清政府给以廪禄的生员)不到100人,增生百人略过一点,通过岁考录取的文武生也不过百人。② 清末固原直隶州能走进学校的生员人数很少,文化教育还十分落后。清末新政之后,固原直隶州及各县创办的新式学堂入校的学生人数有所增加,中学堂学生十余名,小学堂

---

① 《宣统固原州志》首卷图说,陕西人民出版社1992年版,第17页。
② 王曙民:《近代宁夏教育研究》,宁夏人民出版社2010年版,第32页。

包括乡下初级学堂学生约近400名。① 生员人数不断增加，折射的是清末新政之后固原州学校教育及其发展状况。

（四）小学堂

清末，随着固原中学堂的创设，小学堂也随之陆续设立，而且设立的小学堂较多。小学堂里，还有高等小学堂与初等小学堂之分；有公立小学堂与私立小学堂之别，私立小学堂多创建在乡村。应该说，这一时期固原的中小学教育已经往前推进了一大步。一是中学堂的设立，二是小学堂已遍及城乡，为更多的乡村学生提供了读书的机会。整体上，体现了当时全新的教育现状与教育模式。

（五）宣讲劝学公所

清末新政的推行，书院改为中学堂，影响着地方教育形式的变化，尤其是不同教育模式的出现。宣讲劝学公所，就是当时兴起的一种新教育形式。光绪三十一年（1905），科举制度废除后，兴起办学校之风，清政府设立"学部"以管理全国的教育事务。光绪三十二年（1906），《学部奏定各省劝学所章程》颁布，宣布劝学所的成立。劝学所宣讲的内容，主要宣传国家和地方政策，教化人心，开启民智，包括道德教化与社会启蒙。

固原直隶州知州王学伊反应很快，于清政府学部颁布《劝学所章程》的当年，即以捐廉银重修宣讲劝学公所，建宣讲堂三楹，中奉圣谕牌座，东西为讲生的憩所之地，后面还建有储书室。主要目的是"以资劝学绅民"，每讲"乡民环而听者"②，宣讲的内容很受欢迎。这种教育形式，有助于更多的不能进学堂读书的人来这里学习，接受当时的新事物。

第四节　外国人笔下的固原城

清光绪三十四年（1908），美国人罗伯特·斯特林·克拉克

---

① 王曙民：《近代宁夏教育研究》，宁夏人民出版社2010年版，第65页。
② 《宣统固原州志》首卷图说，陕西人民出版社1992年版，第17页。

（Robert Sterling Clark）组织了一个庞大的考察团队，成员中有各方面的专业人才，如翻译人员、气象专家、测绘员、博物学家、画家等，包括随队医生，克拉克为领队。这个考察团是经过清政府外务部批准的，有一个完整的行程。他们原计划于1908年秋天由山西太原府启程，穿越陕西、甘肃两省后，抵达与四川省成都府接壤的西藏边界，再沿岷江而下，顺长江东返抵上海。但考察中途出了问题，到甘肃兰州就折返了。固原州城，是克拉克考察队往返都经过、住宿和考察的地方。

考察队所有的经历和考察记录，都由《穿越陕甘》一书来承载。该书由罗伯特·斯特林·克拉克、阿瑟·德·卡尔·索尔比等人著[1]，其中大量的篇幅记载着考察队的行程和详细经历。由于往返都经历固原，包括在固原的逗留和考察，他们的笔下留存了大量记载百年前固原州城及其历史和文化方面的文字，诸如固原城周围的道路、城市规模、气象记录、村镇人口，包括固原城电报与邮电事业的发展状况等，尤其是对固原州城的描述和记载。

一 考察队在固原

克拉克考察队一行，离开太原府后，在陕西榆林以北渡过黄河，向南进入延安，之后抵达西安。由西安西北行，沿古丝绸之路茹河流域经甘肃庆阳县西峰镇、镇原县，进入宁夏固原彭阳县境。考察队在泾川穿过泾水进入庆阳，由庆阳北石窟寺沿茹河而行，穿越黄峁山古道抵达固原。

1909年3月，考察队由镇原县进入固原地界，即现在的彭阳县。第一站是杨树湾。之后穿越彭阳城西进，由任山河北上翻越黄峁山进入固原州城。考察队没有走青石嘴方向的通道，而是走任山河峡谷北行的古道。翻越黄峁山，出青石峡口就看到了固原城。这是过去由彭阳去固原的捷径。《穿越陕甘》的作者，把黄峁山写成"华峁"山。

---

[1] ［美］罗伯特·斯特林·克拉克、阿瑟·德·卡尔·索尔比、C. H. 切普梅尔：《穿越陕甘》，史红帅译，上海科学技术文献出版社2010年版。

第七章 清代固原城

考察队花了一天的时间,"翻越了一处高约7600英尺(2300余米)的黄土山口后,向下行进",就来到了固原州城。

> 这座规模庞大、繁华热闹的城镇坐落在山岭附近,广阔平原由此延展开来。向南远眺,就可看到重峦叠嶂的六盘山。向北、向西两个方向望去,会看到乡野逐渐抬高,直至融入黄土山丘之中。固原州城人口接近5000,它是一大片广袤区域的集散中心……考察队在固原城南门外找到了一处舒适的歇脚之地,遂在此休整,直到3月16日。①

《穿越陕甘》一书,提供了与固原州城相关的大量历史信息。一是固原州城的规模较大,人口较多(在该书的附录里,固原城是5000户而不是5000口人),城市显得繁华;二是固原州城所在的地理位置重要,地理环境优越;三是固原州城商业繁荣,是周边广大地域的商品集散地。这是百年前外国人笔下对固原州城的素描。

当时的固原城南门外,商贸集市是固原城最繁华的地方。考察队在固原州城南门外"一处舒适"的店铺里住了10天时间,除了以上文字记载的内容外,他们还考察了固原州城及其外围的不少地方,包括与地方重要人物的会见。《穿越陕甘》一书里有一幅照片,是考察队人员所拍摄,照片画面是固原直隶州知州王学伊与衙门随员和卫队的合照,署名为"王道台",是考察队与地方长官相见的留影(图7-15)。1909年,王学伊还在固原直隶州知州任上。考察队持有清政府外务部门的护照,要求沿途地方政府给予配合和安全保护。克拉克一行在固原州城停留十天时间,其间拜访地方官员,亦在考察范围之列。

《穿越陕甘》一书的附录里,分别记载了考察队的整个行程,每一站都有详细记录。在"从固原州到静宁州"的文字里,再度写道:

---

① [美]罗伯特·斯特林·克拉克、阿瑟·德·卡尔·索尔比、C. H. 切普梅尔:《穿越陕甘》,史红帅译,上海科学技术文献出版社2010年版,第63页。

固原古城

图7-15　固原州道台王学伊与随员和护兵

固原城市繁荣，约有5000户居民。这里有一家电报局，还有一家邮政所。①

考察队离开固原州城后，没有取道六盘山，而是沿州城西南方向的海子峡西进。清《宣统固原州志·庶务志》里记载：出固原城行20里至冠家庄，又20里至大湾店（西海子峡口），再20里至张义堡，又行29里至马莲川（今西吉将台境）。历史上，这是一条通道。民国《固原县志》记载更简洁，出固原城，经海子峡、大湾店，再经张易镇出马莲川至将台堡。实际上，考察队走的是古老的木峡关通道。木峡关，唐代六盘七关之一。古代由甘肃静宁、庄浪进入固原，即走这条通道，它绕开了六盘山道。隋代突厥民族南下往往穿越木峡关，是进入关中的必经之要道。清代，离开固原城西行，这一线仍是

---

① ［美］罗伯特·斯特林·克拉克、阿瑟·德·卡尔·索尔比、C.H.切普梅尔：《穿越陕甘》，史红帅译，上海科学技术文献出版社2010年版，第161页。

通道，固原直隶州与硝河城（西吉硝河）分州之间往返，也取这条通道。

3月18日，考察队到达将台堡。《穿越陕甘》一书中，插有一幅将台堡的照片。这幅照片至少反映了两层意思：一是清末的将台堡城保存得比较完整，还有城垛，城墙上还建有角楼。将台堡，在历史上是很有影响的地方。二是反映了固原直隶州与硝河城分州之间的特殊关系。清同治十三年（1874），左宗棠上疏清政府升格固原州为直隶州之后，始设固原直隶州硝河城分州，以加强地方管理。清末硝河城分州，是固原州西南重要的地方政权建制。将台堡城离硝河城不远，介于固原州城与硝河城分州之间，地理位置较为重要。

考察队到了兰州之后，派出一个考察分队去岷州，即现在的甘肃省定西市岷县，结果在途中遭到不测，负责测绘的队员黑兹拉特·阿里遇难。事件发生后，考察队继续西进的计划就停了下来。随之，考察队决定东返，结束考察。7月15日，离开兰州原路返回，再度停留在固原州城。这期间考察队的活动，主要在固原城进行了天文观测。此外，作为当年参加八国联军入侵北京的罗伯特·斯特林·克拉克，在固原想起了他的对手、1900年在北京抗击八国联军入侵的清末武卫后军统领董福祥。

（一）气象观测

考察队携带有气象观测仪器，有专门的观测记录者。由记录的内容看，进入固原地界后，沿途所经历的杨树湾、刘家河、任山河、固原州城、张义堡、将台堡等地，每天都有气象观测记录。记录文字较为详尽，如整日卷云、积云，轻微东南风；从中午开始出现卷积云，强劲西北风；夜间有微霜、尘雾；整日层云和雨云，上午10点至下午1点，小雨；上午10点降雪，积云和层云，下午5点晴朗，轻微东风；薄雾，中午卷积云和积云，上半天北风，下半天西南风；夜间大风，整日有雾，包括海拔、气压与气温，等等。如同天气预报一样，共记录有11次，这应该是固原历史上最早的气象记录。

（二）固原道路

考察队由甘肃镇原县进入彭阳境，路况良好，沿途经过的村庄都有地名。由杨树湾、刘家河到任山河，是"路况良好的骡车道"。穿越黄峁山古道后，就是固原城东南的青石峡，这个地名现在仍在沿用。

出固原州城，走的是经羊坊往西海子古道，也是"路况良好的骡车道，也适合马车行走，向西南缓缓延伸到一片平原上"。之后，就要翻越海子峡高山，《穿越陕甘》书中称这里为"海子关"。海子峡，是固原州城用水的水源地，明代就引水入城。进入海子峡，就进入了六盘山腹地。过张义堡、到将台堡一带，沿途记载"骡车道路况良好，适合大车通行"。这条道，是避开翻越六盘山西进的捷径。在将台堡，还设有"一个小小的军事哨卡"，这可能与前面叙述的固原直隶州硝河城分州有关，也与百年前固原州城西行的通道有关，但过去的地方志书里似乎没有记载。

《穿越陕甘》一书，在地质学方面也有考察叙述。比如六盘山，认为是由结晶岩构成，可以视为陕西北部盆地的西部边缘。最高峰极其陡峻，构造与山西西部交城山略有相似。较低的山峰由石灰岩构成，山间分布着很多幽深的沟谷。由地质学层面上看固原州城，"坐落于一处广袤的黄土盆地中，北部、东部和西部环绕着沉积而成的丘陵，西部和南部都是六盘山。山脉西侧主要由石灰岩构成，比沉积岩构成的山脉东侧更高"。在地质构造上，考察者作了一些比较。固原城"坐落于一处广袤的黄土盆地中"，可见当时的生态环境很差，再加上恰逢春天。

（三）考察管理

考察队在陕西、甘肃两省的考察活动，是经清政府外务部批准的。依照外籍人员的管理规定，外务部要求考察队途经的地方政府实施保护，并为其提供便利，同时地方政府还有监督的责任，清政府的咨文、电文、移文、电报都要下发给考察队途经的地方政府，固原直隶州也一样。在管理程序上，层层监管，如时任陕甘总督的升允，要为他管辖范围的地方政府下行公文，具体说明考察队到什么地方，多少人参与，随行携带的行李，包括枪支等。上级公文里已写得明白，"请免税放行"，考察队每人都有游历护照。同时，地方政府也要向清朝外务部呈送相关的文本。

清政府对考察队人员，有保密和限制要求。但"凡关于形势险要，不得任意测绘。即偶有测绘之处，应报由地方转报该省大吏，咨部核办"。由于清朝政府的保密要求，考察队的测绘未涉及固原直隶州城的军政建制及其驻军等相关的话题。

（四）电报与邮政

《穿越陕甘》一书记载，固原州城有一家电报局，北接宁夏府，东南连接西安府，沿途在平凉府和泾州设有分局，西通兰州府。电报局之外，还有一家邮政所。① 应该是邮政局，《宣统固原州志·庶务志》里记载为邮政局。克拉克视野中固原州城的电报局开办已近乎20年；邮政局开办较晚，大约在两年前。克拉克笔下的电报局、邮政局，反映着社会进步的程度。当时固原直隶州的电报、邮政，不仅仅是关乎着固原，如同丝绸之路的网状走向，连接着整个西北地区。实际上，电报局、邮政局，是考察队重点考察的地方，它关乎这个地方的经济社会现状。

二 董福祥故里

董福祥故乡小地名毛居士井，清代为固原县（1958年划归甘肃省环县）地界，属于固原直隶州管辖。董福祥与固原城关系密切，无论是起事之前，还是被清政府"革职"之后。1900年，董福祥率甘军在北京抗击八国联军入侵，血战正阳门。清政府与八国联军议和之后，以"罪臣"的名分革去他的甘肃提督、武卫后军统领之职。之后回原籍，一度驻固原州城董府。他百年之后的葬地，也选在固原城南二十里铺庞家堡子。1900年，八国联军入侵北京时，董福祥率领他的甘军抗击八国联军入侵时，《穿越陕甘》一书的作者之一克拉克，就是入侵北京的见证者。克拉克哪里料到数年后，竟然走到了他的对手——董福祥故里固原。

---

① ［美］罗伯特·斯特林·克拉克、阿瑟·德·卡尔·索尔比、C. H. 切普梅尔：《穿越陕甘》，史红帅译，上海科学技术文献出版社2010年版，第161页。

固原，是董福祥故里，固原城南有他的墓地。固原城南二十里铺官道旁，耸立着《董少保故里》碑（图7-16）。1908年正月，董福祥病逝于金积堡董府。九月，回葬于固原城南乡十里墩官山。《穿越陕甘》一书的作者、考察队的领队克拉克，曾于1900年参与八国联军入侵中国的战争，先后参与围攻天津、北京等地的战役。清军抗击八国联军入侵失败后，与八国联军议和，董福祥因竭力抗击八国联军而被革职。在抗击八国联军入侵的过程中，董福祥率甘军参与了廊坊、杨村的阻击战，进行过艰苦卓绝的北京城保卫战。克拉克知道抗击八国联军时期作为武卫后军统领的董福祥和他的甘军，也知道在中外议和的过程中，董福祥被清政府革职的背景和原因。

由于董福祥及其甘军竭力抗击八国联军入侵，最终以"祸首"的罪名被清政府革职。克拉克是这样描写董福祥的：

图7-16 董少保故里碑

      出生于甘肃的著名将军董福祥死后就埋葬于固原附近，他率领无法无天的军队在1897年的政变中支持慈禧太后，1900年还参与了义和团运动。在甘肃，倘若见到坚固的、装饰良好的房屋，并不值得大惊小怪，这是前不久由"在东部地区发了财"的董福祥的追随者们建造起来的。这群缺乏纪律约束的散兵游勇对直隶当地人的掠夺，比对待欧洲人更加心狠手辣。在那个动荡不安的时期，都城与外界的联系全部被切断，不仅北京使馆区被围攻、山西传教士被杀，发生在内地的暴行也罄竹难书。这些从荒蛮之地招来的残暴士兵，在每一个村庄肆意妄为，抢夺自己的同胞，他们把抢来的财物运回甘肃的家乡。①

克拉克还是以八国联军入侵北京时期的口气在说话。他一句不提八国联军入侵中国、抢劫北京的强盗行径，反而在喋喋不休地述说和诬蔑董福祥和他的甘军在北京抗击外敌入侵的经历。

---

① ［美］罗伯特·斯特林·克拉克、阿瑟·德·卡尔·索尔比、C. H. 切普梅尔：《穿越陕甘》，史红帅译，上海科学技术文献出版社2010年版，第81页。

第八章　民国时期固原城

　　清朝同治以后，尤其是民国时期社会动荡，经济凋敝，内忧外患迭起，天灾人祸俱来。固原也不安宁，匪患不断，赤地绝收，饥荒遍地。1920年的海原大地震，更是雪上加霜。大地震后，内城大半坍塌，外城亦多处被毁坏，城楼巡房尽毁。面对大地震之后的固原城，地方贤达之士数次募资以主持补葺，但毕竟是杯水车薪，固原城的昔日辉煌已成历史。民国《固原县志》记载20世纪40年代固原城的景象：里城砖垛全无，炮台亦毁，外城垛、炮台多圮坏；门楼、铺楼、水关、水沟、城隍、马道，无复旧关；瓮城砖石剥落……一派残破萧条的景象，但古城整体雄姿犹存。

　　从城市文化意义上看，清代同治以后，尤其是鸦片战争以后，国内外政治军事背景发生了变化。称为"靖朔"的固原城北城门封闭，社会与政治因素同样影响到这座古老的城池。一座集政治、军事、文化于一体的固原城，伴随着中国封建社会的解体而在政治与军事方面完成了它的使命。作为一座文化意义上的古城，它承载的历史文化永载史册，它的生命之根茂盛，文化影响力深远，是固原历史文化的象征和缩影。

第一节　大地震损毁固原城

一　1920年大地震

　　1920年农历十二月十六日夜七时，发生了海原大地震。《甘肃大地震》里描述："突见大风黑雾，并见红光。大震时约历六分，地如船播（簸），人不能立。震动之方向，似自西北而来，往东南方去，有声如雷……"① 邑人回忆："西北陡起黑雾，崩山倒海之势……人体不附地，目眩不能仰视，但闻风吼沙鸣，鸡鸣犬吠。继而岸谷涨裂声、水石硼渤声、树木摧折声、墙屋倾塌声、老幼哀号声，万声嘈杂，荡魂悸魄。"② 时任固原县公安局局长的石作梁在《庚申地震记》中记载："顷刻之际，何所谓金汤巩固者，顿成颓垣缺隙，昔之亭、台、楼阁，变为瓦砾之场；畴之画栋雕梁，成为平坦颓垣。"③ 在当时人的眼中，灾后顿呈荒凉，满目疮痍，四野惨淡（图8-1），"所有震损建筑物，百年难复原状，诚有不再之感"。

图8-1 1920年海原大地震中固原城墙崩塌

固原城一孙姓人士，曾致旅京友人王汉三信函说："地震后，城

---

① 宁夏地震局编：《地震历史资料汇编》，地震出版社1988年版，第88页。
② 民国《固原县志》卷2《地理志》，宁夏人民出版社1992年版，第39页。
③ 宁夏地震局编：《地震历史资料汇编》，地震出版社1988年版，第90页。

楼倒塌,垛墙全无,衙署摇平,民房荡尽。"① 时人笔下,留下了地震后固原城的惨象。民国《固原县志》记载:固原县城衙署、庙宇和民房倒塌占绝大多数,城墙的城垛全倒了,城墙本身则未倒塌,只是古城墙墩上有很大的裂缝。② 南城第三道城门垮塌,"砖土壅塞"。城隍庙门前的大照壁,震后开裂(图8-2)。1921年,翁文灏(1889—1971)、谢家荣一行考察固原城时拍摄了这张照片,留下了固原城震后的记忆,十分珍贵。翁文灏曾任国民政府行政院院长,是著名地质学家。③

图8-2 大地震后城隍庙照壁

各种记载地震的文字,在描述震后灾情程度上有差异。海原大地震,是人民的灾难,也是固原城的大灾难。地震后的固原城,内城大半坍塌,外城亦多处被毁坏,城楼巡房尽毁。内城主要是明代以前修

---

① 宁夏地震局编:《地震历史资料汇编》,地震出版社1988年版,第96页。
② 民国《固原县志》卷2《地理志》,宁夏人民出版社1992年版,第11页。
③ 宁夏地震局编:《地震历史资料汇编》,地震出版社1988年版,第217页。

筑的土胎城墙，坍塌严重。外城是指明代砖石包砌之城墙，防震能力相对较强。大地震之后，贤达之士数次主持修葺，但修复仍旧有限。

1926年9月，冯玉祥五原誓师通电全国，提出"固甘援陕，联晋图豫"八字方针，由内蒙古五原南下解西安之围。隆冬时节，大军途经固原，冯玉祥在固原有一夜之缘。冯玉祥在《我的生活》一书中，记载了他眼中的固原城，"民国九年地震，猛烈震动达五分钟之久，全城成为一片瓦砾，死伤至多。这回我所看到的固原城，还是到处断壁残垣，满目荒凉"。冯玉祥途经固原，是在1926年，他眼中的固原城，距离1920年大地震，已过去了六年时光，但依旧是"断壁残垣，满目荒凉"的景象。

震后社会赈济。大地震发生后，甘肃省署设"筹帐公所"，立赈灾机构，募款赈济，《辛丑赈灾记》记载，主要是统捐烟酒"加一成赈捐"，即统捐烟酒均加收一成赈捐。社会各界也有赈济行动，在北京、上海的甘肃籍人士亦纷纷举办义捐，经办义赈奖券，共有银30万两有奇①，拨各地急赈。"徐大总统亦捐洋一万元"。徐大总统，即徐世昌（1855—1939）。1918年任民国大总统，1922年通电辞职。1920年海原大地震，他正在大总统任上，故有"捐洋一万元"之善举。

地方政府与社会贤达的积极救助。大地震后，政府在固原城武庙设局急赈，"官绅共理其事"。赈灾措施有二，一是每日煮米煮豆，以救灾民；二是在大小南寺巷结有茅屋，以供难民安身，城中灾民多集中在这里。②

清代前期，"固原土地充广，人民繁阜……同治兵燹后，村落凋敝，人烟萧索"③。曾经繁荣的社会，因战乱而社会动荡，城乡民困土地荒芜，这是人祸给固原城带来的灾难。1920年的海原大地震，屋倒墙毁，残破凋零，是自然灾害对固原城造成的毁损。

---

① 宁夏地震局编：《地震历史资料汇编》，地震出版社1988年版，第88页。
② 民国《固原县志》卷2《地理志》，宁夏人民出版社1992年版，第11页。
③ 民国《固原县志》卷5《建置志》，宁夏人民出版社1992年版，第308页。

清末至民国初年，这一时期人民休养生息，社会发展较快，固原城商业元气"渐复"。表现在城内的商业与街市，如布店街、山货市、米粮市、鸡鸭市、大南寺巷、小南寺巷等，"毂击肩摩，头头是道，四乡市集以立，村庄以实，尚称殷实矣"。1920年海原大地震后，"户口锐减，村市就墟"①。大地震毁灭了物质文化，不但给人民带来了灾难，也给城市带来了无法弥补的损失。

二 损毁的建筑物

宁夏地震局编《地震历史资料汇编》，记录了1920年海原大地震后，固原内城与外城部分受损城墙，包括震毁的建筑物，资料大多来源于民国《固原县志》。受损的建筑物身上承载着大量的历史文化信息，有的源头可追溯至明代，宗教文化建筑损毁较多。有不少建筑物，地震后或重建或修葺，一批文化遗产得到保护。

大地震后，固原州城东南的魁星楼、城隍庙门前的麒麟大照壁、南门城墙等皆受损。固原县衙署部分墙体倒塌（图8-3），镇西楼及碑亭受损，碑座基本完好，部分城墙崩裂，城南二十里铺董福祥神道碑碑亭中部断裂。电报局房屋垮塌，电报局的工作人员在用门板搭起的简易屋子里向外部传递地震信息（图8-4）。以上这些城内外受损的建筑物，翁文灏、谢家荣等人1921年考察时，都拍摄并留下了十分珍贵的照片。②此外，乡镇公所，为陕西提督署建筑，前身为明代陕西三边总督府旧址，清同治初年陕西提督雷正绾修缮，地震后此处被夷为平地。

丰黎社仓，亦名丰黎义仓，在东城内，即常平仓旧址。仓房二十余间，地震后有倾圮。1924年，奉甘肃省总丰黎社仓令重新修葺。小校场，在旧提署以西，武厅三间，地震后毁坏。风云雷雨坛，即清末固原直隶州知州王学伊于光绪三十二年，将原风云雷雨坛（城南）、先农坛（城东郊）、厉坛（城北）合并一处而建成的建筑物，均在城北厉坛之

---

① 民国《固原县志》卷5《建置志》，宁夏人民出版社1992年版，第308页。
② 宁夏地震局编：《地震历史资料汇编》，地震出版社1988年版，第217—218页。

图 8-3 1920 年大地震中固原前提督署赏门塌坏，墙倒木架仍立

图 8-4 大地震后固原电报局工作人员在门板搭起的工作室内，发出地震灾情第一份电报

内。大地震使这里化为一片瓦砾，只留下了坛墙遗迹。

文庙，是固原城有影响的文化建筑物，历史悠久。文庙原址在固原州城西隅，明弘治十六年，固原陕西三边总督秦纮任上所建。清同治兵燹后平庆泾固道魏光焘重建，毁于 1920 年大地震。之后，县长万保成主持重修，但规模已大为缩小，大成殿原 9 楹改为 5 楹。1934 年，国民党中央委员会通过决议，每年 8 月 27 日为先师孔子诞辰纪念日，放假一天，以示纪念。1935 年，陆军第 35 师师长马鸿宾驻防固原时，修缮过文庙，包括学校[①]，对固原文化建设有过特殊贡献。

雷祖庙，旧称为雷神庙。起初建在州城南，清同治兵燹后改建于州城东郊，建筑规模较大，有正殿、朝房、钟楼、乐楼等，毁于海原大地震，只存有台迹。

上帝庙，即玉虚宫，在州城内东北隅。建筑规模较大，无量殿、厢房、道房等建筑齐全，清代同治、光绪两朝都有过重修，大地震后倾圮。

东岳庙，在州城东门外，是创建较早的宗教文化建筑，明朝嘉靖年间就有过两次重修。清代初年乔芳开山辟路砌之以砖石，康熙、乾隆朝都有过拓展修葺，庙宇林立，香火旺盛，祈雨、祈福屡有感应。大地震后毁损严重，虽然不断修葺，但未能恢复原状。

除以上建筑外，受地震损毁的还有火神庙、龙神庙、达摩寺、眼光寺、清华宫、三清宫、赞化宫等，只是毁损的程度不同而已。固原城南第三道城门亦被震塌，砖石拥塞道路。此外，固原城南三里铺碑楼亦被震倒；东城外城墙门洞被震塌，砖石裸露在外（图 8-5）。这些因地震而损毁的城墙和建筑物，有时人拍摄留下来的照片，可一一对应厘清。

由以上简略的追述即可看出，1920 年海原大地震，对固原城及其各类建筑物损毁十分严重。城墙里外的各类建筑，有的遭遇毁灭性的损毁，有的建筑物虽然陆续被修复，但已无法恢复其原貌。这场灾难，吞噬了固原城自明代以后积淀下来的文化建筑物遗存，也制约了历史文化的传承和延伸。对此，后人或者从固原博物馆的遗存文物里

---

① 民国《固原县志》卷 6《职官志》，宁夏人民出版社 1992 年版，第 468 页。

图 8-5　固原城外城东门

去审视感悟，或者只能从明清、民国地方志书、前人的各类笔记文字里去追寻和复原。

第二节　大震后城墙修缮

1920年海原大地震后，固原县县长彭述、固海查灾委员裴钧等人联名上《复以工代赈函》，请求甘肃省政府拨款赈济。一是"补修城墙"。"城墙多有倾圮，垛口尤崩塌殆尽急需修补完善，以资保障。"二是"修筑南关河堤，堤身低矮坍塌"①。固原城位于清水河西

---

① 民国《固原县志》卷6《职官志》，宁夏人民出版社1992年版，第832页。

岸台地，修筑南关"河堤"，也是保护固原城墙措施之一。

一　华洋赈灾会以工代赈

1920年海原大地震之后，自然灾害频发。1929年、1930年又是西北地区连续大旱之年，再加之土匪抢劫，赤地千里，十室九空，时人称为"旱灾奇重"，"旱匪交加"之年，乡村残酷之状达到极点。在这种社会背景下，甘肃省政府虽有款项赈济，但仍是杯水车薪。地方官绅仍商请甘肃华洋赈灾会并得到了赈济，其中主要工程之一是"补修城垣"，具体由"赈灾会干事宋益谦、钱应昌主持缮葺"。修补"城垣"的方式，是"以工代赈，修筑缺口，补葺垛墙"，主要还是修补坍塌的城墙缺口和垛墙。由于城墙多处坍塌，赈济款项有限，"款微工巨，未竟厥工"，实际上未能完全得以修葺。

另一项工程是修筑固原城南关河堤。1926年，清水河河水暴涨，冲毁固原城南沿河庐舍民房。同时，水患对固原城墙亦造成威胁。暂且解决的办法之一，就是"惟关外东南隅筑有沙堤一道，足防河溢也"[①]。在固原城南河滩沿岸筑一道沙堤，既可安民，也可用以防御清水河水冲刷城墙。地震与持续大旱造成双重灾难，华洋赈灾会能出资修葺城墙，修筑护城河堤，实属不易。固原县政府与地方贤达之举，华洋赈灾会的赈济与积极支持，是特殊时期对固原城的一种有效保护，功载史册。

二　地方驻军参与修复

1933年，中央陆军第17师第49旅补充团团长黄兆华，有卓识远见，推崇地方历史文化，尤其是对固原城墙的有效保护。面对灾后的固原城池，他决定以属下之工兵营来完成华洋赈灾会未竟之事业，"所有雉堞、女垣、炮台、敌楼，均加修葺"[②]。经过两轮修缮，地震毁坏的城墙基本都得到了保护性修复，但城墙砖垛、炮台修复等似乎

[①]　民国《固原县志》卷5《建置志》，宁夏人民出版社1992年版，第314页。
[②]　民国《固原县志》卷5《建置志》，宁夏人民出版社1992年版，第315页。

没能顾得过来。

20世纪30年代，内忧外患加剧，社会环境也在发生变化，再加上对古城墙疏于保护，固原城"楼瓦城砖时被掀窃，故复日就颓废"。尽管一边在修复城墙，一边却得不到有效保护。民国《固原县志·城寨》里，记载和描述过20世纪40年代后期固原城的整体面貌：一是里城、外城的高度已有变化，坍塌的城墙在三丈四尺至六尺之间。二是内城砖垛全无，炮台亦毁。外城墙垛口存留者仅1400座，炮台32座。即使存留下来的部分，也是大多圮坏。门楼、铺楼、水关、水沟、池隍、马道，无复旧观；原本砖石包砌的瓮城，有的砖石剥落，一派萧条残破的景象。

第三节 学校教育与城市建设

一 兴办各类学校

民国时期，新式教育的实施，对固原教育发展影响较大，固原的学校教育亦随之发生了很大变化。其变化主要表现在：一是教育体制的变化；二是1920年海原大地震，五原书院倒塌成为废墟瓦砾，毁灭性灾难对教育带来严重影响。清宣统二年（1910），固原中学堂第一届毕业生报请甘肃省教育司，因不合法而未获准毕业。民国初年，又改为固原县县立第一高等小学堂。1941年，改为初级中学。

固原师范学校，是民国时期新成立的学校，称省立简易师范。1932年动工修建，第二年落成，教室、教员室、办公室、学生宿舍等一应俱全，是一所现代意义上的学校。学校经费，主要依赖于当时驻防固原的国民党第57军军长丁德隆筹拨。[①]

1913年，前清固原直隶州知州王学伊敦请回族士绅张缵绪（秀才）筹资兴建"固原清真第一初、高两等小学校"，之后分别改为同仁小学、中山中心小学。此外，还创办了初高等女子小学校。同时，回族教育也被列入国民教育序列之中。1935年，甘肃省回教教育研

---

① 民国《固原县志》卷5《建置志》，宁夏人民出版社1992年版，第338页。

究促进会在化平（泾源）县、固原县、海原县创立了六年制回民小学[①]，回族教育也向前推进了一大步。

民国时期的教育呈现出多个特点：一是师范教育兴起，昭示着办学层次的新变化；二是乡村学校普遍建立，国民教育得以较大规模的开展；三是国民教育的平民化已初见成效；四是回民教育已得到高度重视。此外，包括民众教育馆、劝说所这样的普及性教育机构，同样发挥积极的教育功能，为当时的国民教育出力助阵。固原城各级各类学校的设置，已呈空前之势。

教育体制的变化，诸如师范等各类学校的兴办，校舍修建亦随之跟进。师范学校、高等小学堂、初级中学等学校的修建，在体现学校教育多元发展的同时，各类校舍建筑也成为固原城城市建设的新景观。五原书院被大地震吞噬了，固原师范却应运而生。

二　小西湖

明正德十一年（1516），固原镇总兵、兵备副使景佐，命驻固原城的军队开挖渠道，引固原州城西南40里西海子水入固原城，由西门而入，环流于街巷，自东门而出，汇入清水河。清末与民国战乱，尤其是1920年海原大地震，渠道被毁，入城的水源中断。20世纪40年代，国民党中央陆军第17军驻防固原城时，军长高桂滋治军之暇，考察并率军开挖已年久失修的旧渠，凡三个月而工竣，西海子水复入固原城中。依叶超（曾任固原县县长，民国《固原县志》总纂）民国《固原县志·浚复西惠渠碑记》看，当时称疏浚的水渠名为"西惠渠"。引水入城工程不仅使沿途的庄稼得以灌溉，而且工程建设者还利用渠水修建西湖公园，当时称为"中山公园"，又因其位置在固原内城西南，故称为"小西湖"（图8-6）。

小西湖园艺设计，出于陕西绥德人安卓三（？—1981），他早年毕业于北平艺术学院实用美术专业。20世纪40年代初受聘来到宁夏，任教于宁夏师范、宁夏中学等学校。安卓三曾任教于西安，因同

[①] 王曙民：《近代宁夏教育研究》，宁夏人民出版社2010年版，第216页。

图 8-6　1937 年固原城小西湖景观

情进步学生而被捕，后经国民党第 17 军军长高桂滋保释出狱。高桂滋想在固原建一家剧院，曾去陕北考察过安卓三设计建造的绥德中山堂剧院，其觉得安卓三的设计新颖，还有地方特色。遂聘请安卓三来固原。经过考察、论证和协商，安卓三认为在固原建剧院不如修一处公园。高桂滋同意了安卓三的想法和建议，并让他设计并负责建造。整个修造工程由安卓三全权负责，主要由高桂滋第 17 军工兵参与施工，同时雇佣部分工匠，历时一年多建成，亭台、砖塔、楼阁、桥梁、水系皆俱。[①] 另建有砖塔一座，塔名为"宁远塔"（图 8-7）。

公园建成后，文人为小西湖公园写了赞颂的诗文，这一点从民国时期固原文化人的诗文里即可得见。如高桂滋的《小西湖苑在亭》、叶超的《湖心亭》、苑清均的《枕流阁》等，分别描写了小西湖上的建筑景观。叶超《固原公园》对联，"震河战岳作金汤，塞上名城，

[①] 安涛讲述，倪会智整理：《美术家安卓三的建筑设计造诣》，《新消息报》2018 年 11 月 17 日。

固原古城

图 8-7　宁远塔（国民党陆军第十七军军长高桂滋驻防固原时修建）

高平第一。剡石导流成巘壑，陇头胜地，风月无边"。易凤鸣《小西湖》诗"倚郭辟西湖，园花掩映，亭榭嵯峨，美景良辰，拓此壮游留紫塞。瞀池通北海，裙屐寻芳，骚人遗咏，赏心乐事，依稀岁月似钱塘"，将小西湖与杭州西湖相比。

明清时期，固原山水湖塘建设主要在城池以外，如北海子、南海子,城内亭台楼阁主要是在政府机构地方体现。高桂滋创建的小西湖,是固原城历史上的第一个湖塘公园,也是固原城内的一处大型景观建筑,它将现代理念融入城市建设与发展空间,提升了城市品质。更为重要的是,景观布局与视角愉悦突破了官府衙门的局限,为市民大众游览观赏提供了可能。

西海子水穿城而过,加之小西湖的开辟,为固原城增添了活力与灵动之感,为城市居民创建了一处休闲的去处,深得世人称颂。作为审美意义上的公园,提升了城市文化的品位,现代文明亦见端倪。此举赢得了地方人士的认可和推崇,曾有碑刻立于固原县参议正厅,以颂扬其功德。

三 石坊与城垣

(一) 石坊

牌坊,原本是用以旌表纪念的建筑物。出固原城东门,过清水河,是通往东岳山的必经之途。民国以前,由固原城往东岳山途中建有三道石牌坊,民国《固原县志》记载,创建年代已不可考。民国以后,"地势下倾,以致颓损",地方贤达再募集重修。重修后的石坊,正面刻"觉路宏开"四字,对联为"作镇东邦推永奠,遐通上界极高瞻"。背面刻"引伸有借"四字,对联写"相看肤寸云千里,遍泳优沾雨万家"。

除东门石坊外,南门外亦建有两座砖坊。此砖坊修建于1930年,由宋益谦、钱应昌主持。石坊建在城南门外龙王庙台上,西端砖坊额名为"巩固";东端砖坊额名为"安澜"[①]。两座石坊建在龙王庙台地东西两侧,砖坊额分别刻写的"巩固""安澜",与龙王庙祈求平安形成一个整体,旨在维护清水河水道长治久安,护佑固原城城墙安然无恙。

民国时期,固原城外石坊的修建,不但是城外新增加的建筑景观,而且与固原城、固原城外的建筑样式密切关联。

---

① 民国《固原县志》卷10《艺文志》,宁夏人民出版社1992年版,第1245页。

（二）城垣

城垣建筑，不仅构成了我国传统城市的外观，规定了城市的空间范围，而且成为界定城市属性的重要标志之一。① 对于固原城垣而言，除了其政治与军事功能和意义之外，就是它的文化意义。实际上，伴随着历史进程，清代以后的固原城垣，除了它的政治意义外，军事作用已经逐渐淡出，而文化价值却日见凸显。"当城墙与城市相伴历经了三千多年的历史之后，城墙已绝不再只是一种城市建筑物，它已成为中国传统文化的组成部分。"② 固原城垣已成为历史文化的象征和城市文化的承载者，城垣内外的文化还在传承着。

第四节　城市格局与工商业

固原地理位置特殊，历史经历重以军事，又是农牧皆宜的地方。畜牧业是先民必须依赖的生业之道，这是传统农业社会背景下农耕与畜牧在地域上的表现形式，但由于地处古丝绸之路通道上，社会安定时期的商业也有其特点。司马迁在其《史记》里，记载了秦朝固原大商人乌氏倮，以畜牧交换与经营丝绸的故事，说明秦代固原畜牧业十分兴旺，乌氏倮本人也是丝路商贸的典型。后世文献里有影响的固原人经商的记载很少。清代末期，尤其是民国时期域外商人进入，固原城市的商业文化发展变化较大，主要表现在两方面，一是固原地域上的物产，二是商人阶层的变化。故此，城市商贸空间布局发生了很大变化，这由固原城街巷称谓即可看得出来。

一　街市与街道

固原城道路与街市布局早已形成。《宣统固原州志》没有详细记载这方面的内容。民国时期，民国《固原县志》有清晰记载。

---

① 何一民：《中国城市史》，武汉大学出版社2012年版，第424页。
② 刘凤云：《城墙文化与明清城市的发展》，《中国人民大学学报》1999年第6期。

提署街、赏门街、东门街、西门街、道东街、道西街、西门什字、西门店、北关街、庙街子、东仓巷、鸭子巷、西箩、东箩、米粮市、白米市、县府街、董府街、大南寺巷、小南寺巷、理门巷、布街巷、布店后街、山货市、武庙街、炭窝子、南门坡子、后壕、东关街、南关街、外月城街、骆驼巷、菜市街、柴市街、同仁街、任家横巷、宋家巷、太平巷、火神庙街、财神楼街、中山街、估衣街、柴草市、菜园子等街市。[①]

民国《固原县志》记载了固原城40余条街道的名字，但却遗漏了过店街的名字。实际上，财神楼街涵盖了过店街，是清末民国以后固原城商贸最为繁盛的街道（图8-8）。民国时期财神楼街的命名，涵盖了军事、行政、商业、文化、生活等各个方面，它是固原城商业文化积淀的一个缩影。民国时期固原城市街道布局，由明代至民国沿袭了数百年。它是社会发展进步、商业文化发展的活化石，记载着固原城发展、变化与创新的时代脉络。如董府街，同样记载了一段特殊的历史。1902年，董福祥被"革职"回到固原，曾在董府（今固原军分区）居住。有了这个经历，便衍生出董府街的名字，承载了这样一段特殊历史。由这些不同门类的街道命名，后人可以追溯固原历史，可以看到固原城商业布局与商品集散的专业化程度。作为地名意义上的固原城的街道名称，是丰富多彩的；作为文化意义上的固原城街道的命名，有着深厚文化传承，体现的是城市文化的根脉。

而今，民国时期固原城市街道的名字，有一部分被传承下来了，如政府街、西关什字、南门坡子、后壕、东关街、南关街、大小南寺巷等，但大部分都成为历史记忆。这种记忆，仅停留在地方文献里，人们已经很少知道六七十年前固原城街道的那些名字了。从城市文化意义上，这是一种传承与记忆的断层。

---

① 民国《固原县志》卷5《建置志》，宁夏人民出版社1992年版，第303页。

图 8-8 固原城南老过店街

二 皮毛交易

固原山川广袤,适宜于畜牧业发展,是历代重要的畜牧区。汉唐以后的固原,宜农宜牧的地理环境,草场资源丰富,是理想的国家马牧基地。成吉思汗和他的继承者刻意经营六盘山,除了政治军事原因之外,就是看重这里大片的草场。朱元璋分封的王子们(楚王、肃王),也将固原大面积的草场据为牧马地。可见,元明时期固原的生态与草场尚能支撑畜牧业的发展。清末至民国年间,虽然战乱和自然灾害造成一定的影响,但固原的区位优势仍有利于商业与贸易发展,尤其是清末民国时期的皮毛贸易,包括地域畜牧特产。固原城,一度成为西北羊毛(皮)收购外销的集散地。

(一)皮毛贸易

近代以前,固原羊毛(皮)的生产,主要靠农民自身消化,没有商贸渠道走出去。消化的方式,依赖于人老祖辈传承的手工业,如自制的羊毛毡、羊毛雨披、羊毛毡靴、老羊皮袄、二毛皮大衣等。其中一部分产品,只能在当地或周围集市销售。1860年,随着天津开埠,地处内陆的西北地区的羊毛（皮），才逐渐有了外销的通道。当地所产的羊毛（皮），除自用外，其余的皮毛基本通过商路得以走出去，牛羊皮及羊毛等畜牧产品开始大量出口。① 以羊毛为例，19世纪末到20世纪20年代一段时期，西北地区所产的羊毛（皮）几乎被外国洋行收买，石嘴山、银川、盐池花马池等地都设有皮毛收购分店。20世纪30年代中期，西北地区的羊毛产量仍占到全国总产量的74.38%。② 这一时期，皮毛生产是固原外销的唯一大宗商品，也是获取经济效益的主要渠道。天津口岸的畅通，为固原羊毛（皮）的外销提供了渠道和新机遇。

（二）西北办事处

清末固原羊毛（皮）外销，清代《宣统固原州志》里有记载，但很简略："按固原土产，仅羊皮、羊毛为大宗，华商运至津、沪，转售洋商。然较宁夏各属，究成弩末。"③ 清末，羊皮、羊毛出口，不仅只是天津，还涉及由上海出口的记载。实际上，前期固原的皮毛运销主要还是通过黄河水运至包头，再运往天津口岸出口。抗战时期，北线交通受阻，一度由上海口岸出口。无论从哪里出口，直接受国内外大环境的影响。通道不畅，外销就无从谈起。

1920年海原大地震后，继之大旱，加之匪患四起，自然灾害与极不安定的社会环境，给固原的社会经济带来毁灭性打击。社会现状是十室九空，残破凋敝，已经形成的西北皮毛集散地陡然冷落。这种状况持续了10年之久才逐渐恢复和好转，"迄今固原仍不失为陇东重镇，而羊毛出产，仍占重要位置"④。到了20世纪40年代，还有一部分羊毛（皮）向南进入西安和宝鸡，以供抗战内需。

1908年秋，美国人罗伯特·斯特林·克拉克为首的考察队，由山西太原出发前往陕西、甘肃考察。在西安，他们看到由四面八方云集至此的富商大贾、贩夫走卒们，车水马龙般队伍中就有"从宁夏运

---

① 李晓英：《天津洋行、货栈与近代西北羊毛贸易》，《西北师大学报》2012年第6期。
② 渠占辉：《近代中国西北地区的羊毛出口贸易》，《南开大学学报》2004年第3期。
③ 《宣统固原州志》卷9《庶务志》，陕西人民出版社1992年版，第494页。
④ 民国《固原县志》卷3《居民志》，宁夏人民出版社1992年版，第200页。

来的皮革和羊毛"①。实际上，克拉克等人看到的"从宁夏运来的皮革和羊毛"，应该有固原的皮革和羊毛。因为，清末固原生产的羊毛和皮革，有一部分是从西安走出去的。

民国初年，固原城的皮毛贸易市场已基本常态化，"皮毛交易买卖是其特征"②，手工业逐渐兴起。1937年，七七事变爆发，战争迭起，尤其是天津和包头陷落后，东往天津的商路受阻，皮毛滞销，价格"狂跌"。在这种背景下，皮毛贸易改道，曾一度向西汇集于兰州，再沿甘新线由新疆销往苏联。这一时期，固原皮毛商业的运行，主要是通过皮毛生意人将本地的土特产销售出去。羊毛（皮）商贸渠道受阻时，地方政府也非常关心。据民国《固原县志》记载，皮毛的主要产地固原县、海原县，曾致函国民政府设在兰州的西北办事处，希望派员并想法疏通贸易渠道。协商的结果，即以国民政府贸易委员会西北办事处的名义，在固原县城宋家巷设立羊毛（皮）收购仓库。③ 实际上，这一时期羊毛（皮）等畜产品，是政府作为战略物资统购的，主要用于国民政府与苏联进行的偿债易货贸易。所以，固原羊毛（皮）土特产，此时亦属于政府统购物资。缘此，固原羊毛（皮）市场得以再度复兴，既拓展了市场，也支援了抗战。

1939年以后，羊毛（皮）贸易再度有了起色。1939年至1943年这5年间的羊毛收购，民国《固原县志》有一个数据统计：1939年，25万—26万斤；1940年，40万斤；1941年，50万斤；1942年，35万斤；1943年，28万斤。④ 以1940年、1941年为最多。民国时期，固原是西北皮毛集散地之一，不仅固原生产的羊毛（皮）在这里集中，固原周边的定西、靖远、同心、会宁等县的皮毛，都集中于固原。早在明代，包括清代前期，"固原成为西北政治之中心，陕甘大路取道于此，商贾辐辏，市廛繁荣。皮毛交易渐自海原移至固原，形

---

① [美]罗伯特·斯特林·克拉克、阿瑟·德·卡尔·索尔比、C.H.切普梅尔:《穿越陕甘》，史红帅译，上海科学技术出版社2010年版，第49页。
② 民国《固原县志》卷3《居民志》，宁夏人民出版社1992年版，第194页。
③ 民国《固原县志》卷8《治权志》，宁夏人民出版社1992年版，第558页。
④ 民国《固原县志》卷8《治权志》，宁夏人民出版社1992年版，第558页。

成羊毛之唯一集散中心，盛极一时。"① 已是羊毛（皮）的重要产地和皮毛交易之中心。

固原畜产品走出国门，远销欧美和俄罗斯等世界各地。传统畜牧业土特产迎来了一个走出去的世界背景，给当地社会带来空前的经济效益。同时，唤醒了千年沉静的乡村。传统意义上的羊毛（皮），却在一定程度上推进了地方经济的发展。皮毛交易之类的商行，是固原城衍生出的新的贸易机构，也是商业文化发展的新现象，城市社会结构也随之发生着变化。从两千年前乌氏倮以丝绸交易经营畜牧，到两千年后皮毛外销，畜牧业成为地方经济延伸的重要支撑。

三 城市经商人群

民国时期，在关注固原社会现状的人眼里，认为固原人"明清以后渐知经商，习手工业矣"。明清以后，固原人才逐渐知道经商，主要是本土小手工业。具体行业比例，"农业尚占十分之七八，工占十之二三，商居十之一二……城乡男女织毛编物，以维持生活者亦不乏人"。从商者所占比例小，而且是手工业，如"木匠、铁匠、小炉匠、纺线、织布等"②。民国时期，固原城里的手工业布局已相对齐全（图8-9），城市为各类手工业者提供了平台。

清光绪年以前，在固原经商的人，无论行商还是坐贾，基本为外来商人。从籍贯看，以山西、陕西、四川商人为多，其次是甘肃陇南商人。光绪末年，"商战之风日彰"。时代的变化，加之外来商人的影响，固原本地人才出去看世界，逐渐有了经商者，固原有了本土商人。

清末民初，在固原行销的商品，也是由外来商人带进来的。棉布，是人们日常的需要，是最基本的商品。棉布主要来自河南洛阳和陕西西安，也有从天津、上海过来者，当地没有生产布料的资源。《宣统固原州志》记载："至民国需用布匹，来自三原，产于鄂省。

---

① 民国《固原县志》卷3《居民志》，宁夏人民出版社1992年版，第200页。
② 民国《固原县志》卷3《居民志》，宁夏人民出版社1992年版，第194页。

固原古城

图 8-9 固原城南门阅城子街景

从前销场尚称踊跃，近年盐务衰，百货因之减色。若夫典当，以全郡之大，只下则一所。举此可概其余已。"① 这是清末固原城的商业格局，包括与商业相关的"典当"。农用的山货和农器家具，皆来自甘肃静宁、天水一带，那里盛产制作农具和农用家具的资源。生活日用的盆、碗、缸、罐等窑货器皿，来自两个地方，一是甘肃省华亭县的安口窑，一是陕西耀县。②

纺织，不是固原传统的小手工业。早期商业的概念对于固原本土人是陌生的。纺织概念，即属于此类。民国《固原县志》记载，清同治以前，固原人"不知纺织为何事。同治以后，豫、陕人民流离于此（固原）者日众，因此纺织之术渐相传习"③。可见，固原纺织源起，是由于河南、陕西纺织匠人流寓到固原，纺织技艺才得以传授，

---

① 《宣统固原州志》卷9《庶务志》，陕西人民出版社1992年版，第494页。
② 民国《固原县志》卷3《居民志》，宁夏人民出版社1992年版，第203—204页。
③ 民国《固原县志》卷3《居民志》，宁夏人民出版社1992年版，第201页。

图 8-10　固原城街景

时间在清代同治年间（1862—1874）。

集市，是约定俗成的商品交易之地，包括牲畜市场。民国时期，固原城每天都有集市，柴米油盐醋、棉麻布等，日常生活用品俱全，包括生产农用家具。固原城有较大的商号，但多是外地商人经营。城里有一处牲口市场，也是每天开市。县以下各区也有自然形成的集市，以农历时日为准，或者逢一、四、七，或者逢二、五、八，或者逢三、六、九，集市时间照顾到了每个区域的需要。有影响的主要是王洼、草庙、蒿店、张易、什字、杨郎、七营、黑城等处，覆盖固原县的东南西北。[①] 固原城的商贸与商人圈，与域外的商道畅通，也带动着固原城乡商业发展。

四　电政与邮政

近代工业文明的推进，冲击着传统农业文明，工业革命带来的重

---

① 民国《固原县志》卷3《居民志》，宁夏人民出版社1992年版，第201页。

大变革，真切地影响着固原城的历史性变化。近代电政、邮政快速进入固原城，在百年后的今天看来，是再平常不过的事，但在百年前，却是开天辟地的大事。电政与邮政都是"各极灵妙，询有不可思议者"的新事物，时人觉得十分神奇。

电政，包括电话与电报。固原的地理位置重要，历来为"陇东冲要"。光绪十六年（1890），固原已设电政局，当时被人们形象地称其为"千里信，又曰法通线"[①]。光绪十八年（1892），在固原城里设电报分局。光绪二十九年（1903）电政局扩容，增设线路，"官书、商务，佥称利便"。电报局不但承担政府公文传送，也方便于商人。电政局以固原城为中心，南行直抵甘肃平凉，西行达隆德县，北面达海原、同心，与宁灵厅（宁夏吴忠）相通，辐射陇东并宁夏中南部。

1915年、1916年，固原电政东南至西安，西至兰州，北至宁夏，电报局内工作人员近达40名，"诚为我甘最大的转报局"[②]。由规模看，固原城电报局是当时甘肃省最大的电报局。1920年海原大地震，房屋、机器毁损严重，东西北线路完全被毁，只通平凉一地。10年后，才得以恢复。1931年，固原电报局已增设长途电话；1945年，固原成立无线电台[③]，电政事业持续快速发展。

固原城邮政，晚于电政。光绪三十二年（1906），在固原城设邮政局，营业内容相对齐全，诸如发售邮票、信件、明信片、印刷物、挂号邮件、包裹、汇寄现金等业务。邮政管理较为规范，无法投递、邮件转他处、欠资退回等业务，都会按照管理要求妥善处理。邮政局覆盖的地域面积较大，东南达甘肃平凉、泾州，西通兰（州）会（宁），南至秦（天水）巩（陇南），北联宁夏，"商界悉称便益"[④]。邮政的开办，极大地方便了商道。

驿站，原本是古代交通要道上专供传递政府文书的人、往返的各类公务人员等，中途更换马匹或休息和住宿的地方。在邮政和电政没

[①]《宣统固原州志》卷9《庶务志》，陕西人民出版社1992年版，第494页。
[②] 民国《固原县志》卷8《治权志》，宁夏人民出版社1992年版，第556页。
[③] 民国《固原县志》卷5《建置志》，宁夏人民出版社1992年版，第330页。
[④]《宣统固原州志》卷9《庶务志》，陕西人民出版社1992年版，第493页。

有设立之前,地方政府都在交通要道上按里程设置驿站,包括铺司。民国《固原县志》明确记载,驿站"今废","民国初年裁驿归邮",邮政与电信现代技术进入固原城后,取代了传统的驿站功能,驿站的历史使命完成。随着时间的推移,固原城门也成为敞开的通道(图8-11),城门晨启暮闭、晨钟暮鼓的时代成为历史。

图 8-11 外城东门

由以上文化教育、商贸变迁、工业革命的影响来审视清末民国以后的固原城,会对百余年社会变迁和文化发展大致有一个轮廓式的了解和印象。一是看到数百年来,尤其是近百年间固原文化教育的变化；二是看到商业贸易与商人阶层的变化；三是新与旧、传统社会与工业文明交替所带来的革命性的影响与变革。

  清代同治以后的固原城，经历了战乱（清朝同治时期）和自然灾害（1920年的海原大地震），包括1929年、1930年大旱，实为天灾人祸，对固原经济社会和文化发展影响十分严重，尤其是毁坏了大量的文化遗产。同时，也影响了固原城市建设与文化商贸的发展。

第九章 固原城承载的历史文化

朝那湫，是黄土高原上的一大著名湖泊，典籍里清楚地记载："朝那湫祠在原州（固原）平高县东南二十里。"公元前272年，战国时期的秦国攻灭义渠戎国之后，在这片广袤的土地上设立北地郡，朝那湫随之进入北地郡辖境。由于其所处特殊的地理位置，加之朝那湫渊之神奇，尤其是"诅楚文"与朝那湫的关系，秦国格外看重这里。一是在朝那湫之外围修筑战国秦长城；二是设置朝那县，增加了地方政权的管理。秦始皇统一全国后，朝那湫被列为国家祭祀地方，朝那湫的影响与地位大为提升，成为秦皇汉武祭祀龙文化的所在地，同时也发展成为一种"湫神"信仰，对后世影响很大。汉唐时期，朝那湫在哪里，宋代《诅楚文》与地下遗物的发现，为研究者提供了十分珍贵的史料。朝那湫祭祀文化，丰富了固原古城的历史和文化。

书稿尾声，接起风俗文化，包括宗教文化，不是想为沿袭了两千多年的固原城贴上文化标签，而是因为固原城的发展史承载着固原历史文化。梳理固原风俗文化，反映的是整个固原的文化传承。文化与政治、军事有着千丝万缕的联系，固原的文化传承与走向，在很大程度上与政治、军事和文化中心固原城密切关联。

第一节 湫渊祭祀与固原城

朝那湫的位置在固原城东南，古丝绸之路东段茹河道擦肩而过，湫渊正处在战国秦长城内里的茹河北岸，是一处十分神秘的地方。朝那湫祭祀，源起于战国时期。秦汉以后上升为国家祭祀之地。作为一种宗教文化现象，朝那湫祭祀始终与统治阶层密切关联。明代以后，逐渐与民间民俗文化相融。

一　典籍里的朝那湫

（一）《诅楚文》

从文字记载看，朝那湫祭祀始于战国。战国末期，秦、楚两大强国对峙。秦国通过军事进攻与外交连横动摇了齐楚联盟，同时还采用诉诸神灵巫术方式以求打败楚国，《诅楚文》就是这个背景下的产物。秦惠文王为使伐楚取得军事上的胜利，刻诅楚文于石鼓之上，投献于朝那湫渊，这就是著名的《诅楚文》。石鼓文的书写样式（图9-1），是非常厚重的。[1] 所求之神巫咸、大沈厥湫和亚驼，题目分别称为湫渊、巫咸、亚驼。故宫博物院藏《诅楚文》（《古文苑》《金薤琳琅》本等）因版本不同，题目称谓也有细微差别，《大沈厥湫文》也叫《久湫》。石鼓文在北宋时期被发现，共有三篇，分别是《告巫咸文》《告大沈厥湫文》《告亚驼文》，出土地点也各不相同。《告巫咸文》，发现于秦国的古都雍（今陕西凤翔开元寺）。《告大沈厥湫文》（也叫大沈厥湫），"治平中，渭之耕者得之于朝那湫旁，熙宁元年，蔡挺帅平凉，乃徙置郡廨，后携以归南京"[2]。此文发现于朝那湫水旁（固原东南），元人周伯琦（1298—1369）释读说："久湫者，古湫也，古字借用。"《告亚驼文》出土地点不详，有学者研究发现于甘肃真宁县（今正宁县）要册湫。三篇《诅楚文》，除个别文字有相异之处外，整体内容完全是相同的，皆指责楚王之罪，昭告于神灵。《司马法》曰："将用师，乃告于皇天上帝、日月星辰，以祷于后土、四海神祇、山川冢社，乃造于先王。然后冢宰征师于诸侯曰：'某国为不道，征之。'"师祭时呼告的神灵不止一个，而是遍告皇天、后土、山川诸神，涉及天神、地神、水神。"大沈厥湫"为水

---

[1] 石鼓文照片，见王友谊《以自己的审美观去取舍：从石鼓文看篆书创作》，《中国文化报》2019年3月3日。

[2] 故宫博物院编：《元拓诅楚文》，紫禁城出版社2010年版，第36页。

神，因为秦人重水德。典籍里记载的朝那渊的方位，石鼓文《告大沈厥湫文》出土于朝那湫旁，朝那渊指向在固原城东南。

图9-1　石鼓文（中权本）局部　北宋拓（日本东京三井纪念美术馆藏）

（二）文献文物与祭祀地

戎与祀为国之大事。诅祝之俗古代盛行，凡兴师征讨对方之前，由巫祝将对方的罪状以文字的形式告知于神灵，期待自己获得天助，敌人遭到天谴。山川祭祀，是中国历代王朝国家祭祀体系，秦始皇整合并选取秦国与东方六国境内诸多山川名胜，构建了一套全新的国家祭祀地，朝那湫进入到这个王朝祭祀的名单之中。

秦始皇统一全国后，曾"令祠官所常奉天地名山大川鬼神可得而序",其中定"湫渊,祠朝那","亦春秋伴涸祷塞,如东方名山川;而牲牛犊牢具圭币各异"。朝那湫作为国家祭祀地,成为与黄河、长江、汉水并列的国家水神祭祀,奠定了朝那湫祭祀的层级,《史记·封禅书》载:"自华山以西,名山七,名川四……水,曰河,祠临晋;沔,祠汉中;湫渊,祠朝那;江水,祠蜀。"裴骃《集解》:"苏林曰:'湫渊在安定朝那县,方圆四十里,停不流,冬夏不增减,不生草木。'"司马贞《索隐》:湫渊"即龙之所处也"。《汉书·地理志》载:安定郡朝那有湫渊祠。《括地志》云:"朝那湫祠在原州平高县东南二十里……朝那古城在原州百泉县西七十里,汉朝那县也。"[1] 各类典籍记载朝那湫的方位是清楚的。

2007年11月,固原市原州区开城镇马场村出土了一块残碑。碑上楷书阴刻有"跋尾赋……□那之湫则……一夕而移……不常其居……司候长"等铭文(原物现藏彭阳县博物馆)。"那"字前脱字应为"朝"无疑,此残碑的出土,为朝那湫的具体位置提供了实物佐证。明代著名学者赵时春写过《朝那祈雨文》《朝那庙碑》等文,认为朝那湫在甘肃华亭县西北的砚峡乡,"唯华亭县西北五十里湫头山"为湫渊。[2] 赵时春湫渊之说,对后世影响较大,尤其是被写进了地方志书,后人看到的朝那湫已不是秦汉、汉唐所独尊,多处地方都冠名朝那湫,对真正朝那湫之所在地产生了歧义,出现了多种说法。明代《嘉靖固原州志》记载,朝那湫"在州东南四十里,泉流有声,广五里,阔一里。东岸有庙,余波入清水河。即古朝那湫"[3]。出土文物与史料记载所指一致(图9-2),印证朝那湫的具体位置应该是准确的。

20世纪70年代,在固原县古城公社古城大队(今彭阳县古城镇古城村)还出土一尊西汉初年的铜鼎,鼎上有"朝那"等铭文,考古鉴定为"朝那鼎"(鼎与铭文照片见前),为西汉时期的量器。此

---

[1] 《括地志辑校》,《原州》,中华书局2005年版,第44—45页。
[2] 杜志强整理:《赵时春文集校笺》,天津古籍出版社2012年版,第843页。
[3] 《嘉靖万历固原州志》卷1,宁夏人民出版社1985年版,第13页。

第九章　固原城承载的历史文化

图 9-2　朝那湫残碑

鼎出土时无盖，通高 23 厘米，口径 17.5 厘米，附立耳高 7 厘米，腹径 23.5 厘米，腹深 13.2 厘米。素面，三马蹄足，高 9.2 厘米，上腹一周刻有铭文三段，第一段为"第廿九五年朝那容二斗二升重十二斤四两"，第二段为"今（？）二斗一升乌氏"，第三段为"今二斗一升十一斤十五两"。[①] 铜鼎的出土，至少回应了四个问题：第一，是西汉早期朝那县标准计量容器；第二，古城镇是汉代朝那县治所在；第三，由于县制隶属关系的变迁，铜鼎曾归属于乌氏县辖境；第四，与古城镇相邻的朝那湫就是汉代的国家祭祀地。

二　国家层面上的祭祀

先秦时期，地处黄河中上游的固原，气候湿润，生态植被好，地表水和地下水都很丰富。朝那湫位于六盘山腹地，周围生态环境良好，朝那湫边缘设置了较早的朝那县，其称谓就因朝那湫之名而来。司马迁跟随汉武帝数次亲往固原并登上六盘山。他在《史记·封禅

---

① 韩孔乐、武殿卿：《宁夏固原发现汉初铜鼎》，《文物》1982 年第 12 期。

书》里写道："湫渊祠朝那。"朝那湫渊进入国家祭祀序列，是有多重原因的。

第一，朝那湫是秦人先祖的祭祀地。秦昭襄王三十五年（前272），秦灭义渠戎国后，义渠戎国的古地纳入秦国版图。《诅楚文》，是秦昭襄王出兵攻楚之前在朝那湫进行的宗教活动。公元前221年，秦始皇统一全国，虽然时光过去了大半个世纪，但祖先的祭祀地，秦始皇是要祭祀并传承的。秦朝建立后，秦始皇"巡陇西、北地，出鸡头山，过回中焉"。他在炫耀武功的同时，追念先祖之足迹，祭祀朝那湫，以告慰祖先英灵。当年的"诅楚"与后来秦始皇的大一统，都体现着国家意志，"是中央权力在试图对自然地理施加影响……也有宗教上的神圣性……是当时国家政治地理格局的一种反映"。

秦始皇以后，历代王朝每遇新帝大典或其他军国大事，都要巡狩和祭祀山川，或遣特使专程前往山川告祭。封禅，是历代帝王祭祀山川的宗教活动。汉武帝数度巡狩固原期间，曾祭祀过朝那湫。《史记·封禅书》里，司马迁追述了秦朝的祠祀地："自华山以西，名山七，名川四。"界定的是华山以西的名山大川，其中四处"名川"之一，就有"湫渊，祠朝那"。说明在秦代，朝那湫就是国家法定的祭祀之地。

第二，朝那湫的神奇异样。苏林注解说："湫渊在安定朝那县，方圆四十里，停不流，冬夏不增减，不生草木。"从朝那湫生成环境看，地域本身显得格外神奇。汉武帝随身的太史令司马迁，有感于朝那湫的壮阔和神奇，有感于汉武帝在朝那湫的祭祀活动，将"朝那湫"祭祀写入《史记》，而且具体归在"封禅书"里，体现了浓厚的宗教文化色彩。古代山川祭祀，就是因为一些山川有特殊的"灵异"之处。"朝那湫"的"灵异"处，在于它是黄土高原上的湖泊，而且湖水常年不增不减，水中不生草木，所以古人才视其为"神异"。秦汉时期的"朝那湫"，是归于"山川之神"祭祀之列的。[①]

第三，"朝那"称谓传承着秦人的图腾文化。所谓图腾，是指原

[①] 周振鹤：《中国历史文化区域研究》，复旦大学出版社1997年版，第67页。

始时代的先民把某种动物或者植物当作自己的亲属、祖先或保护神，相信他们有一种超自然力，能保护自己，是一种被人格化的崇拜对象。"朝那"（zhu nuo）一词，是古羌人语言的音译，指黑龙。羌族是中国西部古老的民族，奉龙为灵物，以龙为图腾。生活在四川北部一带的羌族，仍保留着原始宗教，盛行万物有灵崇拜。秦人传承了对龙的崇拜。"昔秦文公出猎，获黑龙，此其水德之瑞。"司马迁在他的《史记》里也记载了秦文公"获黑龙"的故事，印证着秦人的文化图腾。

第四，秦人尚水德。《诅楚文》所刻三个石鼓，如果把所告知神归纳一下，可以分为三类，即天神、地神、水神，谓之上之天、埋之地、沉之水的"三官手书"。《诅楚文》应是秦人伐楚时，分别祭告天、地、水三神，"以底楚王熊相之多罪"的诅文。《大沈厥湫》，就是秦巫所崇拜的水神。《告大沉厥湫文》出土于朝那湫渊之旁，既印证了朝那湫之为水神，也印证了秦人尚水德的风俗。

《史记·秦始皇本纪》载："始皇推终始五德之传，以为周得火德，秦代周德，从所不胜。方今水德之始，改年始，朝贺皆自十月朔。衣服旄旌节旗皆上黑……更名河曰德水，以为水德之始。"六盘山下的朝那湫，与秦人德水的水文化理念是一致的。"秦人传统神秘主义观念体系中，对'水'的特殊信仰，很早就有重要的地位。"源于以上原因，朝那湫才进入国家层面上的祭祀序列。

三 朝那湫祭祀文化变迁

（一）祭祀文化变迁的经历

汉承秦制，祭祀礼制得到了传承，朝那湫祠载入祭祀序列。西汉文帝（前179—前157）时，下诏增加朝那湫的祭器。《汉书·郊祀志》记载，朝那湫祭器增加"玉加各二……圭币俎豆以差加之"，祭器与礼器均予以增加。"及诸祀皆广坛场"，不但提升了祭祀规格，而且祭祀场所也得到了修缮和扩展。《汉书·郊祀志》，是继《史记·封禅书》之后帝王祭天礼俗的记录。《汉书·地理志下》载："……朝那，有湫渊祠。"《汉书·郊祀志》与《汉书·地理志下》所载，说明西汉时期朝那湫，仍是国家重要的祭祀地。

汉代朝那湫祭祀，在体现国家层面祭祀的重要意义的同时，它的指向已经潜在地发生变化——融入民间祭祀。《汉书·郊祀志》师古曰："此水今在泾州界，清澈可爱，不容秽浊或喧污，辄兴云雨。土俗亢旱，每于此求之。相传云龙之所居也。而天下山川隈曲，亦往往有之。"说明汉代的朝那湫不仅是国家祭祀之地，也因其灵异神奇而成为民间祈雨之地。

汉代固原，不但有"巫术"，而且盛行"胡巫"，文化融合的因子呈现多元状。古代中国，人们对日月星辰、河海山岳等自然存在非常崇拜，视之若神灵并祭祀和祈祷，由此逐渐形成了一个天神、地祇神灵体系。"朝那湫"，就是古人"水"崇拜的典型。道教承袭了这种鬼神思想，巫术自然被道教所吸收和继承。六盘山历来被誉为"秦陇锁钥"，秦汉时期关中四关之一的雄关——著名的"萧关"，就是以六盘山为屏障而雄踞北方的。在古人看来，雄伟而神秘的大山，由于所处的地理位置不同，常常与天道和神灵联系在一起。山体在人们的心目中是有意志的诸神的化身。这种原始宗教，不仅反映在民间，帝王们更是推崇。"秦国自秦灵公开始，由封禅精神的演变，形成建立神祠的风气，就成为后世道教崇拜多神的滥觞。"这实际上就是秦始皇祭山祀水的源头。秦始皇祭祀朝那湫神，同样影响了汉武帝。跟随汉武帝巡祭名山大川的太史公司马迁，在《史记·封禅书》最后所作的结论与赞词中说："余从巡祭天地诸神，名山川而封禅焉。"司马迁的祭祀经历，使其十分清楚祭祀诸神与封禅的整个过程。他认为"祭天地诸神"的祭祀对象与秦代相比更为系统化，而且伴随着"封禅"活动。

历史上的固原，是关中西出北上的军事重镇。秦汉时期，萧关是其军事屏障。固原是"丝绸之路"东道北段必经之地，也是北方少数民族南下入关的通道。同时，亦是北方草原游牧文化、西域中亚文化与中原农耕文化相互碰撞融会之地带。西汉时期，北方少数民族"胡巫"亦进入固原。《汉书·地理志下》载："朝那，有端旬祠十五所，胡巫祝。又有湫渊祠。"元鼎三年（前114），汉武帝析置安定郡

第九章 固原城承载的历史文化

时，固原境内的朝那县就已经有北方少数民族胡巫在活动。"在男曰觋，在女曰巫，使制神之处位，为之牲器。使先圣之后，能知山川，敬于礼仪，明神之事者，以为祝。"① 十五所神祠，空间布局较密；集中在一起，活动规模较大，而且是由少数民族"巫者"主持祠事。"胡巫祝"主持的这十五处祭祀的地方，"其形势，是一处带有秦文化风格的祭祀圣地，面对十五处'胡巫祝'主持的祀所。这一事实告诉我们的文化地理信息，可以帮助我们进行民族地理的分析，也可以帮助我们进行宗教地理分析"②。民间宗教活动与少数民族胡巫融入其中，在当时的宗教活动中表现得十分特殊。

尚巫之风，流行于两汉时期，朝野、官府与民间皆成时尚风气。朝廷还有巫官体系，王侯将相豢养巫师，民间普遍信仰巫师活动。即使宁夏北部募民屯田之地，也有巫师的地位。汉代著名文化人晁错，在提出募民以实边的实施方案中，都要考虑与"巫"相依存的人事，提出"为置医巫，以救疾病，以修祭祀，男女有昏，生死相恤，坟墓相从，种树畜长，室屋完安，此所以使民安乐其处而有长居之心也。"官员承认巫师的社会角色。当然，这里说的是"医巫"，而不是"胡巫"，但毕竟是"巫风"。

魏晋南北朝时期，战乱、割据与纷争并举，国家意义上的祭祀活动在客观上受到限制。从地域视角看，宁夏又是多民族、多元文化碰撞融合的边地空间，游牧民族不时南下进入安定郡（固原）。他们不看重农业，传统水文化对于他们影响有限，祈雨祭祀之类的民间农事活动更少，朝那湫的祭祀活动逐渐冷清。唐代为盛世，朝那湫祭祀再度复兴。唐代国家行为的祈雨祭祀大多以祭祀山川神为主，这些神灵不仅是国家常祀对象，在民间也有着重要的位置。《元和郡县图志》卷三记载，"湫泉祠朝那"。改"湫渊"为"湫泉"，是为避唐高祖李渊之讳，说明唐代对朝那湫渊祭祀活动依旧十分重视，仍是国家层面上的祭祀地。苏林云："旱时即祠之，以壶汨水，置之于所在，则雨。

---

① 班固：《汉书》卷24下《郊祀志》，中华书局1987年版，第1189页。
② 王子今：《秦汉时期的朝那湫》，《固原师专学报》2002年第2期。

雨不止，反水于泉，俗以为恒。"这种祈雨的形式，实际上已经延伸到民间，成为民间祭祀的对象。朝那湫水神祭祀世俗化以后成为传奇小说的内容，由《灵应传》到《柳毅传书》，演绎生成了与龙文化相关的完整的宗教文化故事。

唐代，祭龙湫是重要的祭祀形式之一。"湫者，龙之窟也……水存之龙在，水竭则龙亡。"宋代，对龙湫祭祀依旧重视。"镇戎军有朝那湫，即秦汉时湫渊祠也。是岁四月，赐庙名灵泽。"赐名"灵泽"，说明宋代朝那湫仍得到高层的重视。欧阳修写了《祀朝那湫文》①，苏轼写了《秦祀巫咸神文》（一作秦誓文），还写有《诅楚文诗》。宋人董逌《广川书跋》里记载了《诅楚文》的出土过程："秦诅楚文世有三石，初得《大沈湫文》于泾，又得《巫咸文》于渭，最后得《亚驼文》于洛。"可见朝那湫对宋代学者的影响力也很大。尤其是宋神宗时（一说是宋英宗时），在朝那湫旁发现了埋藏于地下一千多年的《大沈厥湫文》（《诅楚文》），后人知道了朝那湫的过去，产生的影响力更大，使得朝那湫的祭祀活动再度复兴。但毕竟时过境迁，朝那湫祭祀除不同层级的地方官府之外，主要是民间祭祀。

（二）祭祀文化变迁原因

朝那湫祭祀，自秦昭襄王投《诅楚文》起已过去了两千多年。这期间由国家祭祀到官府祭祀、民间祭祀祈雨，经历了一个变迁过程。兴盛时期，国家典籍里有明确记载，文人笔下有清晰的描述；地方志书里也记载了地方官员的祭祀，包括民间祭祀的传承、演绎传承的故事等。祭祀文化的变迁过程，有着自然的、政治的、宗教的等多重原因。

一是朝那湫环境的自然变化。先秦汉唐时期，朝那湫所在的自然地理环境，气候温暖湿润，森林覆盖，植被丰茂，清水河、茹河、泾河等河流的水量充沛，一派郁郁葱葱之景象，朝那湫如同众星捧月。唐代，尤其是明代以后，战乱频繁，屯垦加剧，再加上气候变化，这个秦汉时"方圆四十里，停不流，冬夏不增减，不生草木"的湫渊

---

① 欧阳修：《集古录》卷1。

不断受到影响。但绝对不是从此干涸,唐《元和郡县图志》记载,"今周回七里,盖近代减耗"。到了明代,已是"广五里,阔一里"的水面,地表水下降,湖水面积锐减。口述见证,"建水库前有大股的泉水泛出,清澈甘淳,这或许就是史籍里记载的'泉流有声'。1968 年修建东海子水库,说明仍有自在水源。现库区水域面积南北宽约 0.75 公里,东西长约 1.5 公里,积水面积 1600 余亩。"遇风调雨顺年,地表水和泉水汇集,库区水明显增多。

二是地缘政治的影响。秦朝、汉唐政治中心在关中,朝那湫位于战国秦长城以内,关中四关之一的萧关,是关中西出北上的著名关隘,也是京畿之地北面的门户,地缘政治发挥着重要作用。唐代以后,政治中心东迁,尤其是明代以后,这里成为蒙古兵锋南下的前哨,国家祭祀地逐渐失去了地缘优势。

三是地震灾害的影响。元朝大德十年(1306)的大地震,研究者认定为 6.5 级。但根据震后灾情看,似乎要超过 7 级。《元史·成宗纪》载:"……开成路地震,王宫及官民庐舍皆坏,压死故秦王妃也里完等五千余人","官民庐舍皆坏",仅王宫死"五千余人",地震震级强烈,灾害损失很大。影响更为深远的是地震造成地壳错位,封闭了原有水源。1920 年海原大地震,地壳错位出现的西吉震湖,即可印证 1306 年开成大地震的惨烈程度。

四是由官府祭祀到民间祈祷。明代以后,朝那湫官府祭祀与民间祭祀并行,民间佛道祭祀文化成为主流,主要是祭祀龙神祈雨。明人赵时春有关朝那湫文章传世后,朝那湫称谓泛化,多地出现湫渊地名,多地祭祀。以六盘山东西看,如甘肃宁县湫渊祭祀,华亭县湫渊祭祀,庄浪县湫渊祭祀,隆德县湫神祭祀等。韦伯说:中国"一般民间宗教信仰,原则上仍停留在巫术性与英雄主义的一种毫无系统性的多元崇拜上"。民间宗教祭祀活动,融佛教、道教于一体,龙神信仰成为民俗文化崇拜的根源。

四 朝那湫与元明时期宗教

依《嘉靖固原州志》记载看,元代人对秦汉以后祭祀地朝那湫十分尊崇。明代学政李诚撰写的《重修朝那湫龙神庙》记载，元代的"朝那湫祠"称为"龙神庙"，汉代的祭祀神"巫咸"改为"盖国大王"，汉唐时的碑志仍存。金代末年，兵尘荡起，朝那祠无人看守。元朝大德十年（1306）固原发生大地震，"陵谷变迁，殿宇湮灭"[①]，彻底毁坏了朝那湫祠的殿宇建筑，自然灾害摧毁了这处千年的祭祀圣地。相邻的开城安西王府建筑，同样毁坏惨重。1314年，尊崇道教的邑人以"神降焉"为由，在朝那湫祠旧址上重建殿宇，再塑彩像。当地人、周边州县的人都来这里祈雨，十分灵验。1335年，固原是个大旱年，数月天不下雨，庄稼枯死。固原州知州朵儿只按照宗教礼仪先行斋戒沐浴，之后躬率僚吏奉币前往朝那湫祠祈祷。返回未及州衙而澎雨大作，三日才停，四方百姓欢呼。因祈雨灵验，数日后朵儿只再率僚吏往朝那湫祠谢雨。

学政李诚在《重修朝那湫龙神庙》里，还写了一个宗教文化色彩极浓的故事。有一刘姓妇女曾捧着白锡匣告诉李诚：她与丈夫一起修建朝那湫盖国大王庙，数年始建成。她曾与丈夫拜祀于朝那湫水岸边，发现湫渊掀波起浪，水涌浪开处，漂浮过来一个匣子，丈夫跪拜后打开，见匣内有头发二缕，还有金、银首饰等物。此外还有一段文字：崇宁三年，三川县妇人张梨香，因家人及夫早逝，建新庙于此，捐此匣投湫以示祈祷。刘妇人叙说了此匣的来历。第二年，丈夫生病，临终托言于妻："予共汝立祠事神十余载，天不假我以寿，汝肯继吾志守庙立碣以纪其事乎？"刘夫人立志要完成丈夫的遗愿。

有关匣子这段文字，涉及几个问题。崇宁三年，系宋徽宗年号，即1104年。三川县（今固原市原州区彭堡镇隔城），是金朝统治固原时设置的县制，时在1183年前后。崇宁年号和三川县制的设立，历史典籍皆有记载，但将县制的时间与宋朝年号放在一起，说同一件事情，二者就矛盾了。这个故事说明，一是元明时期朝那湫祭祀文化对官府的影响，二是朝那湫宗教文化及其民间化的变迁。

---

① 《嘉靖万历固原州志》卷2《重修朝那湫龙神庙记》，宁夏人民出版社1985年版，第87页。

《嘉靖固原州志》记载：朝那湫，是春秋时秦国人"诅楚之文，投是湫也"的地方。战国时期，秦惠文王派说客张仪实施离间计划，准备阴谋进攻楚国，为使这次攻伐取得成功，秦王曾献文祝告于朝那湫神。献文的大意是说："敢昭告于巫咸大神，以底楚王熊相之多罪。"朝那湫之神为"巫咸"。明代人赵时春说："巫咸，相传为朝那县令。"史书记载"巫咸"有多种说法：黄帝时的神巫，殷商时的神巫。屈原《离骚》里有"巫咸将夕降兮，怀椒糈而要之"的诗句。以此看来，"巫咸"是古代南北方普遍尊崇的神灵。如果说巫咸是朝那县令的化身，尤其是将"巫咸"神灵附着为朝那湫大神，可见民俗文化与神话传承的地域化，再现了朝那湫祭祀文化的影响力。

第二节　风俗文化与固原城

固原历史悠久、文化积淀深厚，民俗文化源远流长。由文化地理的变迁，可以看出风俗文化的承袭和演变。通常意义上的文化概念，是指表层的物质文化，中层的制度文化，深层的精神文化。这里说的文化，即宗教风俗文化及其变迁，属于精神文化的范畴。地域风俗文化的形成与演变，取决于自然环境变迁与区域的差异，包括政治、军事、经济变化，历史文化传承等多重因素的融入与支撑，有其特殊时代背景。

明代城市的发展正处于中世纪城市向近代城市的过渡阶段，体现着前所未有的新特点。"明代在边疆地区设立的卫所，固然是官方主动移民的行为，但随着卫所的开设，随之而来的是客商的涌入，并对当地生活、风俗带来很大的影响。"[①] 对于固原来说，这种经历十分重要。在城市转型的过程中，长时间移居固原的人数众多的屯军，不但带来了南方的先进生产力，而且引进了南方的大量商品，"五方之民杂居"的现实，改变着固原地域上的民俗文化。固原历代风俗与宗教文化变迁，基本体现着两大表现形式：一是汉唐

---

① 陈宝良：《飘摇的传统——明代城市生活长卷》，湖南出版社1996年版，第10页。

典籍里的"祀典"文化；二是宋元以后地方宗教民俗文化，包括民间宗教文化的演变。

一 典籍里的民俗文化

（一）风俗的承传性

"俗，习也。"风俗，是一种呈地域状分布、世代沿袭承传的民间文化现象，它凭借着自身传承和相沿袭的那种强韧的惯性力量，在精神层面上规范着这一地域人们的思维与行为。"入国而问俗"，历史上很早就有重视民俗文化采集和应用的传统，记载和反映民风民俗的历史古已有之。西周时期已有专门采风之史官，他们深入民间采风，为统治者提供"观风入俗，知得失"的文化警示。《诗经》里就有不少记载西周民间风俗的诗歌。

何为风俗，汉代人班固作过诠释："凡民函五常之性，而其刚柔缓急，音声不同，系水土之风气，故谓之风；好恶取舍，动静亡常，随君上之情欲，故谓之俗。"[①] 古代的"风"与"俗"，是两个相互有别的文化概念，但二者又有必然的联系。风是人的常性之和，是因水土等自然生态因素的不同而生成的彼此相异之处；而俗则是可以改变的。古人重视民俗采风是有道理的，风俗的承传性可以延伸。秦汉以后，作为朝廷文化官员，有深入民间做这种民风民俗调查并对其详尽记载的士人，司马迁最具代表性。

（二）司马迁笔下的固原风俗

司马迁 20 岁时，从都城长安出发，开始了他一生中第一次考察和漫游。他漫游的目的，除了"得江山之助"外，就是凭吊历史名人、游览名胜古迹、采集历史传说，即民风民俗调查。这是他读万卷书，行万里路以成就其名著《史记》的深层文化背景。这次出游，他的足迹遍布大江南北，历时将近 6 年。经历了这次长时间、跨地域的民风民俗考察之后，他怀揣满满的收获回到长安，不久入仕为官。当他接替父亲出任太史令一职后，如虎添翼。太史令的职责，为他所

---

① 班固：《汉书》卷 28 下《地理志》，中华书局 1982 年版，第 1640 页。

从事的特殊职业带来出行考察的便利条件。汉武帝每次出巡，他都是扈从。汉武帝元鼎三年（前114），设置安定郡（郡治固原城）之后，曾先后6次来安定郡巡边视察。他随汉武帝游历崆峒，考察固原，祭祀六盘山和朝那湫，对固原的风俗民情有过实地考察。司马迁在他的《史记》里多次写到固原，这里仅选取五处有代表性的重大事件。

第一处，《史记·武帝本纪》里写道："余尝西至空桐。"

第二处，《史记·封禅书》里写道："余从巡祭天地诸神名山川而封禅焉。"六盘山下的朝那湫，就是秦皇、汉武祭祀过的华山以西的著名高原湖泊。

第三处，《史记·货殖列传》里写道："天水、陇西、北地、上郡与关中同俗，然西有羌中之利，北有戎翟之畜，畜牧为天下饶。"他把全国分为九个民俗圈，这里不仅记载了固原境内秦汉时期民俗民风同于关中，而且从历史文化地理的视角描述了固原半农半牧区的生态状况，尤其是畜牧经济对关中农业经济的支持与补充。司马迁已经注意到了地理环境的不同对文化及其各方面的影响。这是司马迁民风民俗调查成果的结晶。

第四处，《史记·货殖列传》里写道："乌氏倮畜牧，及众，斥卖，求奇缯物，间献遗戎王。戎王什倍其偿，与之畜，畜至用谷量马牛。秦始皇帝令倮比封君，以时与列臣朝请。"写乌氏县（今固原境）以经营畜牧业而成为巨富的乌氏倮，他是因经营畜牧而成为巨富的有代表性的少数民族的著名人物。在乌氏倮的身上，传承着固原早期民俗文化的信息。

第五处，西汉元鼎五年（前112），在《史记·平准书》里写道："北出萧关，从数万骑，猎新秦中。"汉武帝巡视安定郡（固原）之行，或许是因了畜牧业的强盛而使得乌氏倮成为巨富的缘故，汉武帝宣布"令民得畜牧边县"，希图以畜牧富民。

以上是司马迁在《史记》里记载的考察固原的见闻和经历，也是司马迁考察固原之后，写入《史记》里的固原秦汉时期最有代表性的历史事件。

（三）班固笔下的固原风俗

秦始皇统一全国后，曾迁徙南方大量的移民来北方耕种屯田，包括军队的军屯，尤其是在河套地区。汉武帝时期，同样在北方进行过大规模的民屯和军屯。固原地处沿边，也是重要的屯田与畜牧地。秦汉王朝组织的这些大规模的军队屯戍、移民实边的活动，在将中原先进农耕技术向北传播的过程中，也将不同地区、不同文化背景的民风民俗文化带到北方。人群的移动，会带来文化的传播，也会将异地文化融入本地的民俗文化之中。《礼记·王制篇》记载，"高山大川异制，民生其间者异俗"，不同地理环境中总是要孕育出各不相同的异质文化。固原吸纳融汇了外来的各种文化。

班固在他的《汉书·地理志》里写道："安定、北地、上郡、西河，皆迫近戎狄，修习战备，高尚气力，以射猎为先。……汉兴，六郡良家子选给羽林、期门……名将多出焉。"六郡，即天水、安定、北地、上郡、西河等地。周振鹤先生将这六郡的地域范围划分为塞上风俗区——西北风俗亚区，风俗涵盖大体具有一致性①，这是秦汉时期安定郡（固原）尚武风俗。秦汉以后北部匈奴民族处在兴盛时期，北方沿边军事行动与军事防御有增无减。这种长期的边境战争冲突，进一步刺激了固原人的尚武精神。固原地处中原与边地的接壤地带，由于地理环境所致，这里多处于军事与战争状态下，民风尚武是有其历史渊源的，皇家卫戍部队的选拔和组建，人才出自西北六郡之地是有道理的。班固已经认识到地理环境在影响着人们生产方式的同时，边塞山水风光铸就着一代代善骑射、技艺高强的武人；也熏染着生存于这块地域上的人们独有的尚武气质。

秦汉时期，固原是关中的北部屏障，但在文化地理上基本属于一个大文化板块，风俗文化在许多方面都受到深层影响。如果将关中风俗区与安定郡尚武风俗区截然剥离开，成为两个互不关联的风俗文化区也不妥。六郡地域上的风俗文化虽然因地理环境而尚武，关中秦文化却是其主流。固原既体现中原文化的特色，"故其民犹有先王之遗

---

① 周振鹤：《中国历史文化区域研究》，复旦大学出版社1997年版，第111页。

风，好稼穑，殖五谷"①；地理环境又靠近少数民族或者杂居，多有沿边军事冲突所带来的烟云。地域环境导致固原境内农耕文化与畜牧文化的冲突和多元表现，与这种特殊文化区的文化现象有着密切联系。《汉书·地理志下》记载的"朝那，有端旬祠十五所，胡巫祝"，就是当时少数民族"胡巫"风俗在固原的影响。秦汉以后，北方少数游牧民族的"巫文化"在固原影响较大。

战国时期，秦国灭义渠戎国，在固原修筑战国秦长城，就开始了人口的迁徙。人口的移动，意味着文化的传播与交融。班固在《汉书·赵充国传》里进一步延伸了他在《汉书·地理志》中的观点："山西天水、陇西、安定、北地处势迫近羌胡，民俗修习战备，高上勇力鞍马骑射。故《秦诗》曰：'王于兴师，修我甲兵，与子皆行'，其风声气俗自古而然，今之歌谣慷慨，风流犹存耳。"古人所说的"山西"，通常以崤山、华山和函谷关作为区界来论"山东"与"山西"的概念。在这里，班固不但记载了汉代西北地区的民俗民风，而且追述秦国以后西北民俗的承传性。说明这种尚武的风气并非始于西汉，更远可以追溯到先秦时期。这种尚武民风的演绎，生成了"关东出相，关西出将"的文化传承。范晔的《后汉书·虞诩传》里，已经是这样记载了："谚曰：'关西出将，关东出相。'"这种尚武风俗，已经成为一种约定俗成的文化现象，其影响力有数千年之久。就其实质看，仍是地域环境文化的产物。

秦汉时期的西北地区，同样受到草原文化的影响。固原"迫近戎狄"的特殊地理位置，使这里经常处在战争状态，同时，也为文化上的融汇提供了机遇。特殊的生存环境，使得这里的民性尚武、勇敢，豪气任侠、剽悍勇武成为那个时代的风尚。固原地域文化早期就已经融入了浓厚的军事文化特征，再加上自战国以后至秦汉数百年间的军事冲突，战争的交融过程也滋生和孕育了这种军事性的文化风格。东汉时期，羌人强大的军事攻势使得东汉统治者束手无策，迫使西北边境的政权不断内迁。"安定徙美阳，北地徙池阳"，北方游牧民族南

---

① 司马迁：《史记》卷129《货殖列传》，中华书局1982年版，第3261页。

下进入固原。这种以农耕为主的经济形式与以畜牧为主的经济形式，通过战争手段在固原境内交替出现，也是形成其军事性质的文化与民俗的深层原因。但在民俗文化的本源上，显示的仍是质朴的民性，淳厚的民风。这里曾是周王朝发祥地的边缘，受周文化的影响，"好稼穑，务本业"，重视传统文化精神的继承和习俗沿袭。

秦汉时期，区域风俗文化的生成源于自然环境的差异。一是特殊的地域位置影响先民们的性格品质，固原所处的地域位置对此正是一种诠释。二是不同的地理环境决定着人们的社会意识、行为方式和生活习惯。在黄河中上游，远在万年以前原始氏族公社时期，先民们挖地为穴居或半穴居，固原的黄土窑洞就是这种传统居住文化的遗风，延续至今。北方广袤粗犷的大地和原野，孕育了民性的刚猛厚重，包括宽广的胸怀，豁达的性格和慷慨的豪气。地理环境影响与制约风俗文化的观点，司马迁在他的《史记·货殖列传》里已有记述，但班固《汉书·地理志》记载，相比更为详细一些。他们已经按照地域划界的形式将区域文化与风俗特点清晰地勾勒出来。古人已经发现并提出环境对人的影响。《礼记·王制篇》说："凡居民材，必因天地寒暖燥湿，广谷大川异制，民生其间异俗。"《淮南子·地形训》也说："轻土多利，重土多迟。清水音小，浊水音大。湍水人轻，迟水人重。中土多圣人，皆象其气，皆应其类。"古人对这些早期朴素的地域环境理念、风俗文化间的差异认识、地域文化思想观点的提出影响深远。

风俗文化的形成，自然地理环境起了重要作用。同时，政治、经济、文化等人文地理因素同样影响着区域风俗文化的演变和发展。游牧文化与农耕文化的交替出现与融会，给固原风俗文化带来程度不同的影响。移民，会给风俗文化带来深度影响。

二　秦汉风俗对历代的影响

秦汉典籍里记载的"风俗"，与我们现代意义上"风俗"的含义并不完全相同。今天的风俗是指婚丧嫁娶、时令节气等，而秦汉时期的"风俗"，与今天的"文化"是同义语，涉及面宽，内涵很丰富，既包括物质文化,也包括精神文化。这些地域性的风俗文化现象,司马迁、班固在他们的笔下都作了或宏观或细微的分类描述和展现,如前所述。

自然地理格局与秦汉时期形成的风俗文化模式,大致奠定了固原未来民风习俗的基础。蒙古族、满族入主中原,建立元朝和清朝的数百年间,中原与北方草原一体,没有了民族间的战争与硝烟。除了这两个朝代外,固原仍处在中原与边地间的中介性的地理位置,沿袭的基本是秦汉以后的军事格局,尚武风俗得以传承。历代在固原的屯田过程中,大量的南方及周边地区移民不断迁入。即使在元代统治时期,北方御边的概念没有了,中原与草原成为一体,但在固原境内的移民并没有停止,移民所带来的风俗文化仍在交融之中。宁夏地域性军事性质和文化环境,对移民文化仍是一种制约性的改造。

《汉书·晁错传》里有一段文字很有意思:"相其阴阳之和,尝其水泉之味,审其土地之宜,观其草木之饶,然后营邑立城,制里割宅,通田作之道,正阡陌之界,先为筑室……民至有所居,作有所用,此民所以轻去故乡而劝之新邑也。为置医巫,以救疾病,以修祭祀……"[①] 晁错描述了北方军事屯田区,募民屯田的地域选择。同时,也提出"医巫"与疾病、"医巫"祭祀的问题。实际上,晁错从生存环境的角度谈了屯田人多方面的需求。在汉代,从帝王到百姓,巫术与祭祀都是风俗文化的支柱和精神追求。明代,固原地域上的人依旧推崇"巫文化"。由于历代有移入固原的南方移民,他们之间仍有着千丝万缕的文化上的联系。

经历了元代的民族大融合,明代的军事文化色彩更浓。明代迁入固原的各地移民:有为官者,有戍守边防的军队,有被谪戍的犯罪人。其实,班固《汉书·地理志》记载"……五方杂厝,风俗不纯"。从这些文字记载里可看到固原风俗文化沿袭的过程。秦汉以后地域格局与风俗文化上的传承已经形成,而且还影响到后来,这是因为秦汉时期交通条件的改变与历史变迁同步进行,包括固原在内的各

[①] 班固:《汉书》卷49《晁错传》,中华书局1987年版,第2288页。

地区的文化差异，随着交通改变而趋于融会，地域性的风俗文化较秦汉以前已逐渐淡化。黄河流域在西汉晚期至东汉，大致可以归并为关东与关西两个大文化区。战争与民族迁徙凭借着交通的作用，进一步加速了文化融合的进程。关东、关西的方言语汇，已经逐渐模糊而混化。① 但作为大文化背景下的地域文化，依旧还在延续：这就是久远的尚武民风、畜牧业的传承和军事文化特色的凝聚。秦汉以后形成的文化意义上的"风俗文化"现象，一直影响到了明清时期。

（一）祭祀风俗的演变

依祭祀看，备供品向神佛或祖先焚香跪拜行礼，在表示崇敬的同时祈求保佑。道教，是中国的本土宗教，它的基本理论与方法与中国古代的神秘思想和巫术传统是一脉相承的。根据自然节令形成的春秋二祭、夏至冬至、祭灶祭祖、利用咒符操纵鬼神之类，都是道教文化所继承的内容，它是一种具有悠久历史的社会文化现象。固原特殊的地理位置和河山的影响，为道教文化的生成和发展，提供并创造了极好的条件和环境。汉代的史籍里记载了当时固原道教的兴盛程度，明清地方志书里更为详尽地记载了道教文化在固原的表现形态。从整个演进过程看，汉唐以前固原宗教文化表现主要是在国家层面上，属于国家正祀；唐以后尤其是宋元以后，宗教文化的祭祀形式逐渐地方化，由东岳、城隍、关帝等寺庙建筑来承载，并逐渐世俗化，与民间宗教文化融在一起，尤其是明代以后。朝代更替过程中，农业始终是经济的命脉。明代以后，农业与地方相关寺庙联系更为密切，灾害性的防范与避免是农业社会时刻在关心的大事。即使像马政这样的关乎国家政治与军事的大事，由地方性寺庙来祈祷，如明代《万历固原州志》里出现的"马神祠"，也被纳入祭祀之列，说明马政在明代固原表现得十分突出，反映了地方马政管理者与畜牧者祈求风调雨顺、马匹繁殖的心态。

从宗教文化相沿袭和传承演变的时空看，它有多层次性，如全国范围、大地域性（南方或北方）、小地域性（跨越州县）。固原宗教

---

① 王子今：《秦汉区域文化研究》，四川人民出版社1998年版，第320页。

文化，体现的正是由国家祭祀层面（正祀）逐渐转入地域性宗教文化发展这样一个过程。这一点，有别于其他地方，也是其传承演变的特殊性所在。

（二）道教文化在固原

固原道教文化的缘起很早，当以崆峒山为传承之地。历经战国至秦汉，道教文化已经很兴盛，黄帝已成为道教尊奉的仙人。黄帝前往崆峒山问"道"的传说，各种典籍都有过记载，为以崆峒山为源头的道教文化的传播奠定了基础。过去，黄帝其人被认为是传说中的神话人物，近百十年随着考古发掘与地下文物的不断出土，学术界对黄帝的历史存在逐渐清晰起来。正是从这个意义上，黄帝与崆峒山的经历，崆峒山道教文化的生成和影响就有了历史的源头；固原道教文化的缘起，就有了充分的历史基础和依据。

秦汉时期，崆峒山已成为很有影响的宗教文化场所。秦始皇建立秦朝的第二年（前220），他第一次巡边；汉武帝六次驻跸固原，都登临崆峒山览胜，也登临六盘山祭祀。当年跟随汉武帝的司马迁，在他的《史记》里都有记载。汉代早期固原"巫术"盛行，巫术与道教有着不解之缘。六盘山下的"朝那湫"，是函谷关以西古代神灵崇拜的对象；是古人水崇拜的地方。道教承袭了这种崇山祀水的思想，巫术自然被吸纳和继承。在古人看来，雄伟而神秘的大山，由于所处的地理位置不同，常常与天道和神灵联系在一起。山在人们的心目中是有意志的诸神的化身，这种原始宗教不仅反映在民间，帝王尤其推崇。"秦国自秦灵公开始，由封禅精神的演变，形成建立神祠的风气，就成为后世道教崇拜多神的滥觞。"[1] 这实际上是秦始皇祭山祀水的渊源。秦始皇巡西北边地进入固原，某种意义上有助于道教文化的发展。

（三）朝那湫祭祀与道教文化

秦始皇巡边，除了其军事目的和炫耀武功之外，一个重要目的就是"祠名山大川"，举行祭祀活动。秦始皇祭祀六盘山、朝那湫，是

---

[1] 南怀瑾：《禅宗与道家》，复旦大学出版社1991年版。

古代帝王崇敬山岳思想的祭祀实践,也是他神仙思想和神仙方术思想的体现。他迷信神祠与盲目求仙的做法,同样影响了后来人。即使是雄才大略的汉武帝,也未能走出这个神秘的圈子。他即位之后尤其崇尚神道,敬鬼神之事。巡边、祭祀与征战,对固原道教文化的发展起过重要作用。

固原,既是西北地区的军事重镇,也是丝绸之路东段北道必经之要道,东西文化在这里碰撞融合。北方少数民族"胡巫",也在固原落脚。《汉书·地理志》载:"朝那,有端旬祠十五所,胡巫祝。又有湫渊祠。"这里由少数民族"巫者"主持祠事。巫祝,原本指以装神弄鬼替人祈祷为业的人,且多为女性。"胡巫祝",是北方少数民族身份的体现,汉代主要指匈奴人。由"巫者"文化,让后人看到了秦汉时代固原道教文化发展的一个侧面。

朝那湫,是黄土高原上著名湖泊,也是秦汉时期国家在西北重要的祭祀之地。在古人的笔下,安定郡朝那县(今固原市彭阳县)朝那湫是这样一处神奇的地方:方圆四十里,水量冬夏不增不减,水中不生草木。明代《嘉靖陕西通志·固原州》条下记载:朝那湫有二,俱出山间。一在旧县(开成县)东十五里,一在旧县西北三十里,土人谓之东海、西海,方四十里水停不流,冬夏不增减,不生草木。①这是明代人眼中的朝那湫,也是朝那湫的奇异之处,清代《宣统固原州志·朝那庙碑记》载,朝那湫属于"山川之神"祭祀之列。司马迁在《史记·封禅书》里记载:"自华山以西,名山七,名川四。"界定的是华山以西名山大川,其中四处"名川"之一,即指朝那湫。《汉书·地理志下》记载:"朝那……有湫渊祠。"祠,本义是一种祭祀的名称,指春天举行的祭祀。这里的祠,自然是祭典、祭祀,西汉时期朝那湫就是国家祭祀的重要去处。

祭祀地的选取,不仅体现着自然地理意义上的神圣,也彰显了秦汉时期固原地理位置的重要。固原道教文化的源起在崆峒山,发展时

---

① 胡玉冰、韩超等辑校:《陕甘地方志中宁夏史料辑校》(上册),上海古籍出版社2015年版,第15页。

空在朝那湫，道教文化背景的根脉与传承在朝那湫。

三 宗教文化变迁与传承

汉唐以后，尤其是唐代之后政治中心东移，以关中为中枢的地缘政治色彩逐渐淡化。固原作为汉唐政治中枢京畿之地的特殊地位亦随之成为历史。安史之乱后，吐蕃占据固原 80 余年，途经固原的丝路通道受阻。元代亚欧通道的开辟，安西王府的设立，固原又处在一个交通的大格局中。明代，为防御北方蒙古民族南下，陕西三边总督府设立固原，数十位朝廷大员出任固原陕西三边总督，在体现军事意义的同时，为固原的文化建设带来了空前的影响。国家层面的祭祀文化淡出之后，朝那湫宗教文化开始附会更为传奇的色彩，尤其是须弥山宗教文化的兴盛。这成为固原宗教民俗文化转变的大背景。

（一）"巫文化"与"龙文化"

《嘉靖固原州志》记载：朝那湫，是战国时期秦国人"诅楚之文，投是湫"的地方。朝那湫的缘起，就给它赋予了一个战国诸雄争霸的背景。秦准备进攻楚国前，为使这次攻伐取得成功，秦国献文于朝那湫之神，大意是"昭告于巫咸大神，以底楚王熊相之多罪"。明代著名学者赵时春说："巫咸，相传为朝那县令。"[①] 无论是传说中朝那县令的化身，还是将"巫咸"附会为朝那湫渊之大神，都说明朝那湫宗教文化影响之深远。唐代以后，自秦汉以来朝那湫的国家"正祀"淡出，地域性的宗教文化活动逐渐取代了国家意义上的祭祀形式，开始转向地方民俗宗教文化并不断适应。

元代以前的固原农牧并举，明清以后固原农业越来越显得重要。农业社会靠天吃饭，祈雨行为在地方典籍里记载较多。自远古以后，祈雨就是巫术中最重要的形式之一。在古人的观念中，龙是能影响云雨流布的神兽，于是龙就成了祈雨巫术中的主角。到了宋代，掌管河泽云雨之神的"龙王"的影响力不断被提升并得到巩固，而且形成

[①] 《宣统固原直隶州志·朝那庙碑记》，陕西人民出版社 1992 年版，第 393 页。

了一套祈雨的模式。① 山川大地上，江、河、湖、海、渊、潭、湫等，凡有水处都驻有龙王，都修建有龙王庙。明清两代，由于对龙王的进一步推崇，不但抬高了民俗龙王的地位，而且刺激了民间龙王神的崇拜，使龙王崇拜成为一种能与佛、道两教诸神相抗衡的独立神祇。这些文化背景，对固原龙王文化形成有深层次的影响。固原城西南的西海子北岸建有龙王庙，就是祭祀龙王神的地方，主要为祭祀和祈雨；固原城东南的朝那湫，东岸亦建有规模宏大的龙王庙，同样用于祭祀和祈雨。固原城北有北海子，城南有南海子，明代驻节固原的陕西三边总督石茂华，曾为北海子的开发做出过重要贡献，对后世影响很大。实际上，固原城东西两大湫渊，南北两大海子，不仅仅是地方政府官员出游赏景的场所，也是逢旱年鸣锣祈雨时的去处，包括关帝庙。龙文化崇拜，在固原城四周水域都得到了切实的体现。

《嘉靖固原州志·重修朝那湫龙神庙记》记载，元朝"元统乙亥（1335）月届蕤宾，连旬不雨，禾且告病。知州朵儿知先一日斋戒，躬率僚吏奉币祝恭，事祠下。未及州而澎雨，越三日乃至……五日，朵儿知复率僚吏诣祠谢雨，所以致祷祀之实，交乎隐显之际，以极其诚也"②。祈雨就去"朝那湫龙神庙"，这是元代地方官传承龙文化祭祀风俗的典型范例。

清代《宣统固原州志》卷首图里，有一幅《关帝立马灵泉神祠》图：大殿中央是关公骑马斜握着青龙宝刀的塑像，马腹下是一泓泉水。立马灵泉，位于固原城北关帝庙正殿内，③ 也是祈雨祭祀的重要去处。清代固原州城南门外清水河东岸，也修建有一处龙王庙，④ 明清时期固原的龙王庙、关帝庙皆为固原州城重要建筑；东海子、西海子、北海子、南海子皆环固原州城，或地处远郊，都与龙文化密切关联。

龙王庙在全国有广泛的分布，"但在满足干旱地区民众祈雨和多

---

① 刘志雄、杨静荣：《龙与中国文化》，人民出版社1994年版，第253页。
② 《嘉靖万历固原州志》卷2，宁夏人民出版社1985年版，第87页。
③ 《宣统固原直隶州志》卷2《地舆志》，陕西人民出版社1992年版，第66页。
④ 《宣统固原直隶州志》卷2《地舆志》，陕西人民出版社1992年版，第67页。

雨多洪涝地区民众祈晴的需求上，则是大体相同的"①。在西北黄土高原上，固原如此之多的龙王庙，无论从地域上还是宗教文化意义上，它的传承和延伸都有其特殊性。传承过程中的地域化，实际上还体现着汉唐以后所形成的"湫渊文化"深远的影响力。

（二）"龙文化"向"民俗文化"转变

龙王庙之外的寺庙建筑，有泉水的地方，也大都是民间宗教祈雨的场所。《宣统固原州志》记载，民间祈雨的去处，主要涉及庙会和祈雨两部分内容。庙会活动，主要在城市里；祈雨，城乡都有，但主要在乡村。

庙会活动，主要是固原州城各寺庙借庙会时节演戏酬神。庙会开始之前，地方文武官员都要前往焚香祭拜，各致香资，叫作"散会帖"。其他人有的送油馓等食品，有的送酬神的肉类，以表达祭祀之意。祀神大多用羊。明清以后，固原雨水少于宋元以前，但也有雨涝的时候。因此，《宣统固原州志》记载，天旱时祈雨，雨涝也时祈晴。②无论祈雨，还是祈晴，都要择地设坛举行一个仪式。城里祈雨，地方文武官员须斋戒沐浴后前往参加，并宣读"祝文"。另外，还要邀请地方士绅、阴阳、道士等一同前往，有一定的程式。祈雨的过程，先"汲泉水以验雨之多寡"，叫"请灵湫"。之后，用皂旗（黑颜色）一杆，由一位老者撑着；铜锣一面，由一位少年敲击；净瓶一具，由一位儿童抱着，后面是长长的队伍。凡参加祈雨的人，都头戴用柳树枝条编成的帽子，手里举着香。锣声一响，大家都要念一句"南无量佛"，这叫"念雨记"。③民间祈雨相对简略，但大致程序也是如此。念的祈雨词，也相对口语化，或者仅是默语。西汉经学大师董仲舒《春秋繁露》中记载，汉代祈雨巫术有一个详细过程，里边就有"老者""童子"，还有祈雨队伍里穿黑衣而起舞的人。宋代祈雨非常兴盛，诗人欧阳修专门写有《百子坑赛龙》的诗，来描述和

---

① 赵世瑜：《狂欢与日常——明清以来的庙会与民间社会》，生活·读书·新知三联书店2002年版，第98页。
② 《宣统固原直隶州志》卷10《轶事志》，陕西人民出版社1992年版，第506页。
③ 《宣统固原直隶州志》卷10《轶事志》，陕西人民出版社1992年版，第506页。

记载民间祈雨成功、民众欢呼的情景。《文献通考·郊社十》记载，宋代人的祈雨过程，与清代固原祈雨有相同的地方，"……长吏斋三日，诣龙所，汲流水，设香案……"过程大致相近。由此，我们也能看到龙王祈雨的传承过程。百姓龙王信仰，主要是祈雨。

固原每年春二月，秋八月，村庄间要唱戏酬神，叫作"过会"。叫法也不完全一样，如"青苗会""羊头会"等，除了酬神之外，也是春种秋实的祈祷，对季节变化的回敬。同时，也是对村社间耕种者爱护青苗、珍惜农事的一种警示。实际上，这是与祈雨同样重要的民间宗教习俗，也是乡村整个宗教文化活动的组成部分。

以上是《宣统固原州志》卷十"风俗"里的记载。《嘉靖固原州志》里，也有大致同样的记载。地方志书里记载有祈雨活动，大都是对由官方与民间相结合祈雨活动的记载。实际上，乡村祈雨多于城里，基本都是民间自发举行的。

（三）宗教文化传承与保护

1. 文化传承

明清以后，固原宗教文化的民间传承，是由明清宗教文化的变迁而来。清末、民国以降，宗教文化的传承范围趋于缩小，传统意义上祈雨的宗教形式逐渐淡出人们的视野，祈雨的民俗宗教活动选取的地方，大都是有影响的宗教文化的地方。固原城东南的太白庙，城西北的须弥山，还有一些湫泉。祈雨的形式，更为简洁，更为民俗化。近百年间，须弥山石窟成了民间宗教文化活动的重要场所。

须弥山石窟，坐落在固原城西北55公里处的须弥山东麓。北魏、北周与唐代开窟造像的历史结束后，经历了宋元的战争及其影响。明代，须弥山石窟的宗教活动也发生了重大变化。没有开窟造像了，代之而起的是民间宗教民俗活动。

明代，由于固原特殊的军事地位，为固原文化建设提供了新的契机，包括宗教文化，尤其是藏传佛教在须弥山的影响力。须弥山石窟圆光寺里留下来的几通明代石碑，如敕赐圆光禅林碑、重修圆光寺碑、须弥圆光寺石壁横碑等，记载了须弥山几次大的宗教活动。一是旧景云寺僧绰吉汪速在旧寺基础上重建佛殿廊庑后，请赐寺匾。明代正统八年（1443），明英宗朱祁镇赐名圆光寺，极大地提升了须弥山宗教文化的影响力，一度成为佛教圣地。二是明正统十年（1445），敕赐刊印的《大藏经》置于圆光寺。"礼部敕建……须弥圆光寺石壁横碑"记载："体天地保民之心，刊印大藏经典赐天下，用广流传。兹以安置陕西平凉府开成县圆光寺，永充供养，上与国家延厘，下与生民祈福。"① 规格很高，礼部敕建"须弥圆光寺石壁横碑"，皇帝不但给须弥山赐名，而且赐《大藏经》存放于须弥山圆光寺，以供研读，以示祈福。寺院建好，有重要文化典籍放在这里，实为地方文化建设之幸事。应该说，这是对须弥山文化建设的巨大投资，对固原的文化建设同样产生着重要影响。由敕赐"圆光寺"名到赐置"《大藏经》"宗教典籍，寺院文化的影响力大为提升，须弥山宗教文化活动影响到全国宗教层面。从背景看，可能与陕西三边总督驻节固原有一定关系。

清代中后期的战乱，对须弥山宗教文化影响较大。20世纪50年代，固原县统战部对须弥山石窟作过调查研究，形成了一份调查报告。② 这份调查报告为我们提供了清末、民国以来须弥山石窟民俗宗教文化变迁的信息，从民间宗教文化传承的意义上看，仍有其参考价值。

2. 僧人眼里的须弥山石窟寺院

清末以后，尤其是1920年海原大地震，对固原的历史文化传承影响很大，固原城内外的宗教建筑坍塌严重，宗教民俗文化没有得到相应的传承，以须弥山石窟寺院为例可以看得清晰。这里引述相关信息，包括人名、地名、故事等，皆源于近70年前固原县委统战部的这份调查报告。

70年前的须弥山，地域空间比现在的地盘大得多，这与历史上形成的寺院田产的配置与管理有直接关系。当时的须弥山，西边与海

---

① 《宣统固原州志》卷8《艺文志》，陕西人民出版社1992年版，第450页。
② 中共固原县委统战部：《固原县三营区四乡须弥山调查情况报告》1953年5月9日。原件手写本，现藏固原市档案局。

原县李俊区交界,北至小凤坮山,东至毛家坮子,南至圈城子,方圆40余华里,这是历史上形成的须弥山石窟及其周围的地域空间。从地貌看,是以自然地理的走向为界的。

明代,是须弥山寺院香火兴盛的最后时期,寺院的修建大都是在明代完成的,到了清代逐渐式微。刘和尚,是须弥山石窟寺院的住持。在他看来,须弥山石窟寺院早已没有兴盛的香火,须弥山石窟寺院文化被民间民俗宗教文化所替代。民俗宗教文化得到了传承,包括相关传说故事的传承。刘和尚讲了一个汪和尚的故事。

汪姓和尚在须弥山上执掌寺院多年。当时,山上有和尚500多人,时间是在明代。汪和尚修成了仙,能呼风唤雨。他弄来一阵黄风,将许官宦家的两位姑娘吹到山上来,安置在后山的桃花洞里。事情败露后,汪和尚就带着500和尚和两个姑娘逃到东马营去了。更为传奇的是,汪和尚逃走时,前面担着相国寺,后面担着五百僧,兜里统的是许小姐,怀里揣的是许秀英。故事像传奇小说一样,宗教文化完全世俗化。刘和尚所说的500和尚的事,印证着明代须弥山寺庙文化的兴盛。500和尚的说法,自然是刘和尚故事里的人数,说明明代须弥山佛教寺院规模宏大,僧人众多。从寺庙田产的数量,也能看得出明代须弥山山场的规模。

刘和尚对须弥山石窟的家底和来龙去脉不是十分清楚。用刘和尚的话说:须弥山有9处寺院,88个洞窟,529尊大小佛像(这个数字显然不准确)。主要寺院,一是圆光寺,就是现在的须弥山大佛处,刘和尚称其为"大佛爷",这是时人约定俗成的称谓。靠近大佛爷左边山峰上站立的石造像,被称为"二佛爷",佛窟当时叫"石窑",这是民间形象的说法。刘和尚也说错不少地方,他以为"大佛爷"是明代开凿的,"二佛爷"是清代乾隆年间开凿的。二是王灵宫,利用一个石窑(窟),有5尊佛像。三是相国寺,原修建在后山,汪和尚走后,寺院就移到了前山。这里有55个石窟,310尊佛像,但都已破败不堪,住山的和尚与上山焚香的信众都不到这里来了。四是桃花院(现在叫桃花洞),是汪和尚修仙的地方。汪和尚走了,这里就慢慢被冷落,往来上山的人也大多不到这里。五是三圣宫,是清代修建的，建筑物都在山顶上，房屋已在地震时塌毁，其神位是三大圣。六是玉皇宫，在一个石窟里，有3尊佛像，是玉皇大帝和侍从。七是子孙宫，有14个石窟，只有中间的一个窟内有48尊佛像，墙的四周画着麒麟送子的图像。八是庞梁殿，殿里有庞梁祖氏，12幅八大仙人像。九是五圣宫，只有牛马王的神位，没有造像。

刘和尚叙述的须弥山石窟九大寺院的基本情况，完全是民间的说法，但也是一种传承。从寺院的9处陈设看，焚香或礼佛的寺院比现在要多。从内容看，道教已融入其中，已经是多宗教的文化融会之地，反映的是清代、民国时期须弥山民间宗教文化的大致状况。宗教民俗文化，在须弥山已得到了全方位的反映。

3. 传说的故事

《中国山水文化大观》①一书里，有一段须弥山石窟的精彩故事。须弥山石窟"大佛爷"与"二佛爷"的故事，已经被演绎传承得完整而传神。

> 相传，须弥山大佛，早先只有二号窟一座，俗称"二佛爷"。二佛爷高大威仪，全国各地的善男信女纷纷慕名前来朝拜，一年四季香火旺盛。这可气坏了龙门的大佛爷。大佛爷驾青云而来，大吼一声，从云头落到二佛爷的右边。他抬头一看，不觉倒吸一口凉气，二佛爷坐着比他站着还高出一大截子。二佛爷目视前方，连看他都没有看一眼，大佛爷就吓得再也迈不开步了。这个大佛爷就是一号窟那个微张着嘴，垂着手臂，双眼目视着二号窟大佛的那尊佛像。往下再延缓，还有三佛爷的故事。②

从故事的缘起看，"大佛爷"与"二佛爷"的故事生成较早。从传承的过程看，"大佛爷""二佛爷"故事的约定俗成，是要有一个

---

① 段宝林、江溶主编：《中国山水文化大观》，北京大学出版社1995年版。
② 段宝林、江溶主编：《中国山水文化大观》，北京大学出版社1995年版，第825—826页。

相对漫长的时间积淀。有趣的是，故事虽已经约定俗成，但故事的生成与传承源于域外，而非出自本土，由此可看出须弥山石窟宗教文化传承的特殊影响力。"大佛爷"与"二佛爷"的故事，从民俗宗教文化传说的层面上，不是无源之水，无本之木，对须弥山石窟文化的宣传有着重要的意义。

4. 生态环境

须弥山石窟所在的地理环境，属于黄土高原上的丹霞地貌。石质为红砂岩山体，山上松柏茂密，"须弥松涛"景观曾是清代固原八景之一。明代固原兵备副使郭凤翔写有《登须弥山阁》的诗："春暮登临兴，寻幽到上方。云梯出树梢，石阁依空苍。烽火连沙漠，河流望渺茫。凭栏思颇牧，百代将名扬。"[①] 明代须弥山石窟寺院宗教文化活动规模大，层级高，须弥山石窟及其四周生态环境尚好。

清代宣统《固原州志》"首卷图"里，收录一幅用写实的手法描绘而成的须弥山石窟全貌白线图，有须弥山石窟大佛造像，有布满山间的楼阁建筑，更重要的是近视角与远距离的松树造型。依白描线图的主旨看，主要是想突出山上的松柏，故取"须弥松涛"为固原八景之一。

须弥山树木，主要生长在石窟寺院及其周围的山体上。刘和尚对须弥山的各种树木都作过清点。在山上生活的时间长了，对这里的一切都有感情。他说：有松树2470株，其中3丈至4丈高（9米至12米）、1尺大过心的有12株，2丈到3丈高（6米至9米）、5寸大过心的有80多株，其余都是1丈（3米）以上的小树。柏树500多株，都是7尺至1丈多高的小树。杨树53株，榆树30株，茶树5株，杏树4株，柳树4株，这些树是3丈到4丈高、5寸至1尺大的过心。还有野桃树和冬青，长得都很低，小毛树有2600多株。各类树木的数字，树木生存的环境，是经历了清代同治年战乱、1920年海原大地震之后的生态环境。直径1尺的松柏，在须弥山是要有百年以上的生长期的。

[①]《嘉靖万历固原州志》卷2，宁夏人民出版社1985年版，第86页。

须弥山四周都是光秃秃的黄土地，须弥山自身地貌却是典型的丹霞地貌。唯独这里的山上绿草青青，苍松翠柏，山下还有潺潺流水，是黄土高原上的一大奇观。须弥松涛，是须弥山松柏密集而成的景观象征，宣统《固原州志》里，将"须弥松涛"写进固原八景之一，而且在卷首有白描图须弥松涛。风来涛声起，是一种壮美的景象；风来涛声起，是成片松树林发出的很震撼的声音。清末战乱与兵燹，对须弥山森林多有毁损，但须弥松涛声依旧。民国以后须弥山森林仍仍遭到破坏，但在刘和尚的眼中，须弥山各种树木依然可观。

5. 庙产与僧人生活状况

宗教文化发展的过程中，寺院经济是相伴随而来的一种特殊产物。须弥山寺院经济的源起时间很早，但没有地方资料的记载来佐证。刘和尚谈到了须弥山寺庙田产的话题。他说：在须弥山西边水磨湾一带有庙产荒地1000多亩，山地200多亩。这些土地，出租于三营区五乡孙赵玉、马明俊、王具财几家耕种，每年每亩收租2升，当年的歇地还不能收租，每年收地租两石五斗，也就是一千二百余斤粮食。这些收成还不够3个僧人的用度，每年还要在固原县的黑城、三营、七营和海原县的李俊等地化布施十石粮，约五千斤，才能维持山上的正常生活开销。

虽说庙产地不少，但地租收入少得可怜，主要靠向周边地区的布施来维持。刘和尚提供的寺院庙产地的亩数，为研究须弥山寺院经济包括早期在山上从事宗教活动的僧人，提供了有价值的依据。

依1953年的调查资料看，须弥山有3位僧人，但都不是固原当地人。马和尚已65岁，原籍是甘肃省武山县人，1929年来到山上，与家里再没有通音信。刘和尚62岁，是甘肃秦安县人。曾在军队里干过，后来到固原的三营、七营一带给别人打工。1949年，到须弥山上当和尚。马彦祥，1953年年初刚到山上，20来岁，还是个单身汉，陕西人，也在军队里干过。马彦祥最年轻，他除了愿意住在山上当和尚外，还愿意附带做一些生产劳动。这是须弥山上的最后一波僧人，他们以另一种形式传承着地域文化。

6. 民间信仰与保护

清末民初，须弥山宗教文化已经衰落。《宣统固原州志》里没有关于须弥山民间宗教文化活动的记载，可能与清代同治以后的战乱、须弥山石窟寺院文化的冷落有关。

在刘和尚看来，自明代以后，须弥山由于香火旺盛，周边的信众对山场上的民间宗教活动很看重。每个寺院的神位设置齐全，信仰的人多，对外影响力和辐射范围较大，波及固原、海原、西吉。每年四月初八庙会，赶庙会的人可达数千。山上祭祀文化灵验，在老百姓的眼里，须弥山是一座神山。

须弥山四月初八的庙会，作为一种民间宗教文化民俗活动，也是社会安定、国泰民安、风调雨顺的晴雨表。刘和尚说：因马鸿逵到处抓兵，人心恐慌，那一时期须弥山每年四月初八的庙会无法过。即使民间宗教活动，也是在安定祥和的时代背景下进行的。

固原县委统战部须弥山调查报告里留下的这些资料，正好弥补了一段空白，的确弥足珍贵。1958年前后，固原县决定在须弥山脚下修建水库，名"寺口子"水库。清代《宣统固原州志》里写道：须弥山，在州西北一百里之寺口子。"寺口子"名字，得到了长久的传承。

固原县委统战部开展对须弥山的调查，从客观上意味着政策性保护的开始，须弥山石窟逐渐为更多的人所了解。1956年，有了对须弥山石窟的报道；1961年，将须弥山石窟纳入自治区重点文物保护单位之列，只是实际的保护措施并没有跟进。1958年，修建寺口子水库，固原县在各公社抽调修建水库的民工，有一部分民工就住在山上的石窟里。由于当时疏于管理，不少石窟佛像不同程度受损，山上的树木也被损毁了不少。这些与传承民间宗教文化相悖。对于须弥山石窟文化和生态环境来说，不啻是一次劫难。

1982年，须弥山石窟被列为全国重点文物保护单位，国家投巨资维修须弥山石窟。这不但为须弥山石窟艺术的保护与研究翻开了新的一页，而且复兴的民间宗教文化也大放异彩。每年四月初八的庙会再度兴盛起来，至今不衰，断层的民俗宗教文化重新衔接起来了。地域文化的变迁，总是与以行政建制为中心的城市有着密切的关系。

第三节 古城价值与文化传承

一 固原古城与地缘军事

固原两千多年的城池，历尽了沧桑，出色地抵御了岁月的侵蚀和战争的蹂躏。现在回头看，多数城池消失了，一些重要的城池还在，但已是苍穹底下的遗址了，如瓦亭城、大营城、开城、三川寨、柳州城等。这些城池，有些延续下来且发展成了县城，海喇都发展成了海原县，沐家营发展成了西吉县，彭阳城发展成了彭阳县；有些城堡发展成了乡镇，如头营城、黄铎堡城、古城、神林堡、西安州城等。有的城址近数十年被逐渐开发成为旅游胜地，如开城、黄铎堡、西安州城，等等。城墙的坍塌与消失，除了自身的原因之外，战争和社会变革会带来一定程度的侵蚀，自然灾害和人为的破坏，也会让一座座城市消失。

留存下来的还能看得到的城与城墙已经不多，"当人类社会走向全球化和城市现代化时，人类在满足物质需求的同时，开始自觉地、有意识地、尽可能多地保存一些能够代表各个地区、各个时期、各民族文化的传统建筑，使年轻一代永远不会忘记自己的'根'与民族文化的底蕴。作为民族文化特征标志的传统建筑，不能脱离周围环境而存在，不能使子孙后代仅仅从博物馆中去感受，所以在城市建设中一定要注意保存前代历史时期的城市设计规划，保护城市中有历史标志性的城墙、城门和街道格局。"[①] 固原城，是固原两千多年来延续传承下来的唯一的州城，在府、州、县城的群体里是有代表性的。这是我们对固原古城研究的基本理念。

固原古城的缘起与发展变迁，秦代以前暂且不说，就西汉高平县

---

① ［瑞典］喜仁龙：《北京的城墙与城门》，邓可译，北京联合出版公司2017年版，第7页。

的设置，高平城的修筑，安定郡的设置，正史里记载都是清晰的。特殊时期（元代安西王府、明代陕西三边总督）固原军政建制之外，固原作为州（直隶州）、县级建制历时二千余年，衰而复兴，循环往复，伴随着历代政权走过来的是固原古城。就其发展历程看，既未能像有的古代都市，演化发展成为较大的政治经济文化中心；也未能像有的古代都市，随着历史的变迁而成为遗迹。考察起来，因素自然很多，但有一点必须清楚，历史上的固原古城既依赖于中原与边地相交的制约性关隘通道，也充分利用了山（六盘山）、水（清水河、泾水、茹河）相依、道（萧关道）路（丝绸之路）畅达的自然地理环境和特殊的军事地理格局。

固原城所在的地理形胜，是生成汉代安定郡治高平县治的良好的基础。讨论固原作为州郡城市形成和发展的地理原因，必须联系固原相邻地区的地理形势和历史进行分析。古人以为，高平所在，正当"西遮陇道"[①] 的要隘。陇道，即绿洲丝绸之路大通道，关联着长安与河西走廊、西域和中亚。在明代人眼里，固原是"三边据险，固原居中，左顾则赴援绥、灵，右顾则迎应甘、凉，是谓四塞之接也"[②]的地方。固原，地处黄河中上游，是"据八郡之肩背，绾三镇之要膂"，"左控五原，右带兰会，黄流绕北，崆峒阻南，称为形胜"[③] 之地。自古以来就是中原与边地交接的要冲，塞上之咽喉。一直是历代镇南争北、拓东取西的军事要地，也是东西文明传播的重要驿站。

汉代以后，固原一直是封疆大吏的驻节地。在战乱割据时期，又成为西北各少数民族政权及其起义者争衡天下的地方。如北魏时高平起义，万俟丑奴建都称帝；夏国赫连勃勃，亦在固原建都称帝，以大大夏国相称。北魏时期的原州，也是宇文泰关陇统治集团长时期经营过的地方。蒙古汗国时期成吉思汗、窝阔台、蒙哥、忽必烈都曾驻跸六盘山，这里一度成为特定时期统一全国的指挥中枢。崇祯元年的固

---

① 司马光编著：《资治通鉴》卷42，中华书局1996年版，第1365页。
② 杨经纂辑：《嘉靖万历固原州志》，宁夏人民出版社1995年版，第1页。
③ 顾祖禹：《读史方舆纪要》卷58，中华书局2011年版，第2802页。

第九章 固原城承载的历史文化

原兵变,为明末农民起义推波助澜。历代之所以如此重视固原,原因就在于这里特殊的地理位置,尤其是军事地理形胜。首先,从所处地形条件看,西南的陇山(六盘山)南北纵贯,是西越的屏障,北面有黄河之险,进可以开发河套,沟通河西;退可以山河之险为凭借。其次,从地理位置和交通形势看,固原城位于中原与边地的衔接交替带上,丝绸之路(萧关古道)穿城而过,为中原北出塞外直抵西域的通道。正源于此,才奠定了在这里置郡设关的基础,地缘军事拱卫着固原城。

从受制的因素看:一是由于自然生态环境的变化,清水河谷水源大量减退。二是战争使这里一些城镇萎缩、迁址、荒废或毁灭。如隋代他楼城、唐代萧关县,在战乱中变成了历史的陈迹。三是明代以后由于丝路受阻,贸易边缘化,军事色彩凸显。汉唐时的丝绸之路(萧关古道)曾出现过繁华的局面,商品交易和文化的传播,打破了地区割据和封闭的局限,大大促进了城镇、城市和集镇的发展。当时的原州治所高平城已是西北地区较为繁荣的城市之一,丝绸之路必经的瓦亭在当时也是一个较繁华的城镇。宋代以后,萧关古道多用于军事,经济往来一度呈下坡之势,再加上战争和一些王朝的闭关政策,尤其是海上交通的发展,固原商贸和文化交流失去了地域优势。明代的固原是又一个辉煌的发展期,在体现其军事防御价值的同时,经济与文化也得到了空前的发展。清代的固原城,曾一度繁华,有其特殊的发展空间。

先有市而后有城,最后达到城与市的一体化,这是城市形成和发展的规律。而历史上固原城市的形成与发展途径与此相异,先有筑城,而后才形成城市格局。城市是伴随历代王朝在这里建立政治中心并不断沿袭而发展起来的。因此,当历史上的萧关古道(丝绸之路)畅达时,经济文化得以发展;当萧关古道受阻,政治中心迁徙时,城市自然随着政治中心的转换而衰落。南来北往的使者易道,巨商富贾也开始另觅新的市场。固原城政权建制中心有过数次迁徙,城市兴而复衰,衰而再兴,就是由于其特殊的军事地理环境所致。在中国两千多年的历史进程中,固原城的军事色彩未减,军事高层驻防直到清朝结束,同样是因为固原城的军事地理位置无法改变。

城市文化是城市的灵魂,承载着悠久的文明,具有跨越时空的永恒魅力,是见证城市变迁的"历史年轮",是彰显城市个性的"遗传密码",是城市自信的"金色名片",也是城市可持续发展的核心竞争力。固原古城有幸,城墙西北角留下来的明代砖石包砌的城墙遗迹,就是固原古城变迁的"历史年轮""遗传密码""金色名片"的见证。城市之美,美在历史记忆,美在文化遗产的展现。

固原古城经过两千多年的历史积淀,留得住"乡愁"与"记忆"的就是现在城墙遗存的这部分,保护至为重要。党的十九大报告指出:推动中华优秀传统文化创造性转化、创新性发展。作为看得见、摸得着的固原古城历史文化遗产,一定要清晰保护理念,充分估计它的"社会价值"和"文化价值",要保护好城墙历史的真实性、风貌的完整性(虽然已经残缺)、生活的延续性。终极目的要在保护的基础上让它"活起来",把保护与经济社会发展统一起来,与城乡建设和环境改善统一起来,形成保护与利用的良性循环。这是历史责任,也是创新发展的时代要求。让固原古城因"历史记忆"而厚重,因"地域特色"而美丽,因"民族特点"而永恒。

二 古城承载的文化意义

固原两千多年的建城史,伴随着中国城市文化的发展,无论从称谓演变或城的形制规模看,"城"涵盖的内容都十分丰富,既体现着传统的建城秩序,也承载着丰厚的地域历史文化。

(一)城池的生命脉络

固原古城,位于六盘山腹地清水河上游西岸台地上,地理环境优越,西南为六盘山屏障,北部有贺兰山屏障与黄河天险。高平川(清水河)为黄河一级支流,将固原与宁夏平原连为一体。清水河沿岸地形开阔平坦,利于农牧业发展,有着重要的军事意义。汉代高平县的设立,城池修筑相伴随而出现。安定郡的设置,成为关中通往西北地区的军事重镇。近数十年来,考古与地下出土文物的不断获得,使得后人通过考古与地下出土的实物，看到了汉代高平城的筑城规模与地下管道材料使用的先进程度。就建筑材料看，有卷云纹与青龙、白虎、朱雀、玄武四神瓦当，绳纹瓦当、铺地花纹方砖等，尤其是陶制地下水管道的发现。这些文物的出土，说明汉代高平城已具备了较为完善的城市供水和排水系统。同时，也表明汉代高平城的规模、格局和城市建设的完善程度。《后汉书》里记载的"高平第一城"的称谓影响很大，已成为"西遮陇道"的重镇。北周时期，原州城得到了大规模的修筑，奠定了固原城内城的格局，是固原城筑城史上的又一个里程碑。

唐朝安史之乱后，吐蕃陷原州城80余年。其间，宰相元载、杨炎曾先后上疏皇帝修筑和利用固原城。宋代，由于宋夏长期的军事冲突，镇戎军所在的固原城成为军事对峙的前沿，固原城始终处在军事状态下，有过筑城的经历。金代对固原的统治时间不长，但对城池的修筑却是尽力经营的。明代，曾前后数次修筑固原城。砖石建筑城墙，是明代筑城的特色。最能体现固原城雄壮与宏伟的历史时期，是明朝万历时期修筑的砖石包砌的固原城，也是固原古城修建的最后定型时期，成为明清以来西北地区的名城。

清代固原城，基本是在明代固原城基础上的修缮。清代嘉庆十六年（1811），时任陕甘总督的那彦成"请旨"重修固原城，用工"赈贷兼施"。修筑后的固原城，"垣堞屹然，完固如初"。1920年海原大地震，对固原城影响较大，大灾后有过修葺，城池依然壮阔。叶超在他的民国《固原县志》里对固原城作过评述："壁坚垒崇，遂称雄镇，陇右名城无出其右者"，仍旧是西北著名的城池。1949年8月2日，西北野战军第十九兵团六十四军一九一师进入固原城。在师长陈宜贵的眼里，固原城四方整齐，街道宽阔笔直，民房栉比相连，还有高大的树木[①]。这是70余年前固原城的样子。固原城"四方整齐"，即城墙仍雄伟壮观。直到20世纪60年代以前，固原城雄姿犹存，人们仍可攀登城墙而眺望四周山川。

---

① 陈宜贵口述，杨建平整理《解放宁夏》，宁夏人民出版社1984年版，第38页。

（二）学者眼中的古城

1998年，笔者撰写的《固原历史地理与文化》一书，由甘肃文化出版社出版，著名历史地理学家史念海先生赐"序"鼓励。这里摘出与固原城相关的部分文字，有助于读者理解学者眼中的固原古城。

关中，四塞险固，历来多为中国封建王朝定都之地。作为关中四塞之一的萧关，雄踞六盘山北麓，为长安防御的西北门户。就在萧关迤旁，西汉置安定郡于高平城。东汉"高平第一城"威名远播，光武帝刘秀与隗嚣鏖兵于此。其后高平虽易名为平高、原州、镇戎、固原等不同的名称，但由于其优越的军事地理位置，却一直在中国历史的长河中占有相当重要的地位。特别是其军事地理价值，是甘陕宁等西北其他军镇难以匹敌的。清初顾宛溪《读史方舆纪要》评价固原"据八郡之肩背，绾三镇之要膂"，"左控五原，右带兰会，黄流绕北，峒崆阻南，称为形胜"，当非虚语。

中国历史上西北少数民族历来骁勇善战，崇尚武力。早在殷周，六盘山附近就有犬戎、西羌、义渠、乌氏等少数民族游牧。秦汉时，这里畜牧发达，《史记·货殖列传》言其"西有羌中之利，北有戎之畜翟，畜牧为天下饶"。《汉书·地理志》也称这里风俗"修习战备，高上气力，以射猎为先"，六郡良家子弟即是其中代表。天下雄险萧关和"高平第一城"成为关中西北的边防要地。唐代，原州是政府养马的地区之一，是北通灵州及西北边地的必经之途。随着吐蕃势力的日渐强大，原州及所属七关成为双方争夺的要地，其军事地位的重要是不言而喻的。宋夏对峙，镇戎军仍是宋军的边防前线。明清之际，固原地位更显重要。明代延绥、甘肃、宁夏三边总制府驻节固原，"总陕西三边军务"。清代前期，陕甘总督仍驻防于此，后期还是陕西提督驻节之所。可见，军事位置的重要是固原兴盛的重要原因，加之历史时期交通路线特别是丝绸之路的影响，不同民族的汇聚融合，形成了固原独特的历史地理与文化。

六七十年代，不佞参与陕甘军事地理研究，曾多次莅临固原，建筑宏伟的明固原城给我留下深刻的印象，至今难以忘怀。最后一次去固原城时，未能复睹昔日辉煌的城墙，感叹万分。遗憾之余，仅能从夯筑的土墙领略昔日的流风余韵。①

摘取的"序言"文字虽然不多，但对固原城的历史地位及其重要意义已提升到了一个全新的高度，有利于人们充分认识和理解这座延续了两千多年的古城。

（三）文化遗产"活"在当下

一座用砖石包裹起来的古城，古人除了想让它雄伟壮阔外，还想让它传承久远，但它却留下了一幕"悲剧"。新编《固原县志》记载：1971 年，兰州军区司令员皮定均来固原县检查人民防空工程建设，下令全面拆除固原城墙，城墙的砖石全部进入地道，成了修防空洞的材料，固原城的雄姿消失了。② 天灾不可测，人祸实可悲。城墙的砖被扒光了，墙胎（土城）被夷为平地。历史，有时候会拐一个弯。固原古城西北一角的城墙，由于长期被看守所利用，这部分城墙却幸免且被保存了下来。当年拆除的城墙的遗迹、城砖与土胎城墙残破的印痕，在这里都看得非常清晰（图 9-3，西城墙拆除遗迹）。现在看到这些被保留下来的城墙，既是固原城墙的缩影，见证着固原古城曾经的辉煌，也是固原历史文化遗产的活化石。

固原古城，是固原历史文化悠久的象征。20 世纪 80 年代以来，当旅游文化在中国兴起时，"城"越来越显示了它的历史价值和文化价值。山西平遥古城、云南丽江古城等，旅游开发都非常火爆。中国的古城，引起了文物工作者的高度关注。《文物天地》杂志，曾以"城墙的意义·遗产的围城"为题，组织专家撰写有关城墙的

---

① 薛正昌：《固原历史地理与文化》序，甘肃文化出版社 1998 年版。
② 固原县志编纂委员会编：《固原县志》，宁夏人民出版社 1993 年版。

固原古城

图9-3 固原城砖包城墙残留遗痕

文章。① 卷首文阐释了城墙的历史文化意义，认为城墙对不同的人意义不同：对文化人，它可能是精神家园；对城市人，它可能是童年的记忆。实际上对任何人，它肯定都是一段可以触摸的历史。史书典籍里记载的固原城，的确是可触可摸的一部厚重历史，而且是永远无法弥补的痛心史。固原城，可以说是中国已经消失的古城的代表。

毕克官先生以《古城，您到哪些里去了》为题，十分痛心地追述了固原城的格局与毁坏的经历。他说："香港的报纸，每天被旅游广

---

① 《文物天地》2003年第1期。

告塞得满满当当，平遥游、丽江游……而此时宁夏固原的人却在叹息。"用他的原话说："固原人叫天天不应，叫地地不语，文物不可再生，古老的双层城再也回不来了！"城墙毁了，活态的历史文化信息失去了承载的基础。

现在，劫后余生的固原古城墙西北角，成了不幸中的万幸，仍在向后人诉说着曾经的历史。其实，典籍记载里的固原城依旧鲜活，物化意义上的固原古城遗址依旧壮阔雄奇，文化意义上的固原古城更具魅力。2013年3月，中华人民共和国国务院公布，固原古城遗址列入第七批全国重点文物保护单位（图9-4）。

图9-4　固原古城址为全国重点文物保护单位

城市文脉，是一个城市源远流长的文化聚合体，历史文化遗产作为这个聚合体的文化"酵母"，通过保留、传承城市记忆，彰显了城市精神和城市特性。① 历史文化遗产，是一座城市的文化基因库，记

---

① 智库答问：《城市治理，文化之魂不能丢》，《光明日报》2019年11月20日第7版。

录了时间叠加在空间上的信息。固原古城墙，是人类在社会活动中保留下来的具有历史文化和科学价值的遗存，是固原悠久历史和灿烂文化的见证。文化是城市的灵魂，城市历史文化遗存，是城市内涵、品质和特色的重要标志。它是城市历史文化的记忆，也是地域历史文化乡愁的承载者。残存的固原古城城墙，彰显的就是这种厚重的历史文化信息。作为文化遗产的固原城，其核心价值既是建筑本身，也是其承载的文化价值。历史文化遗产凝聚了城市的印记与情感记忆，在现代化的今天弥足珍贵。做好保护与传承有助于展示城市风貌，提升城市发展软实力。保护和利用固原古城墙，要充分挖掘其承载的城市历史和文化记忆，让它"活"在当下，对它的保护，意味着保存和维护固原历史不断延续。

附　　录

固原赋

　　祁连山渺渺，贺兰山苍苍。六盘横亘西南，黄河阻其西北。萧关雄踞而屏蔽关中，扼游牧民族南下通道；山川地险为军事重镇，固关中汉唐统治之基。

　　遥想当年，始皇巡北地，武功彰显，祭六盘祀湫渊，开帝王巡边之先。武帝拓边，六巡高平。隗嚣割据，光武亲征。西晋乱离，拓跋兴起。万俟丑奴称帝，改元神兽，建都高平。赫连勃勃称帝，立国大夏，建都原州。宇文关陇集团，亦赖李贤而发迹原州。太宗察马政于瓦亭，肃宗即皇位于灵武。宋夏对峙，烽烟百年。泾水源头，六盘山下，成吉思汗行宫在焉。三边总督，总揽四镇军务；改"故"为"固"，始有固原之名。旌旗猎猎飞大雁，中央红军越六盘。长征谣，似民歌，临风寄景，伟人胸襟；《清平乐·六盘山》，响彻宇寰，激励后人。

　　固原之兴，兴在汉唐。丝绸之路必经之地，中西文化融汇之都。须弥石窟，源于北周而兴于盛唐。玻璃碗，鎏金壶；胡人俑，波斯币，见证文化丝路。追昔日，丝绸之路繁盛，使节往来萧关道，商贾云集原州城；看今朝，固原历史源远，文化珍藏皆丰厚，中西多元尽辉煌。

　　固原之名，名于军事。煌煌历数千年，不绝战争云烟。匈奴列阵，铁骑萧关。吐蕃窥乱，攻陷原州。西夏元昊发兵天都，数败宋军；成吉思汗避暑六盘，一统中原。元朝建立，封分皇子；开府六盘，统辖西部。明代总督，驻节固原；总隶三边，拥师百万。

固原之地，地灵人杰。商人乌氏倮，谷量马牛，始皇帝恩宠而封君。梁氏专权东汉，梁统、梁竦、梁商、梁冀，一门四代七封侯，有三皇后、六贵人，皇甫谧悉心教育，著述等身；阿难答袭封安西王，民族融合。

固原之幸，幸在当今。中宝铁路，南北贯通；福银高速，穿越全境，昔日丝路古道，今朝长龙呼啸。古城固原，沧海桑田，开历史新纪元。北周漆棺画，填考古之空白，补研究之阙失。固原故城，须弥石窟，安西王府，城南墓地，此四者皆丝绸之路文化精华，而在文化遗产之列。红色文化，影响深远。巍巍六盘，革命圣山。单家集伟人故事流传，将台堡红军三大主力会师。文化遗存，六盘精神。

忆往昔，移民之策，恢复生态；还林退耕，变绿山野。科技入农民之心，效益鼓农民之劲。生态农业，稳步推进；村容翻新，致富脱贫。地方工业，始已起步；煤电一体，将成格局。旅游产业，培育壮大；特色资源，影响剧增。城市凸起楼群，油路铺进乡村。旧貌新颜，古城巨变。

看未来，文化名市，红色六盘。产业兴市，施惠于民；生态立市，锦绣前程；人文底蕴，凝聚人心。嗟呼！回汉人民兮谐合齐心，谐合齐心兮谱写民族团结新篇章。六盘儿女兮精神振奋，精神振奋兮铸就固原繁荣昌盛新时代。

歌之赋之，欲勾描铺陈数千年历史文化而笔拙焉！咏之唱之，当追述载记新时代之变迁而情至真。谨以此文，赋予固原。[①]

---

① 薛正昌：《固原赋》，《光明日报》2010年1月25日。

参考文献

古籍

班固：《汉书》，中华书局1987年版。
毕沅：《续资治通鉴》，上海古籍出版社1992年版。
《大明一统志》卷35《平凉府》，三秦出版社1990年。
杜佑：《通典》，中华书局1990年版。
范晔：《后汉书》，中华书局1987年版。
方孔炤：《全边记略》，《明代蒙古汉籍史料汇编》第3辑，内蒙古大学出版社2006年版。
顾炎武：《天下郡国利病书》，上海古籍出版社2012年版。
顾祖禹：《读史方舆纪要》，中华书局2011年版。
康海：《对山集》，社会科学文献出版社2016年版。
李焘：《续资治通鉴长编》，中华书局2004年版。
李延寿：《北史》，中华书局1987年版。
令狐德棻等：《周书》，中华书局1987年版。
刘献廷：《广阳杂记》，中华书局1957年版。
刘昫：《旧唐书》，中华书局1987年版。
陆容：《菽园杂记》，中华书局2007年版。
马文升：《西征石城记》，《国朝典故》，北京大学出版社1993年版。
《明实录》，台湾"中研院"语言研究所影印校勘本。
《明史》，中华书局1987年版。
欧阳修、宋祁：《新唐书》中华书局1987年版。

石茂华：《毅庵总督陕西奏议》，国家图书馆出版社 2018 年版。
司马光编著：《资治通鉴》，中华书局 1996 年版。
司马迁：《史记》，中华书局 1982 年版。
宋濂等：《元史》，中华书局 1987 年版。
脱脱等：《金史》，中华书局 2001 年版。
王溥《唐会要·关市》，上海古籍出版社 2014 年版。
王世贞：《弇山堂别集》，中华书局 1985 年版。
魏征：《隋书》卷 29《地理志上》，中华书局 2012 年版。
徐日久：《五边典则》，《明代蒙古汉籍史料汇编》第 5 辑，内蒙古大学出版社 2009 年版。
《杨一清集》，中华书局 2001 年版。
姚燧：《牧庵集》，人民文学出版社 2011 年版。
余继登：《典故纪闻》，中华书局 2011 年版。
张雨：《边政考·固原靖兰图》，《明代蒙古汉籍史料汇编》第 7 辑，内蒙古大学出版社 2011 年版。

研究著作

陈宝良：《飘摇的传统——明代城市生活长卷》，湖南出版社 1996 年版。
陈正祥：《中国文化地理》，生活·读书·新知三联书店 1983 年版。
成一农：《欧亚大陆上的城市》，商务印书馆 2015 年版。
丁俊清：《中国居住文化》，同济大学出版社 1998 年版。
杜志强整理：《赵时春文集校笺》，天津古籍出版社 2012 年版。
段宝林、江溶主编：《中国山水文化大观》，北京大学出版社 1995 年版。
傅崇兰、白晨曦、曹文明等：《中国城市发展史》，社会科学文献出版社 2009 年版。
韩大成：《明代城市研究》，中华书局 2009 年版。
何一民：《中国城市史》，武汉大学出版社 2013 年版。
何一民主编：《近代中国城市发展与社会变迁》，科学出版社 2004

年版。

《康海年谱》，复旦大学出版社1993年版。

刘子扬：《清代地方官制考》，紫禁城出版社1994年版。

吕思勉：《隋唐五代史》上册，上海古籍出版社1984年版。

宁夏地震局编：《地震历史资料汇编》，地震出版社1988年版。

宁夏固原博物馆编：《固原历代碑刻选编》，宁夏人民出版社2010年版。

宁夏固原博物馆编：《固原文物精品图集》，宁夏人民出版社2010年版。

宁夏文物考古研究所编：《固原南塬汉唐墓地》，文物出版社2009年版。

荣新江、张志清主编：《从撒马干到长安：粟特人在中国的文化遗迹》，北京图书馆出版社2004年版。

荣新江：《中古中国与外来文明》，生活·读书·新知三联书店2001年版。

施安昌主编，许国平撰文：《元拓诅楚文》，紫禁城出版社2010年版。

史念海：《河山集》第三集，人民出版社1988年版。

王曙民：《近代宁夏教育研究》，宁夏人民出版社2010年版。

王钟翰主编：《中国民族史》，中国社会科学出版社1994年版。

薛仰敬主编：《兰州古今碑刻》，兰州文史资料选辑第21辑，兰州大学出版社2002年版。

薛正昌：《固原历史地理与文化》，甘肃文化出版社1998年版。

严耕望：《唐代交通图考》，上海古籍出版社2007年版。

张安奇、步近智总纂：《中华文明史》，《明代》卷，河北教育出版社1994年版。

张崇旺主编：《中国灾害志·明代卷》，中国社会出版社2019年版。

赵世瑜：《狂欢与日常——明清以来的庙会与民间社会》，生活·读书·新知三联书店2002年版。

周振鹤：《中国历史文化区域研究》，复旦大学出版社1997年版。

［美］费正清等:《东亚文明与变革》,黎鸣等译,天津人民出版社1992年版。

［美］罗伯特·斯特林·克拉克、阿瑟·德·卡尔·索尔比、C.H.切普梅尔:《穿越陕甘》,史红帅译,上海科学技术文献出版社2010年版。

［美］牟复礼、［英］崔瑞德编:《剑桥中国明代史》(下卷),张书生、杨品泉、恩炜等译,中国社会科学出版社2006年版。

论文

陈鸿彝:《周秦统计论略》,《中国人民警官大学学报》1991年第3期。

陈加良:《论六盘山的古森林及其历史启迪》,《陕西师范大学学报》1987年第3期。

陈桥驿:《中国古都研究》,《杭州师范学院学报》1994年第1期。

龚延明:《宋代"军"行政区划二重制研究》,《浙江大学学报》2018年第5期。

韩孔乐、武殿卿:《宁夏固原发现汉初铜鼎》,《文物》1982年第12期。

李华瑞:《论金朝经营陕西》,《甘肃社会科学》1992年第2期。

李晓英:《天津洋行、货栈与近代西北羊毛贸易》,《西北师大学报》2012年第6期。

刘纯景:《秦市场发展述略》,《唐都学刊》1984年第3期。

刘凤云:《城墙文化与明清城市的发展》,《中国人民大学学报》1999年第6期。

刘海峰:《书院与科举是一对难兄难弟》,《华南师范大学学报》2011年第6期。

鲁金科:《论中国与队尔泰部落的古代关系》,《考古学报》1957年第2期。

马正林:《中国城市的选址与河流》,《陕西师范大学学报》1999年第4期。

宁夏固原博物馆编：《宁夏固原唐史道德墓清理简报》，《文物》1985年第11期。

渠占辉：《近代中国西北地区的羊毛出口贸易》，《南开大学学报》2004年第3期。

任吉东：《历史的城乡与城乡的历史：中国传统城乡关系演变浅析》，《福建论坛》2013年第4期

史念海：《论西周时期农牧业分界线》，《中国历史地理论丛》1987年第1期。

史念海：《新秦中考》，《中国历史地理论丛》1987年第1期。

田州英：《黄河流域古湖钩沉》，《山西大学学报》1982年第2期。

辛德勇：《长安城兴起与发展的交通基础》，《中国历史地理论丛》1989年第2期。

张光直：《关于中国初期"城市"的概念》，《文物》1985年第2期。

张萍：《城墙内的商业景观：明清西北城镇市场形态及城镇格局演变》，《民族研究》2013年第3期。

竺可桢：《中国近五千年气候变迁的初步研究》，《考古学报》1972年第1期。

地方志书

嘉靖《陕西通志》，三秦出版社2006年版。

《嘉靖万历固原州志》，宁夏人民出版社1985年版。

民国《固原县志》，宁夏人民出版社1992年版，

《宣统固原州志》，陕西人民出版社1992年版。

后　　记

　　我出生的乡村，小地名叫碾子头，在固原城以北，距城约60华里。青少年时期，城市的概念离我很遥远。20世纪70年代初一个夏日的夜晚，跟着家兄头一回进城。那时候还没有柏油路，走沙石公路。固原城海拔高，进城的路多为上坡，再拉上装着重东西的架子车，步履艰辛。夜幕降临时动身，天亮时才靠近城边，整整走了一夜。记忆中，看到了没有被拆除城砖的固原城，也看到了剥去城砖后的土胎城墙，还看到了靠近武庙的那道城门洞。这是固原古城给我留下的深刻印象。

　　1975年，有幸到固原师范读书，几年前看到的武庙城门洞已经没有了，砖石包裹的城墙消失了；内城墙断断续续仍能看到，外城西城墙的土胎还在；古城西北角的那段砖石包裹的城墙被保留了下来，因为那里是看守所。固原师范学校，位于古城东北角，校园的东墙和北墙，就利用了古城外城墙。从地貌看，这一段城墙利用了清水河西岸台地的特殊地形，城墙外围是低洼地，看上去城墙显得很高；里面是台地，城墙较低且易登攀。在这里读书期间，有时会爬上城墙登高眺望，可俯视城墙轮廓，也可远眺清水河河道景观。师范毕业后，我分配到一所七年制学校教书，离开了被城墙围着的校园。1979年高考，有机遇进入固原师范高等专科学校中文专业读书，毕业后留校工作。20世纪80年代初，新校址选在固原古城西北角的地方并开始筹建。1982年初夏，学校由距城数十公里的黑城镇迁入固原城。那个时候，北城墙没有和平门，也没有靖朔门。穿越北城墙的唯一通道，就是农民在城墙上挖出的一个土门洞（固原城外城的北门，原本在外城墙的东北角,清代同治年以后封闭),便于进出耕作。我清晨跑步时,就穿过这个城墙土门洞,门洞外就是一眼相望的北塬。城墙之外的庄稼地,转换着四季交替的景色,情景历历在目,但已成为散落在时光中的30多年前的往事。

杏花春雨,寒暑更替。在这个被残破的城墙围裹着的时空里,不经意间生活工作过21个年头。城墙的老去与变迁,在我的视野中曾经司空见惯。其间,虽然也读了一些记载固原城历史的书籍,写了一些与固原城有关的文字,但都显得碎片化,既没有系统梳理固原城历史变迁的想法,也没有将固原城的历史放在中国历史的大背景下,尤其是放在西北历史进程中来审视它。直到10年前,中国与中亚五国联合申报丝绸之路世界文化遗产,"固原城"入选预备名单,似乎才醒悟过来,我是在坐井观天。固原城的影响力,对外围世界的冲击力,让我开始认真思考大丝绸之路历史背景下的这座古城。"江畔何人初见月,江月何年初照人。"人是过客,永久的是"月",它目睹过固原城悠久的历史变迁,而这种变迁过程中的人和事又成为固原城文化底蕴深厚的积淀。固原城,是绿洲丝绸之路东段北道必经之地,是历史上西北地区的军事重镇。两千多年来,丝绸之路连接着东西方,不同民族、不同文化背景的人往来于这条通道上。固原城是亲历者和见证者,一砖一瓦都记录着曾经的故事。梳理和研究固原城的源起与发展变迁史,可以揭示和复原固原历史文化研究最为鲜活、最为精彩、最具生命力的丰富内涵。

2017年,宁夏师范学院固原历史文化研究中心策划出版"丝路文化丛书",《固原古城》是其中之一种。由于以上的经历和多年对固原古城历史文化的关注,我申报了《固原古城》并获准立项,年余时间得以完成。回头审视,古城与我有缘,40余年间虽若即若离,但总是没有完全离开过。学者聂还贵为大同城立传,写了《大同传》;英国学者彼得·阿克罗斯伊德为伦敦城立传,写了《伦敦传》,他们把一座城市当作一位阅历丰富的人来写。我想,如果以此来比喻和审视固原古城历史文化的书写,应该也算是梳理了它的童年、青少年、盛年和暮年,它经历了两千多年的漫长历史时空。从历史文化意义上，研究和挖掘固原古城的历史，有助于古城历史与文化的延伸。10年前，上海市新闻出版局举办过一次征文活动，我写了《一座城市：读了半生》的文字，追述了我与固原古城的情结。《固原古城》书稿的完成，实际上仍是这种情结的延续。

2007年，《光明日报》开设了"百城赋"专栏，征集全国各地城市的赋文，在弘扬辞赋文化的同时，旨在推介地方名城。从事固原历史地理文化研究多年，我觉得固原悠久的历史文化足以支撑"赋文"撰写。朴素的理念和怀旧的情绪最终让我动心，写就了《固原赋》。2010年1月25日，《光明日报》"百城赋"栏目刊出《固原赋》，在国家层面上推介和宣传了固原古城，我很欣慰。赋文梳理了固原悠久的历史和灿烂的文化，两千多年的发展和演进过程，皆以固原古城为坐标，实际上，是对固原历史文化的高度凝练和概括。将《固原赋》文字附在《固原古城》文字之后，也是对固原古城一种文化意义上的诠释。

书稿付梓之际，心中多有感念，尤其是当我退休之后。宁夏师范学院固原历史文化研究中心的各位老师给予我信任，固原博物馆王玉明先生，无私提供了清末民国时期固原城的部分老照片。其余照片拍摄出处有三：一是固原博物馆编、宁夏人民出版社出版的《固原文物精品图集》《固原历代碑刻选编》；二是明代《嘉靖万历固原州志》、清代宣统《固原州志》里的部分线描图；三是我自己实地考察时拍摄。中国社会科学出版社接纳了这本小书，责任编辑刘芳老师细心周到，精益求精，付出了辛勤劳动。在此，对他们的关心、帮助和付出，表示诚挚的谢意！女儿薛慷给我不少帮助，亦感欣慰。

追溯一座城市的缘起与两千多年的发展历程，对于这座城市来说是有纪念意义的，对于地方历史文化空间拓展和深入研究也是有其价值的。限于史料的挖掘，尤其是自己的学力，遗漏与舛误难免，敬请读者批评。

薛正昌
2019年4月13日　银川